컴퓨팅사고력 향상을 위한

# 문제해결과
# 알고리즘

컴퓨팅사고력 향상을 위한
# 문제해결과 알고리즘

1판 1쇄 인쇄  2017년 9월 1일
1판 1쇄 발행  2017년 9월 8일

| | |
|---|---|
| 지은이 | 김재현·권정인·한옥영 |
| 펴낸이 | 정규상 |
| 책임편집 | 구남희 |
| 편집 | 현상철·신철호 |
| 외주디자인 | 장주원 |
| 삽화 | 주홍디자인 |
| 마케팅 | 박정수·김지현 |

| | |
|---|---|
| 펴낸곳 | 성균관대학교 출판부 |
| 등록 | 1975년 5월 21일 제1975-9호 |
| 주소 | 03063 서울특별시 종로구 성균관로 25-2 |
| 전화 | 02)760-1252~4 |
| 팩스 | 02)760-7452 |
| 홈페이지 | http://press.skku.edu |

ⓒ 2017, 김재현·권정인·한옥영
ISBN 979-11-5550-240-2 13000

ALGORITHM

컴퓨팅사고력 향상을 위한

# 문제해결과 알고리즘

김재현 권정인 한옥영 지음

성균관대학교
출판부

# 들어가는 말

오늘날 우리가 살고 있는 세상은 컴퓨터와 인터넷이 이룬 지식정보사회에서 인공지능을 기반으로 한 지능정보사회로 빠르게 변화하고 있다. 이미 우리는 대부분의 삶을 소프트웨어와 더불어 보내고 있으며, 세계 경제는 소프트웨어 기업들이 지배하고 있다. 이 모든 변화에 가장 직접적인 영향을 준 것이 바로 소프트웨어이며, 향후 우리들의 미래 생활과 직업 변화에 커다란 영향을 끼칠 것이다.

최근에 몇 년간 공개된 보고서에 의하면 20년 이내 현재의 직업 중 47%가 사라질 것이며, 지금 초등학교에 입학하는 아이들의 85%는 현재 존재하지 않는 새로운 직업을 가지게 될 것으로 예측하고 있다. 또한 2016년 1월에 열린 세계경제포럼(WEF)에서는 요즘 핫 이슈가 되고 있는 4차 산업혁명으로 인해 멀지 않은 2020년까지 총 710만 개의 일자리가 사라지고, 210만 개의 새로운 일자리가 창출되어 약 500만 개의 일자리 감소를 예측하였다.

이러한 미래 변화에 우리는 어떻게 대비해야 할까? 이러한 미래 변화에 대비하기 위한 최상의 전략은 미래에 적합한 인재 양성을 위한 교육일 것이다. 지넷 윙은 그동안 보편적 교육으로 중요시했던 읽기, 쓰기, 셈하기와 더불어 컴퓨팅사고력(Computational Thinking)을 21세기를 사는 누구에게나 요구되는 능력으로, 이를 함양하기 위한 소프트웨어 교육의 중요성을 강조하였다. 컴퓨팅사고력은 컴퓨터과학의 개념과 원리를 기반으로 실생활 및 다양한 학문 분야의 문제를 창의적이고 효율적으로 해결할 수 있는 능력을 의미한다. 이미 해외 선진국들은 컴퓨팅사고력 함양을 위한 소프트웨어 교육이 중요하다는 것을 인식하고 초등학교부터 고등학교까지 체계적으로 가르치고 있으며, 우리나라도 2015 개정 교육과정에서 소프트웨어 교육을 중학교에서 의무화 시켰다.

대학에서도 컴퓨터 관련 학과에 대한 진학률이 상승하고 있으며, 컴퓨터 관련 교양 강좌에 대한 인기가 날로 높아지고 있다. 미국 하버드 대학에서 컴퓨터과학개론인 CS50 과목이 2014 가을 학기부터 최고 인기 교양 강좌로 등장한 예를 보면 알 수 있다. 우리나라도 많은 대학에서 교양 과목에 소프트웨어 강좌를 추가하여 모든 재학생들에게 소프트웨어 교육을 의무화하는 추세이다. 이는 모든 학문분야와 산업분야에서도 소프트웨어 없이는 문제해결이 불가능하고 소프트웨어 역량 함양이 대학의 미래 경쟁력이라고 인식하기 때문이다.

이 책은 컴퓨팅사고력에 대한 기본 개념에 관심이 있고 기본적인 코딩 능력을 갖추길 원하는 비전공자와 전공자 모두에게 적합한 교재이다. 컴퓨팅사고력과 기본적인 코딩 능력을 기반으로 한 다양한 알고리즘을 통해 문제를 해결하길 원하는 모든 학습자에게 훌륭한 가이드가 될 것이다. 1장부터 5장까지는 컴퓨팅사고력 기반 문제해결의 절차를 다룬 장으로, 전공과 상관없이 모든 학생들에게 요구되는 문제해결력 향상에 초점을 두어 구성하였다. 6장부터 11장까지는 알고리즘에 해당하는 장으로, 비전공자를 위한 교양 강좌에서는 기본 개념과 실생활에서 활용된 예를 중심으로 학습할 수 있으며, 전공자를 위한 강좌에서는 다양한 알고리즘 기법을 이해하며, 예제를 통한 단계별 설명과 더불어 파이썬 코드로 작성된 프로그램을 확인할 수 있다.

이 책의 출판이 원활하게 이루어지도록 물심양면으로 많은 도움을 주시고 적극적으로 후원해 주신 성균관대학교 출판부에게 감사의 말씀을 전한다.

성균SW교육원에서
저자  김재현 권정인 한옥영

# 교재 구성안

• 비전공자가 이해하기 쉽도록 문제해결 방법을 실생활과 연관시켜 구성하였다.
• 전공자를 위한 다양한 알고리즘 기법의 설명 및 파이선 코드를 제공하였다.
• 컴퓨팅사고력 기반 문제해결 방법을 학습하고, 이론에 대한 파이선 코드를 이해할 수 있다.

| 주차 | chapter | 주제 |
|------|---------|------|
| 1 | 1장 | 문제해결의 개념 및 필요성 이해하기 |
| 2 | 2장 | 문제해결 과정의 특성 및 표현 이해하기 |
| 3 | 3장 | 자료 구조의 필요성과 활용법 알아보기 |
| 4 | 4장 | 논리적 사고 기반 문제해결 방법 이해하기 |
| 5 | 5장 | 컴퓨팅사고력 기반 문제해결 방법 이해하기 |
| 6 | 6장 | 효율적 자료 정렬 알고리즘 기법 살펴보기 |
| 7 | 7장 | 효율적 자료 탐색 알고리즘 기법 살펴보기 |
| 8 | | 중간고사 |
| 9 | 8장 | 단순하게 문제 풀기 알고리즘 적용하기 |
| 10 | 9장 | 분할 정복 알고리즘 적용하기 |
| 11 | 10장 | 탐욕적 알고리즘 적용하기 |
| 12 | 11장 | 동적 프로그래밍과 되추적 기법 활용하기 |
| 13 | 11장 | 분기 한정 기법 및 통 채우기 문제 활용하기 |
| 14 | | 배운 내용을 학습하여 문제해결을 위한 팀 프로젝트하기 |
| 15 | | 기말고사 |

# 교재 활용법

- 기본적인 문제해결 개념 및 과정을 학습하고자 하는 경우, 1장과 2장을 중심으로 학습한다.

- 문제해결의 자동화를 위한 자료 처리를 학습하고자 하는 경우, 자료 구조를 설명한 3장의 이해가 필수적이다.

- 논리적 접근 및 컴퓨팅사고력을 활용한 문제해결 방법을 학습하고자 하는 경우, 4장과 5장을 학습한다.

- 방대한 자료의 정렬 및 탐색 방법에 대해 활용하고자 하는 경우, 6장과 7장을 학습한다.

- 여러 가지 알고리즘 전략 및 기법에 대해 학습하고자 하는 경우, 8장부터 11장을 학습한다. 단순하게 문제 풀기 방식인 Brute Force를 위하여 8장, 문제를 분할해서 해결하는 Divide and Conquer를 위하여 9장, 탐욕적 문제해결 방법인 Greedy 방식을 위하여 10장, 기타 다양한 문제해결 알고리즘을 위하여 11장을 학습한다.

# | 차례 |

이론편

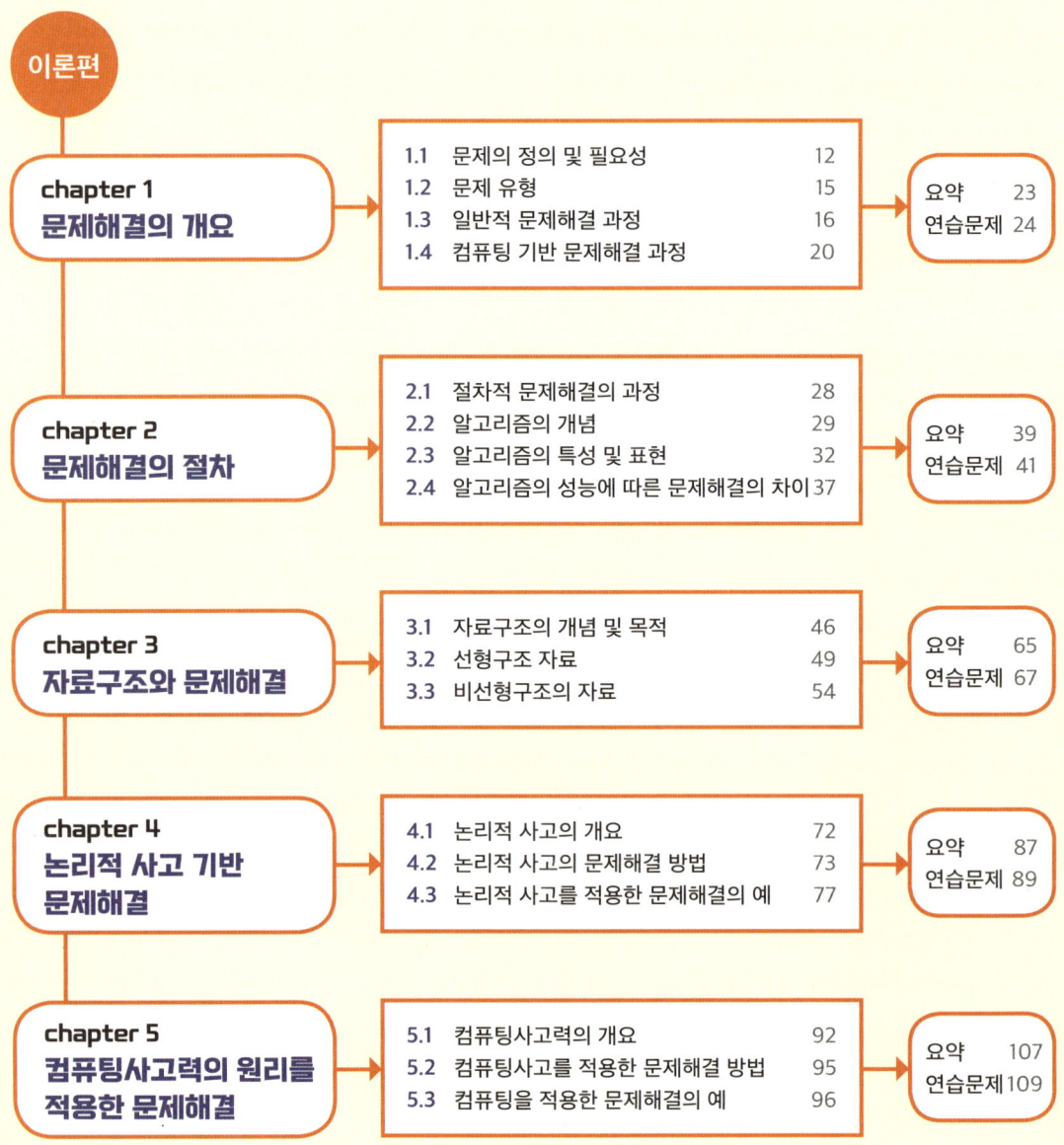

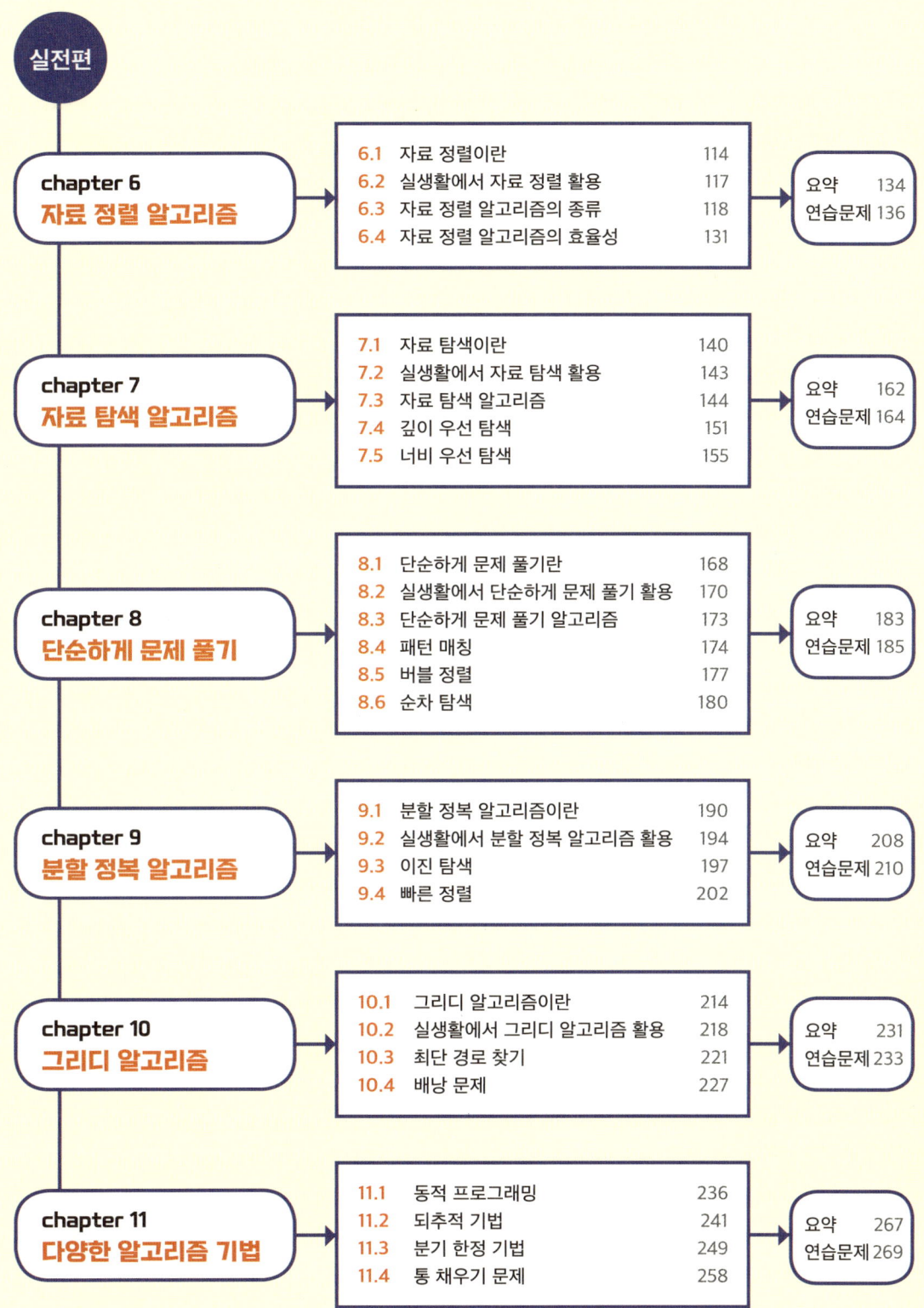

# 문제해결의 개요

# 1.1 문제의 정의 및 필요성

## 1. 문제란?

사람은 살아가면서 해결하기 어려운 일이나 복잡한 문제에 직면한다. '문제'에 대한 사전적 정의는 해답을 요구하는 물음, 논쟁·논의·연구 따위의 대상이 되는 것, 해결하기 어렵거나 난처한 상황, 귀찮은 일이나 말썽 등으로 규정된다. 문제란 현재 상태의 변화로 인해 목표 상태가 생기는 것을 말한다. 이러한 현재 상태의 변화는 환경적, 물리적 여건에 의해 생기기도 하고, 본인의 의지에 따라 생기기도 한다. 문제는 그 복잡성에 따라 단순한 문제와 복잡한 문제로 구분할 수 있으며, 해결할 수 있는 문제와 해결할 수 없는 문제, 반복적인 문제와 일회성을 갖는 문제 등으로 구분할 수 있다. 즉, 문제란 현재 상태의 변화로 인해 본인이 원하는 방향의 목표 상태가 생기는 것을 의미한다.

♥ 그림 1-1 문제의 개요

목표 상태

현재 상태

## 2. 문제해결이란?

문제해결이란 현재 상태와 목표 상태의 차이를 해결한 결과물을 말한다. 이러한 결과물을 만들어내기 위해서는, 즉 현재 상태에서 목표 상태로 도달하기 위해서는 시간, 노력, 사고 등의 요소를 투입해야 한다. 문제해결의 결과는 정확한 문제의 이해를 바탕으로 시간, 노력, 사고 등의 요소를 배합하여 문제해결이라는 결과물을 만들어 내기 때문에 요소들의 투입 정도에 따라 결과물의 질이 달라질 수 있다.

예를 들어, 잘 익은 면발의 라면 익히기가 목표라면, 시간에 따라 면발의 정도가 다른 라면의 결과가 나온다.

♥ 그림 1-2  시간적 요소가 결과물에 영향을 미치는 예

우수한 학점 받는 것이 목표라면 노력 여하에 따라 성적이라는 결과물이 달라질 수 있다.

♥ 그림 1-3  노력의 요소가 결과물에 미치는 예

인생의 성공이 목표라면, 각자 목표가 돈과 명예 중 어떤 것을 더 중요하게 생각하느냐에 따라 결과물이 달라질 수 있다.

❤ **그림 1-4** 사고의 요소가 결과물에 미치는 예

## 3. 문제해결 과정

문제해결 과정이란 문제해결이라는 결과물을 만들어 내기 위해 필요한 절차 혹은 순서를 말한다. 문제해결 과정은 그 문제에서 제시된 조건, 해결하려는 주체자의 성향, 상황에 따라 다양한 과정을 제시할 수 있다. 케니(Kahney, 1986)와 메이어(Mayer, 1999)는 이 과정을 주어진 상태에서 목표 상태에 도달하기 위한 주체자의 조작적 행위(관찰 또는 측정할 수 없는 것을 관찰 또는 측정이 가능하도록 한 개념) 혹은 인지적 처리(외적 환경요소나 대상을 수용하여 인간의 내적 요소와 상호작용을 통해 발달해가는 정신능력을 총칭하는 인간행동의 한 측면)로 정의하였다.

즉, 문제해결 과정이란 문제(현재 상태)에서 문제해결(목표 상태)에 도달하기 위한 일련의 인지적 처리 및 사고 활동의 과정을 순차적으로 나열하는 것을 말한다.

❤그림 1-5 현재 상태와 목표 상태

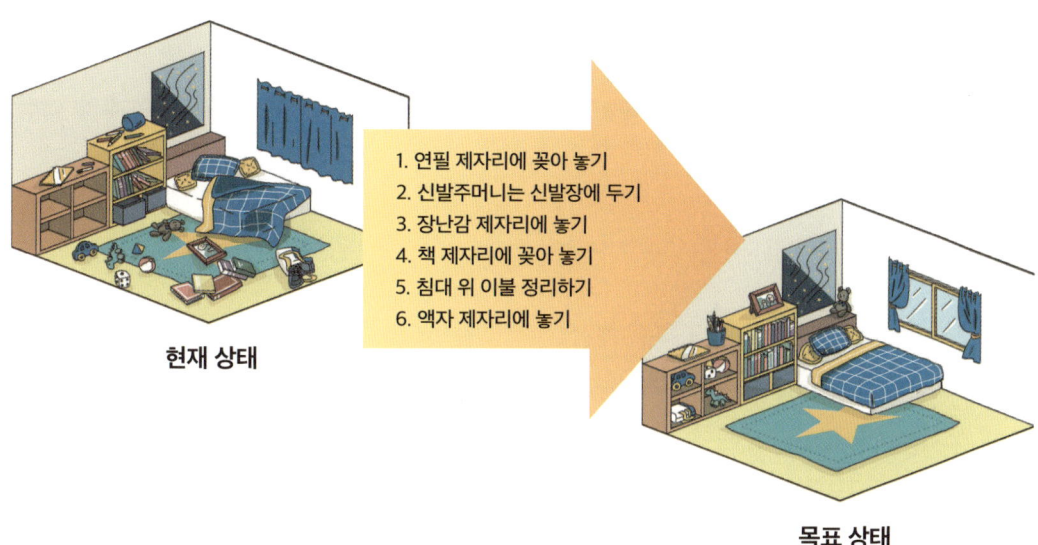

1. 연필 제자리에 꽂아 놓기
2. 신발주머니는 신발장에 두기
3. 장난감 제자리에 놓기
4. 책 제자리에 꽂아 놓기
5. 침대 위 이불 정리하기
6. 액자 제자리에 놓기

현재 상태

목표 상태

## 1.2 문제 유형

일반적 문제란 우리가 일생에서 직면할 수 있는 여러 가지 문제를 총칭한다. 여기에서 문제란 작게는 '무엇을 먹을 것인가? 무엇을 공부할 것인가?'부터 '누구와 결혼할 것인가? 어떤 직업을 선택할 것인가?' 등 다양한 형태가 존재한다. 이렇듯 우리가 일상생활에 직면할 수 있는 다양한 형태의 문제를 '일반적 문제'라고 한다. 이러한 문제들 중 구조화된 문제는 기존의 경험을 통해 문제해결의 과정을 고민하지 않고 적용하거나 이미 기억한 절차를 그대로 적용하여 쉽게 해결할 수 있는 문제를 의미한다. 또한 이런 구조화된 문제들의 특징은 컴퓨팅을 활용하여 해결했을 때 더욱 효과적인 해결책이 될 수 있다. 따라서 우리는 구조화된 문제 중 컴퓨팅을 활용했을 때 그 해결책의 효율성을 보장할 수 있는 문제를 '컴퓨팅 기반 문제'라고 한다. 이러한 컴퓨팅 기반 문제의 유형은 다음과 같은 특성을 갖고 있다.

## 1. 결정 문제

컴퓨팅 기반 문제는 미지의 것을 결정하기에 충분한 조건 및 요소가 포함되어 있어야 한다. 대답이 '예' 또는 '아니요'로 이루어지는 문제로 조건과 요소를 기반으로 이론을 전개하고 결과를 얻을 수 있는 문제이다. 이 조건과 요소를 기반으로 얻은 문제의 해답 종류는 유한적이어야 한다.

## 2. 탐색 문제

문제의 답이 될 수 있는 것의 요소를 체계적으로 찾아보는 것을 탐색이라고 한다. 컴퓨팅 기반 문제는 다양한 방면의 자료를 탐색할 수 있는 문제여야 하며 탐색된 자료를 통해 문제의 분석이 가능해야 한다.

## 3. 연산 가능한 문제

컴퓨팅 기반 문제는 연산을 통해 계산을 할 수 있는 문제여야 한다. 여기서 계산이란 입력된 자료가 다양한 연산자와 만나 새로운 것을 만들어 낼 수 있는 것을 의미한다.

## 4. 최적화 문제

최적화란 주어진 범위 안에서 최댓값과 최솟값을 찾아 자원 또는 비용의 효율성을 추구하는 것이다. 컴퓨팅 기반 문제는 다양한 해결책 중 그 문제를 최적화 시킬 수 있는 해결책을 제시할 수 있어야 한다.

## 1.3 일반적 문제해결 과정

일반적 문제의 문제해결 과정은 주어진 상황과 조건을 바탕으로 문제해결을 위한 효과적인 방안을 탐색해 내는 일이다. 여기에는 문제를 풀어가는 당사자의 경험 및 지식, 성향 등에 따라 같은 문제 상황이라 할지라도 다르게 해결 과정을 제안할 수 있다. 일반적 문제해결 과정은 다음과 같이 문제의 이해, 해결 방안의 고안, 해결책의 선택, 실행 및 평가의 단계를 거친다.

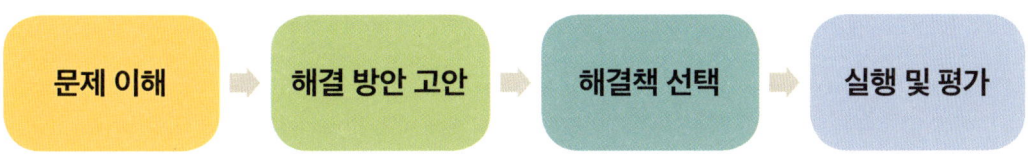

문제 이해 ➡ 해결 방안 고안 ➡ 해결책 선택 ➡ 실행 및 평가

## 1. 문제 이해

일상생활에서 발생하는 수많은 문제들을 합리적이고 효율적으로 해결하기 위해서는 문제에 대한 올바른 인식이 필요하다는 것은 누구나 알고 있는 사실이다. 그렇다면 올바른 문제 인식을 위해 중요한 요소는 무엇일까? 첫째, 문제 상황에 대해 주어진 조건과 정보를 바르게 이해하고 파악할 수 있어야 한다. 둘째, 문제가 무엇인지 문제의 상황과 조건을 바탕으로 논리적 사고에 의해 문제를 분석할 수 있어야 한다. 셋째, 문제를 다양한 측면에서 이해하고 바라볼 수 있는 통합적 사고가 필요하다. 즉, 문제해결은 논리적 사고와 통합적 사고를 기반으로 문제가 무엇인지를 파악하는 것부터 시작된다.

❤ 그림 1-6 논리적 사고와 통합적 사고

## 2. 해결 방안 고안

문제를 정확하게 이해했다면 이 문제를 해결할 수 있는 방법을 고민해야 한다. 일반적인 문제의 해결 방안은 문제를 직면한 당사자의 경험과 지식에 따라 다양한 아이디어를 도출할 수 있다. 이 단계에서는 다양한 문제해결 제시를 위해 확장된 사고(문제해결 과정에서, 정보를 광범위하게 탐색하고 상상력을 발휘하여 미리 정해지지 않은 다양한 해결책을 모색하는 사고로, 수렴적 사고와는 반대되는 개념)가 필요하다. 다양한 해결 방안은 확장된 사고를 뜻하는 것으로 여기에는 풍부한 자료 수집과 탐색이 기반이 된다. 아래는 확산적 사고를 통해 문제를 해결한 예이다.

세계적인 엘리베이터 제조사인 오티스는 세계 최초의 안전 장치가 부착된 엘리베이터를 개발했고, 이는 고층 빌딩에서 큰 인기였다. 그러나 문제는 속도였다. 납품한 엘리베이터의 속도가 많이 느리다는 고객 불만이 접수되었다. 기술진이 여러 차례 고심해서 문제를 해결하기 위한 방안을 내놓았으나 해결되지 않았다. 고심 중에 있던 오티스에 새로운 제안을 한 건 다름 아닌 오티스의 한 여직원이었다. "엘리베이터에 전신 거울을 달아 놓으세요. 가능하면 좀 날씬해 보이는 거울로요." 이 여직원의 엉뚱한 제안은 그간 고민해온 문제를 단번에 해결할 수 있는 해결책이었다. 다들 엘리베이터 거울 속에 비친 자신의 모습을 보는 데 신경을 쓰느라 누구도 엘리베이터 속도가 느리다는 불평을 더는 하지 않았다. 심지어 오티스 엘리베이터 이용자 중에는 엘리베이터 속 자신의 모습에 도취해 버튼을 누르는 것까지 잊어버리는 경우가 종종 생겼다.

[출처] https://brunch.co.kr/@brunchflgu/974

## 3. 해결책 선택

사이먼&헤이어(Simon&Hayers, 1976)는 대부분의 사람들은 가정 먼저 떠오른 아이디어를 받아들이고 만족하는 경향이 있는데, 가장 최선의 해결책을 선택하기 위해서는 수렴적 사고가 필요하다고 보았다. '수렴적 사

▲그림 1-7
해결책 선택

고'(주어진 문제를 해결하기 위하여 다양한 대안을 분석하고 평가하여 최종적으로 가장 적합한 문제를 선택해 가는 사고 방식)란 다양한 해결 방안의 제시 중 더 유용하고 효율적이며 가치 있는 것을 선택하기 위한 사고이다. 즉, 풍부한 자료 수집과 분석을 통해 다양하게 제시된 해결 방안 중 가장 효율적이고 가치 있는 해결책을 선택하는 단계이다.

## 4. 실행 및 평가

문제해결을 위한 해결책 중 최선책을 선택했다면, 이제 이를 실제로 행하여야 한다. 실행하는 과정 중 문제가 발생되어 더 이상 실행이 불가능할 경우에는 다시 전 단계로 돌아가 해결책 선택에 문제가 없었는지, 해결 방안의 고안에 문제가 없었는지, 문제의 이해에 착오는 없었는지 등을 살펴보아야 한다. 또 실행은 되었지만 애초 본인이 원하는 목표가 아닌 다른 결과가 나오거나, 본인이 의도한 만큼 목표가 나오지 않았다면 전 단계에 문제가 없었는지 살펴보아야 한다. 현 단계의 실행을 통해 얻은 평가는 다음번 문제해결의 실행을 위한 중요한 자료가 된다.

♥ 그림 1-8  실행과 평가

# 1.4 컴퓨팅 기반 문제해결 과정

컴퓨팅 기반 문제해결 과정은 컴퓨팅과학의 원리를 적용하여 문제를 해결했을 때 그 결과가 효율적이어야 한다. 또한 문제해결의 과정을 컴퓨팅을 통해 구현할 때 최적화 시킬 수 있는 문제여야 한다. 컴퓨팅 기반 문제해결 과정은 다음과 같이 문제의 이해, 해결 과정의 설계, 프로그래밍 구현, 결과물 확인의 단계를 거친다.

```
문제 이해  ➡  해결 과정 설계  ➡  프로그래밍 구현  ➡  결과물 확인
```

## 1. 문제 이해

문제의 이해 단계에서는 상황에 따른 문제의 요구사항을 정확하게 파악해야 한다. 문제에서 제시된 자료는 무엇인지, 자료를 통해 추가적으로 유추할 수 있는 정보는 무엇이 있는지, 문제에 주어진 조건은 있는지 등 문제 상황에 대한 정확한 이해가 필요하다. 이렇듯 문제의 이해를 제대로 하기 위해서는 문제 상황에 따른 자료 수집이 중요하며, 수집된 자료를 바탕으로 일정한 패턴이나 규칙을 찾아서 문제를 정확하게 다시 정의하는 것이 중요하다.

♥ 그림 1-9 문제 이해를 위한 활동

## 2. 해결 과정 설계

해결 과정의 설계 단계에서는 정확하게 인식된 문제를 바탕으로 문제해결의 방향을 설계해야 한다. 설계는 문제해결 과정의 핵심으로 문제의 이해를 바탕으로 무엇을 입력해서 처리한 후 출력할 것인지에 대한 구체적 기술이 필요하다. 이러한 구체적인 기술을 절차적으로 표현하는 것을 '알고리즘'이라고 한다. 알고리즘은 명확한 의미를 갖는 용어로 기술해야 하며, 절차들 간에 효율적으로 처리할 수 있게 기술되어야 하며, 반드시 시작과 끝을 포함하고 있어야 한다. 이러한 알고리즘을 표현하는 방법에는 자연어 표현, 의사코드 표현, 순서도 표현 등이 있다. 다음은 a와 b의 크기를 비교하여 출력하는 문제의 해결 과정을 자연어, 의사코드, 순서도로 표현한 예이다.

| 자연어 | 의사코드 | 순서도 |
|---|---|---|
| a의 값은 5이다. <br> b의 값은 100이다. <br> a와 b를 비교한다. <br> 만약에 a가 더 크면 "a가 크다"를 출력한다. <br> 그렇지 않으면 "b가 크다"를 출력한다. | a=5 <br><br> b=10 <br><br> if (a<b) then " b가 크다." <br><br>　　　　 else "a가 크다." | |

## 3. 프로그래밍 구현

프로그래밍 구현은 알고리즘 내용을 바탕으로 컴퓨터에서 실행 가능하도록 프로그래밍 언어를 이용하여 작성하는 단계이다. 이는 컴퓨터를 사용하여 결과물을 만들어내는 과정으로 '자동화'라 한다. 자동화란 알고리즘으로 설계한 내용을 컴퓨터로 프로그래밍하는 과정이다. 프로그래밍에 사용되는 프로그래밍 언어로는 Entry, Scratch, Python 등이 있다.

**Entry 구현**

```
a= eval(input("첫번째 수를 입력하세요 : "))
b= eval(input("두번째 수를 입력하세요 : "))

if a<b :
    print(b, "가 더 크다")
else:
    print(a, "가 더 크다")
```

**Python 구현**

## 4. 결과물 확인

결과물 확인 단계에서는 알고리즘에 따라 구현된 결과물의 실행 여부를 검토한다. 구현한 결과물에 실제 사용할 자료를 입력하여 처리가 되는지 확인하고 원하는 결과가 나오는지 체크한다. 아무 문제없이 결과가 나온다면 이 해결 과정이 얼마나 효율적이며 실용적인지를 검토한다. 효율성과 실용성에 대한 보완이 필요할 경우에는 결과물 확인 이전의 과정을 검토하여 이를 보완한다. 만약 원하는 결과가 나오지 않는 경우 프로그래밍 과정에서 오류가 없는지 확인하고 오류가 있다면 수정한다.

**Entry 결과물**

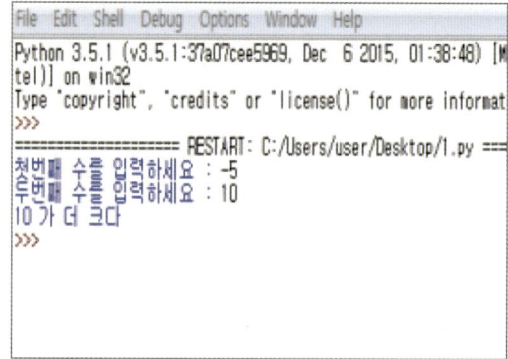

**Python 결과물**

# 요약

---

① 문제란 현재 상태의 변화로 인해 본인이 원하는 방향의 목표 상태가 생기는 것을 의미한다.

② 문제해결이란 현재 상태와 목표 상태의 차이를 해결한 결과물를 말한다.

③ 문제해결 과정이란, 문제(현재 상태)에서 문제해결(목표 상태)에 도달하기 위한 일련의 인지적 처리 및 사고 활동의 과정을 순차적으로 나열하는 것을 말한다.

④ 일반적 문제해결 과정은 문제의 이해, 해결 방안의 고안, 해결책의 선택, 실행 및 평가의 단계를 거친다.

⑤ 일반적 문제해결 과정 중 해결 방안의 고안 단계에서는 다양한 문제해결의 제시를 위해 확장된 사고가 필요하다. 다양한 해결 방안은 확장된 사고를 뜻하는 것으로, 여기에는 풍부한 자료 수집과 탐색이 기반이 되어야 한다.

⑥ 컴퓨팅 기반 문제해결 과정은 문제의 이해, 해결 과정의 설계, 프로그래밍 구현, 결과물 확인의 단계를 거친다.

⑦ 컴퓨팅 기반 문제해결 과정 중 문제 이해를 제대로 하기 위해서는 문제 상황에 따른 자료 수집이 중요하며, 수집된 자료를 바탕으로 일정한 패턴이나 규칙을 찾아서 문제의 문제를 정확하게 재정의하는 것이 중요하다.

⑧ 알고리즘은 명확한 의미를 갖는 용어로 기술해야 하며, 절차들 간에 효율적으로 처리할 수 있게 기술되어야 하며, 시작과 끝을 반드시 포함하고 있어야 한다.

⑨ 설계한 내용을 바탕으로 컴퓨터를 사용하여 결과물을 만들어내는 과정을 자동화라 한다.

# 📝 연습문제

**1** 문제가 발생하는 원인에 대해 설명하시오.

_____

_____

_____

_____

**2** 우리 주변의 일반적 문제 상황의 예를 설명하시오.

_____

_____

_____

_____

_____

**3** 일반적 문제해결 과정의 단계별 특징에 대해 설명하시오.

_____

_____

_____

_____

4 컴퓨팅기반 문제해결 과정의 단계별 특징에 대해 설명하시오.

5 자동화의 개념을 설명하시오.

## | 참고문헌 |

Kahney, H.(1986) Problem Solving; A cognitive approach, Milton Keynes, Philadelphia: Open University Press.

Mayer, R. E.(1999). Problem Solving. In M. A. Runco & S.R. Pritzker(eds.), encyclopedia of creativity : Vol. 2(pp.295-300). San Diego, CA: Academic Press.

Simon, H. A. & Hayes, J. R.(1976). The understanding process:Problem isomorphs. Cognitive Psychology, 8, 165-190.

이론편

chapter 2

문제해결의
절차

# 2.1 절차적 문제해결의 과정

우리는 봄, 여름, 가을, 겨울의 계절을 순서대로 맞이한다. 봄이 지나야 여름이 오고, 여름이 지나야 가을이 온다. 이렇듯 순서대로 진행되는 일에 절차적 또는 순차적이란 단어를 사용한다. 즉, '절차적 또는 순차적'이란 의미는 어떠한 순서에 의해 하나씩 단계별로 실행하는 일을 말한다. 예를 들면, 초등학교 졸업 후에 중학교, 고등학교, 대학교의 순서로 진학하는 것, 레고를 조립하기 위해 순서대로 블록을 조립해야 하는 것, 종이접기를 통해 원하는 결과물을 만들어 내는 것, 월요일 다음에 화요일 그다음에 수요일인 것 또한 순차적 예 중 하나일 것이다.

이러한 순차적 예들은 반드시 해당되는 단계에 따라 앞과 뒤의 순서가 정해져 있다.

❤ **그림 2-1** 문제 이해를 위한 활동

| 봄 | 여름 | 가을 | 겨울 |

앞장에서 언급한 문제해결 과정이란 문제를 해결하기 위해 필요한 절차 혹은 순서로 현재 상태에서 목표 상태로 도달하기 위한 일련의 인지적 처리 및 사고 활동의 과정을 순차적으로 나열한 것이라고 정의하였다. 여기서 말하는 절차 혹은 순서란 문제해결을 위한 인지적 처리 과정을 정해진 순서에 따라 하나씩 단계별로 나열하는 것으로, 우리는 이를 '절차적 문제해결 과정'이라고 한다. 이러한 절차적 문제해결 과정을 순서대로 나열하기 위해 생각하고 고민하는 사고과정을 '절차적 사고'라고 한다. 다음은 종이접기의 예이다. 종이접기는 정해진 단계를 순서대로 따라가면 원하는 목표 상태에 도달하는 절차적 문제해결 과정의 예 중 하나이다.

❤그림 2-2 절차적 문제해결 과정의 예

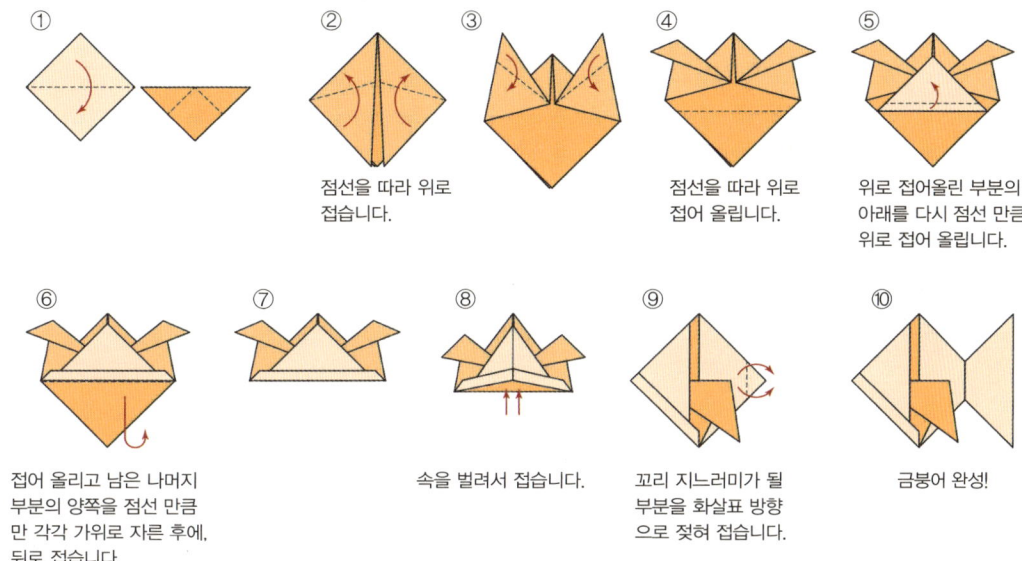

① ② 점선을 따라 위로 접습니다.

③ ④ 점선을 따라 위로 접어 올립니다.

⑤ 위로 접어올린 부분의 아래를 다시 점선 만큼 위로 접어 올립니다.

⑥ 접어 올리고 남은 나머지 부분의 양쪽을 점선 만큼만 각각 가위로 자른 후에, 뒤로 접습니다.

⑦ ⑧ 속을 벌려서 접습니다.

⑨ 꼬리 지느러미가 될 부분을 화살표 방향으로 젖혀 접습니다.

⑩ 금붕어 완성!

# 2.2 알고리즘의 개념

## 1. 알고리즘이란?

알고리즘이란 어떠한 주어진 문제를 해결하기 위한 절차적 순서나 방법을 의미한다. 가령 집에서 학교까지 찾아가는 문제가 주어지게 된다면, 집에서의 출발은 현재 상태를 의미하고, 학교에 도착하는 것은 목표 상태가 된다. 현재 상태인 집에서 출발하여 목표 상태인 학교에 도착하기 위한 과정을 절차적·순차적으로 나열하는 것을 알고리즘이라고 한다. 이와 같이 알고리즘은 현재 상태와 목표 상태의 차이를 해결하기 위한 과정을 나열하는 것으로, 문제해결의 과정을 절차적·순차적으로 표현하는 것이다. 컴퓨터 프로그램으로 구현해야 하는 알고리즘은 실행 명령어들을 순차적으로 나열하되 논리성을 고려해야 할 필요가 있다. 즉, 알고리즘이란 어떤 문제를 해결하기 위한 사고과정 혹은 명령어들의 유한 집합으로, 주어진 문제해결을 위한 논리적 절차나 방법을 의미한다.

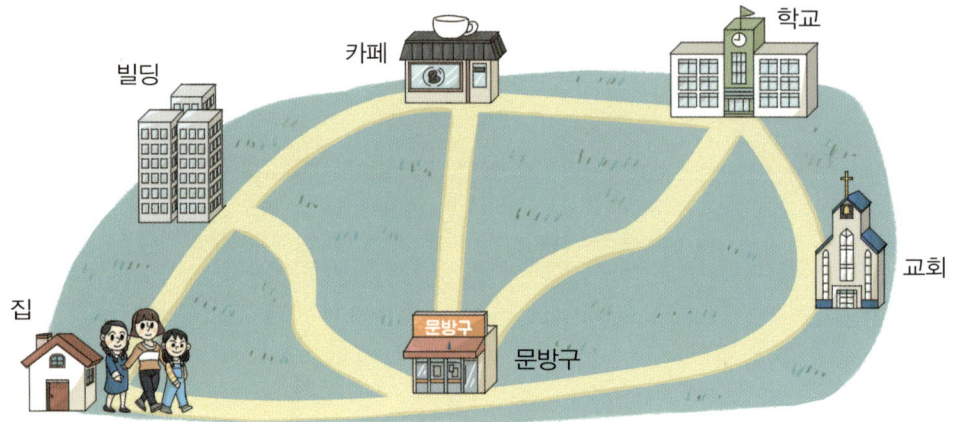

문제해결을 위한 알고리즘의 방법은 다음과 같다.

### ① 시행착오법

문제해결의 정확한 순차적 나열이 모호할 경우 조건 등을 통해 적당하다고 판단되는 순서를 나열하게 된다. 이때 나열한 결과가 실행을 통해 잘못되었을 경우 다른 방법을 선택함으로써 문제를 해결하는 방법이다.

### ② 분할 정복

문제를 해결할 때 처음에 주어진 복잡하고 어려운 문제를 해결할 수 있는 작은 단위로 나누어 각각의 문제를 해결함으로써 결과적으로 큰 문제의 해결책에 도달하는 방법이다.

### ③ 거꾸로 풀기

문제의 결과가 도출하게 된 원인을 찾아 거꾸로 생각하며 문제를 해결하는 방법으로 미로 찾기를 할 때 출구부터 입구를 역으로 찾아가는 것과 같은 방법이다.

### ④ 경우의 수 대입

문제의 해가 될 수 있는 최대한 많은 경우의 수를 나열하고, 그 중 최적의 해를 찾아서 문제를 해결하는 방법이다.

## 2. 알고리즘의 설계

알고리즘 설계란 문제해결의 절차를 순서대로 기술하는 것으로 구체적인 해결 방안을 단계별로 만들어 가는 과정을 의미한다. 문제를 해결하는 과정에서 주어진 조건을 고려하여 최적의 해결 방법을 제시하는 것이 알고리즘 설계의 목적이다. 이런 알고리즘의 설계 방법은 '하향식(Top-down) 설계 방식'과 '상향식(Bottom-up) 설계 방법'이 있다. 하향식 설계 방식은 처음에 주어진 커다란 덩어리의 문제를 점차 작은 문제로 나누어 해결책을 세분화하는 방법이다. 상향식 설계 방식은 작은 문제를 먼저 해결하고 해결한 작은 문제를 모아 점차 큰 문제를 해결하는 방법이다.

♥그림 2-3  하향식 설계 방식

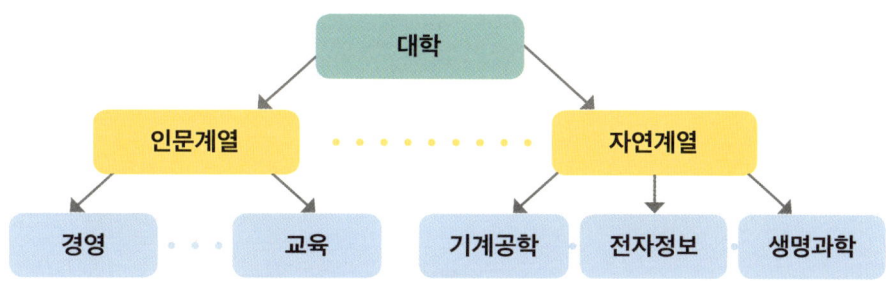

♥그림 2-4  상향식 설계 방식

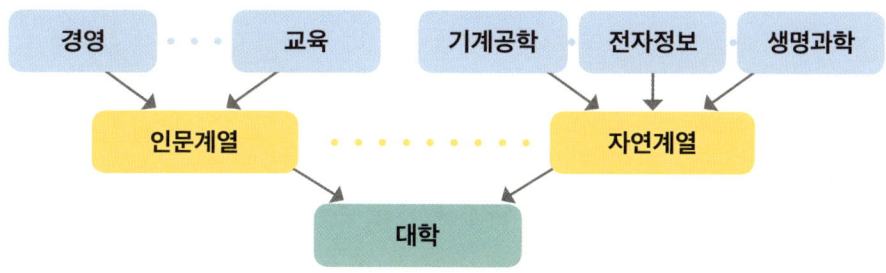

# 2.3 알고리즘의 특성 및 표현

## 1. 알고리즘의 특성

알고리즘은 주어진 문제에 대한 해결 방법을 절차적으로 나열하는 것이다. 절차적 나열에는 입력과 출력의 구분, 문제 요구조건의 선언 등을 고려하여 문제해결 절차를 체계적으로 나열할 수 있는 기술이 포함되어 있어야 한다. 이러한 알고리즘의 특성은 다음과 같다.

첫째, 절차적 나열이 모호하지 않은 정확성을 가져야 한다. 주어진 입력에 대하여 언제나 정확한 답을 주어야 한다. 같은 형태의 입력에 대해 알고리즘을 통해 얻어지는 답이 매번 같은 답이 아니라면 이는 알고리즘이라 할 수 없다.

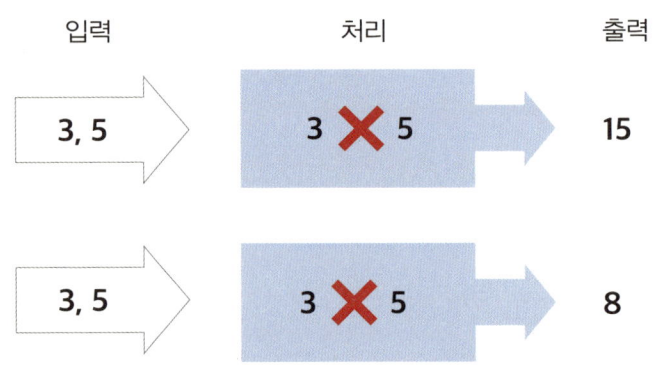

둘째, 각각의 단계는 실행 가능한 명령어의 집합으로 구성하여 모호성을 제거해야 한다. 알고리즘의 표현 중 관점에 따라 애매하거나, 컴퓨터가 실행할 수 없는 표현을 포함한 것이 있을 경우 알고리즘은 실행할 수 없다. 따라서 각 단계는 반드시 컴퓨터에서 실행이 가능한 명령어들의 집합으로 구성되어야 한다.

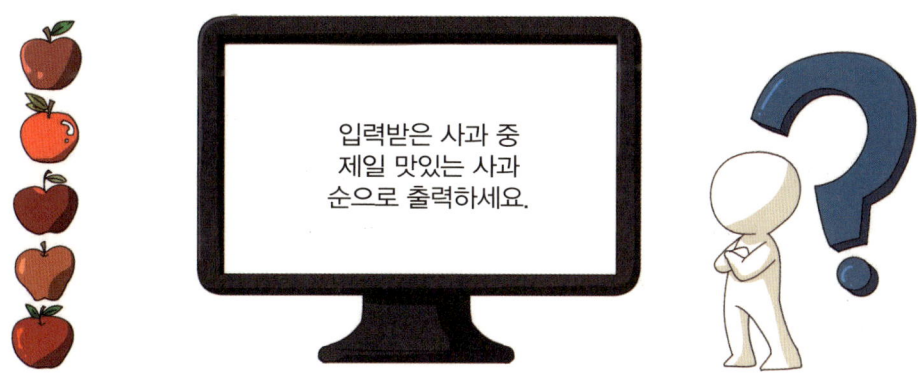

입력받은 사과 중
제일 맛있는 사과
순으로 출력하세요.

셋째, 모든 단계가 끝나고 나면 반드시 종료되어야 한다. 알고리즘은 일정한 시간 내에 종료되어야 한다. 알고리즘의 실행이 끝나지 않거나 오래 걸려서 얻은 결과값이 현실적으로 무의미하다면 이는 알고리즘으로서 가치가 없다.

❤ 그림 2-5 짝수의 합계 구하기

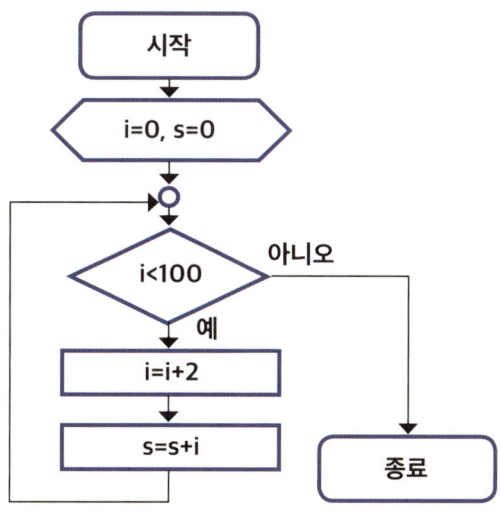

넷째, 알고리즘은 효율적일수록 그 가치가 높아진다. 알고리즘은 같은 결과를 산출한다고 하더라도, 시간적으로 빠른 알고리즘이, 공간적으로 메모리를 적게 차지하는 알고리즘이 가치가 높다고 할 수 있다.

❤ 그림 2-6  알고리즘의 효율성

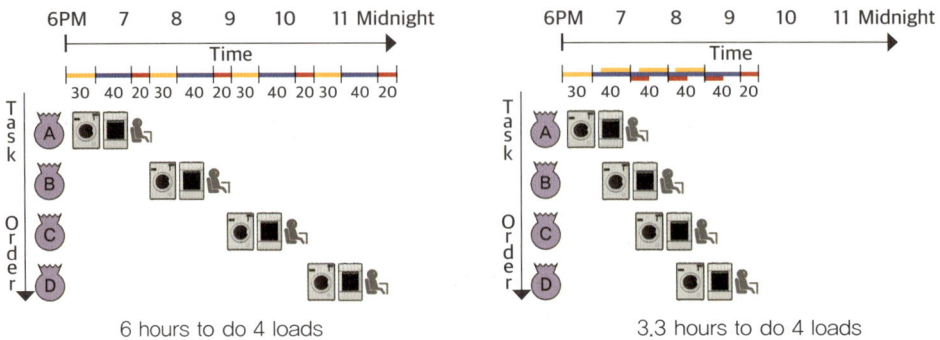

[출처] Jeannette M. Wing(2008), Computational Thinking and Thinking About Computing

## 2. 알고리즘의 표현방법

알고리즘의 논리적 절차를 표현하는 기술적 방법으로는 자연어(natural language), 의사코드(pseudocode)와 순서도(flowchart) 방법이 있다. 자연어는 우리 일상의 생활용어 및 표현방법을 적용해 문제해결 절차를 표현하는 방법이라 한다면, 의사코드는 자연어와 같은 표현방법이기는 하지만 일정한 문법을 따르지 않고 기술하므로 자연어보다 간결하게 표현할 수 있다. 순서도는 문제해결 절차에 필요한 논리적인 단계들을 그림으로 표현한 것이라 할 수 있다.

| 자연어 | 의사코드 | 순서도 |
|---|---|---|
| · a 변수에 1부터 100 사이의 숫자 중 하나를 임의로 넣는다.<br>· b 변수에 1부터 100 사이의 숫자 중 하나를 임의로 넣는다.<br>· 만약에 a 변수값이 b 변수값보다 크면<br>　a 변수값을 출력한다.<br>　그렇지 않으면<br>　b 변수값을 출력한다. | · a ← 1~100 중 임의의 수<br>· b ← 1~100 중 임의의 수<br>· if a 변수값 〉 b 변수값 이라면<br>　a 변수값을 출력한다.<br>　그렇지 않으면<br>　b 변수값을 출력한다. | 시작<br>↓<br>a ← [1,100] 중 임의의 수<br>↓<br>b ← [1,100] 중 임의의 수<br>↓<br>a > b<br>a 출력 / b 출력<br>↓<br>끝 |

예를 들어 1부터 10까지의 숫자를 더하는 프로그램을 자연어, 의사코드, 순서도로 표

현하면 다음과 같다.

## ① 자연어

우리가 일반적으로 말하고 글을 쓸 때 사용하는 언어로 한글이나 영어 등을 사용하여 알고리즘을 표현하는 방법이다. 이런 방법은 표현을 한 사람과 이해하는 사람 간 용어의 개념적 정의가 명확하지 않으면 소통의 문제가 발생하기 쉽다. 따라서 알고리즘 기술의 용이성과 명확성을 유지하기 위해서는 자연어의 모호성을 제거하고 최대한 명료하게 표현해야 한다.

| 자연어 | 프로그램 코드 |
| --- | --- |
| i 에 1을 대입한다.<br>sum 에 0을 대입한다.<br>반복시작<br>i와 sum을 더해서 sum에 대입한다.<br>i를 1 증가한다.<br>만약 i 가 10보다 작거나 같으면 반복시작으로 간다.<br>sum을 출력한다. | i=1<br>sum = 0<br><br>for i in range (1, 11) :<br>    sum=sum+i<br><br>print("Sum is", sum) |

## ② 의사코드

의사코드는 문제해결의 과정을 프로그래밍 언어와 유사한 형태로 표현해 놓은 것을 말하며, 이는 실제 프로그래밍 언어는 아니다. 다시 말해 의사코드는 직접 실행할 수 있는 프로그래밍 언어는 아니지만, 거의 실제 프로그램에 가깝게 알고리즘의 과정을 표현할 수 있다.

| 의사코드 | 프로그램 코드 |
| --- | --- |
| i <- 1<br>sum <- 0<br>begin<br>sum <- sum + i<br>i = i+1<br>if i <= 10 then goto begin<br>print sum | i=1<br>sum = 0<br><br>for i in range (1, 11) :<br>    sum=sum+i<br><br>print("Sum is", sum) |

이처럼 의사코드는 특정 프로그래밍 언어의 문법에 따라 쓰인 것이 아니라, 사람이 쓰는 언어로 코드를 흉내내서 알고리즘을 써놓은 것을 말한다. 의사코드는 말 그대로 흉내만 내는 코드이기 때문에 실제 프로그래밍 언어로 작성된 코드처럼 컴퓨터에서 실행할 수 없으며, 프로그래밍 언어로 프로그램을 작성하기 전에 알고리즘의 형태로 구조화하는 데 쓰인다.

### ③ 순서도

순서도는 사전에 약속된 기호와 연결선을 사용하여 문제해결의 과정을 그림으로 표현한 것을 말한다. 이는 프로그램 논리의 흐름이나 어떤 목적을 달성하기 위한 처리 과정을 표현하는 데 사용할 수 있다. 순서도는 짧은 프로그램 모듈의 처리 과정을 자세히 설명할 수 있어서 프로그램 작성 전 거의 필수적인 단계로 받아들여지고 있다. 그러나 전체적인 시스템의 구성을 설명하거나, 구조적 프로그램을 짜는 것에는 적절치 않다. 또한 프로그램 작성자로 하여금 전체적인 구성보다 지엽적인 문제에 집착하도록 하는 경향이 있다.

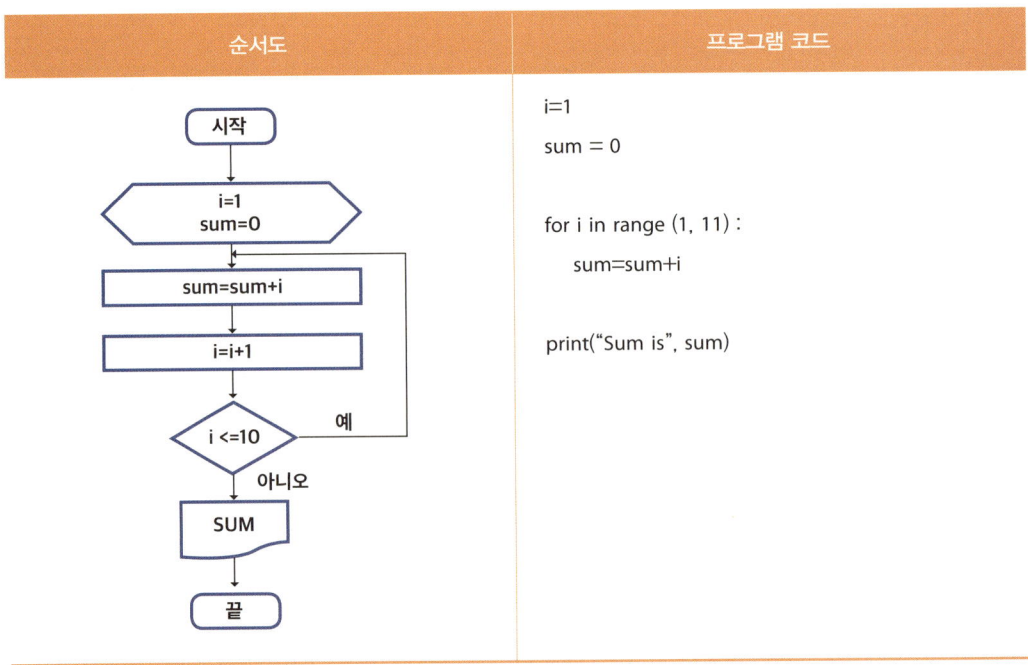

| 순서도 | 프로그램 코드 |
|---|---|
| | ```<br>i=1<br>sum = 0<br><br>for i in range (1, 11) :<br>    sum=sum+i<br><br>print("Sum is", sum)<br>``` |

# 2.4 알고리즘의 성능에 따른 문제해결의 차이

## 1. 알고리즘의 성능

문제를 해결하는 방법이 하나인 경우도 있지만 여러 가지인 경우가 대부분이다. 예를 들어 다음과 같이 집에서 학교에 가는 경우가 여러 가지라면 우리는 이 중 하나를 선택할 것이다. 집에서 학교까지 가는 데 가장 빨리 도착하기를 원하는 경우라면 1번 도로를 선택할 것이다. 또, 가장 짧은 거리를 선택해서 도착하기를 원하는 경우라면 3번 도로를 선택할 것이다.

❤ 그림 2-7  집에서 학교까지 가는 길

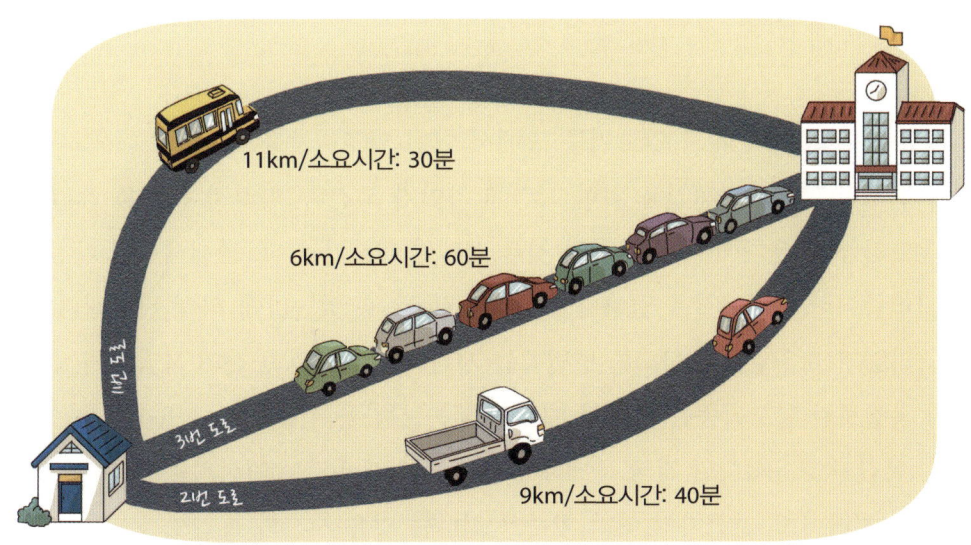

11km/소요시간: 30분

6km/소요시간: 60분

1번 도로

3번 도로

2번 도로

9km/소요시간: 40분

이처럼 알고리즘은 문제해결을 위한 단순한 해결 과정의 절차적 나열이 아니라 다양한 요소를 고려하여 문제해결의 최선의 선택을 해야 한다. 최선의 선택을 할 수 있게 알고리즘을 나열하여 알고리즘의 효율성을 높이는 것을 최적화라고 하며, 이때 우리가 고려해야 하는 것이 알고리즘의 성능이다.

알고리즘의 성능을 측정하는 기준은 다음과 같다. 첫째 정확성(correctness)을 고려해야 한다. 이는 올바른 입력에 대해서 유한한 시간 내에 옳은 답을 정확히 낼 수 있는 것을 말한다. 알고리즘은 언제나 같은 입력 조건에 대해 같은 결과값을 산출해야 한다. 둘째, 작업량 또는 수행량(amount of work done)을 고려해야 한다. 이는 알고리즘 내에 얼마나 적은 연산을 수행하여 문제를 해결하는가를 말한다. 셋째, 메모리 사용량(amount of space used)을 고려해야 한다. 이는 알고리즘의 수행 시 얼마나 적은 메모리를 사용해서 문제를 해결하는가를 말한다. 넷째, 단순성(simplicity) 또는 명확성(clarity)을 고려해야 한다. 이는 알고리즘을 작성할 때 쉽고 간결하며 가독성이 높고 단순하게 문제를 해결하는가를 말한다. 다섯째, 최적성(optimality)을 고려해야 한다. 이는 해당되는 문제의 해결 과정으로 더 이상 개선할 여지가 없을 만큼 최적화되어 있는 알고리즘인가를 확인해야 한다.

## 2. 알고리즘에 따른 문제해결의 차이

문제해결에 따른 여러 가지 알고리즘 중에서 어떤 알고리즘을 선택하느냐에 따라 문제해결의 정확도나 문제해결을 위한 시간에 차이가 생긴다. 따라서 문제를 해결할 수 있는 알고리즘 중 문제에 가장 적합한 것을 선택할 필요가 있다. 문제해결에 가장 적합한 알고리즘이란 문제해결을 얼마나 효율적으로 할 수 있는가에 의해 판단된다. 이러한 알고리즘의 효율성을 분석하는 방법에는 시간의 복잡도와 공간의 복잡도가 있다.

시간의 복잡도란 알고리즘을 수행할 때 소요되는 시간을 기준으로 효율성을 분석하는 것이다. 시간의 효율성이란 결국 문제해결 과정에서 사용되는 연산자를 처리하는 횟수가 적다는 의미이며, 연산자의 처리 횟수가 적다는 것은 시간의 복잡도가 낮다는 의미다. 따라서 시간의 복잡도가 낮을수록, 연산자의 사용 횟수가 적을수록 효율성이 높은 알고리즘이 된다. 공간의 복잡도는 알고리즘을 수행할 때 사용되는 메모리 공간의 양을 기준으로 효율성을 분석하는 것이다. 공간의 복잡도는 메모리 공간을 적게 사용할수록 효율성이 높은 알고리즘이 된다. 알고리즘 효율성에 대한 자세한 내용은 6장에서 다룰 것이다.

# 🔍 요약

**1** 문제해결을 위한 인지적 처리 과정을 정해진 순서에 따라 하나씩 단계별로 나열하는 것으로, 우리는 이를 절차적 문제해결 과정이라고 한다.

**2** 절차적 문제해결 과정을 수행하기 위해서는 절차적 사고가 필요하다. 이러한 절차적 사고 과정을 단계별로 차례로 표현하는 것을 알고리즘이라고 한다.

**3** 알고리즘이란 어떠한 주어진 문제를 해결하기 위한 절차적 순서나 방법을 의미한다. 현재 상태와 목표 상태의 차이를 해결하기 위한 과정을 나열하는 것으로 문제해결의 과정을 순차적, 절차적으로 표현하는 것이다.

**4** 문제를 해결하기 위한 알고리즘 선정방법에는 시행착오법, 분할 정복, 거꾸로 풀기, 경우의 수 대입 등이 있다.

**5** 알고리즘의 설계 방법은 하향식(Top-down) 설계 방식과 상향식(Bottom-up) 설계 방법이 있다. 하향식 설계 방식은 처음에 주어진 커다란 덩어리의 문제를 점차 작은 문제로 나누어 해결책을 세분화하는 방법이다. 상향식 설계 방식은 작은 문제를 먼저 해결하고 해결한 작은 문제를 모아 점차 큰 문제를 해결하는 방법이다.

**6** 알고리즘의 특성은 주어진 입력에 대하여 언제나 정확한 답을 주어야 하는 정확성, 모든 단계가 끝나고 나면 반드시 종료되는 유한성, 각각의 단계는 실행 가능한 명령의 집합으로 구성되는 유효성, 시간적으로 빠른 알고리즘이 공간적으로 메모리를 적게 차지하는 효율성이 있다.

**7** 알고리즘은 문제해결을 위한 논리적 절차를 표현하는 기술적 방법으로는 자연어(natural language), 의사코드(pseudocode)와 순서도(flowchart) 방법이 있다.

**8** 알고리즘의 효율성을 분석하는 방법에는 시간의 복잡도와 공간의 복잡도가

있다. 시간의 복잡도란 알고리즘을 수행할 때 소요되는 시간을 기준으로 효율성을 분석하는 것이다. 공간의 복잡도는 알고리즘을 수행할 때 사용되는 메모리의 공간의 양을 기준으로 효율성을 분석하는 것이다.

# 📝 연습문제

---

**1** 알고리즘의 개념을 설명하시오.

 

**2** 알고리즘의 설계 방법에 대해 설명하시오.

 

**3** 알고리즘의 표현방법을 소개하고 각각의 특징을 설명하시오.

**4** 알고리즘의 효율성을 분석할 때 고려해야 하는 사항을 설명하시오.

**5** 알고리즘의 성능을 측정하는 기준을 설명하시오.

## | 참고문헌 |

http://www.playsw.or.kr/repo/material

http://gunsystem.tistory.com/207

chapter 3

# 자료구조와
# 문제해결

## 3.1 자료구조의 개념 및 목적

### 1. 자료구조의 개념

우리는 아침에 일어나서 저녁에 잠자리에 들 때까지 하루에도 수없이 많은 자료를 비교하고 선택하며 살아간다. 정보화 사회의 유비쿼터스 실현으로 우리 주변의 수많은 자료는 우리의 선택을 더욱 풍요롭게 한다. 그러나 주변에 자료가 많다고 해서 내가 원하는 자료를 늘 얻을 수 있는 것은 아니다. 이러한 선택의 풍요는 내가 원하는 자료가 무엇인지 정확하고 분명하게 밝힐 때 가능하다. 이처럼 내가 원하는 자료를 정확하고 빠르게 제공받기 위해서는 '자료의 구조화'가 필요하다. 자료의 구조화란 수많은 자료 중 내가 직면한 문제해결에 필요한 자료를 선택하고, 저장하고, 처리하는 과정에서 문제해결이 효율적으로 이루어질 수 있도록 수집된 자료를 구조화시키는 것을 의미한다.

## 2. 자료구조의 목적

예를 들어 책상을 정리하는 방법을 살펴보자. 책장을 정리할 때 종류와 크기에 상관없이 책장에 갖고 있는 책을 나열하는 방법과 전공서적과 교양서적, 기타 서적 등으로 구분하여 정리하는 방법이 있을 것이다. 원하는 전공서적을 찾기 위해서 '어떤 방법이 더 효과적일까?' 라는 질문은 할 필요도 없을 것이다. 좀 더 생각을 해보면 전공서적, 교양서적, 기타 서적을 나열하는 순서를 알파벳 순으로 정리를 한다든지, 저자별로 정리를 한다든지 등의 기준을 정하고 책장을 정리한다면 내가 원하는 책을 보다 더 빠르게 찾을 수 있을 것이다. 이처럼 자료구조는 문제해결을 위해 내가 갖고 있는 자료를 효율적으로 저장하고 처리하고, 관리할 수 있도록 자료들 사이의 관계를 나타내는 것이다.

컴퓨터는 자료를 입력받아 처리하고 출력하는 기능을 갖고 있다. 사용자가 원하는 자료를 입력받아 처리할 때 처리의 효율성을 높이기 위해서는 처리에 필요한 자료들 사

이에 관계가 효율적으로 배치되어야 한다. 컴퓨터의 자료를 효율적으로 사용하려면 사용자는 문제에 필요한 자료를 분석하여 구조화된 배치로 표현해야 한다. 따라서 문제를 효율적으로 해결하기 위해서는 문제해결에 대한 자료들의 관계에 해당하는 자료구조의 설계와 활용 능력이 필요하다.

## 3. 자료구조의 구분

자료구조의 설계는 문제해결에 대한 방법을 분석하고, 검색 및 정렬 방법을 결정하고, 효율성을 고려하여 최상의 상태에 도달하기 위한 기초 작업이다. 자료를 형태에 따라 분류하면 아래의 구조와 같다.

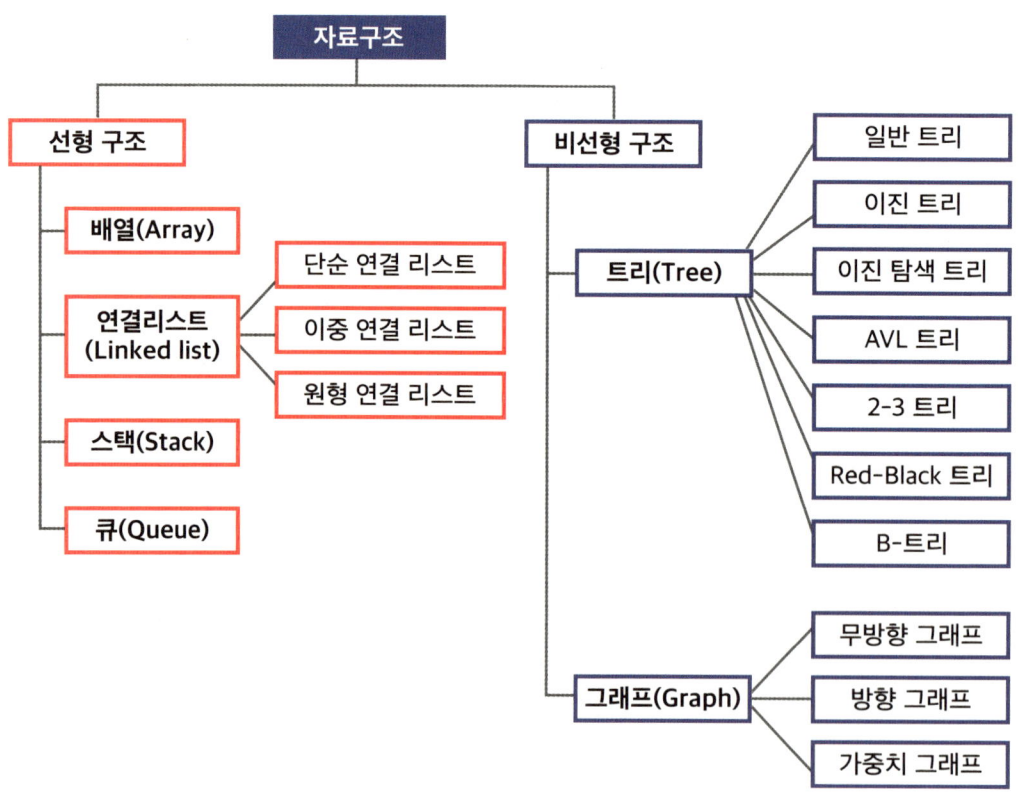

## 3.2 선형 구조 자료

선형 구조는 자료 간의 앞뒤 관계가 1:1로 고정되어 있다. 하나의 자료 뒤에 하나의 자료만이 존재하며 자료들이 직선 형태로 나열되어 있는 구조로 자료들 간에 순서를 고려한다. 여기에는 배열, 연결리스트, 스택, 큐 등이 있다.

### 1. 배열

배열은 같은 타입의 자료를 여러 개 저장한 기억장소의 집합으로 저장장소의 순차적 공간번호(Index)와 그 공간에 저장되는 값(Value)이 쌍으로 이루어진 집합이다. 공간번호와 그 공간에 저장되는 값을 연결하는 것을 매핑(mapping)이라고 한다.

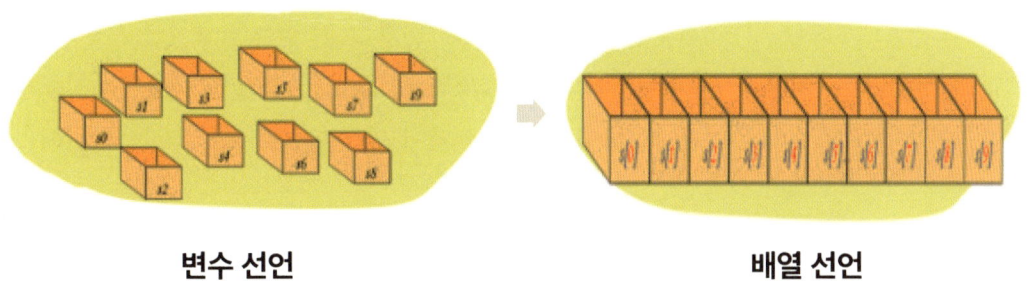

변수 선언                    배열 선언

배열은 동일한 유형의 자료로 구성됨으로(특정 프로그래밍 언어에서는 동일한 유형의 제한을 두지 않음) 특정 자료에 접근하기 위해서는 배열의 공간번호(Index)를 사용한다. 이 공간번호 즉, 인덱스 번호는 0번부터 시작된다.

❤표 3-1 배열명: 대학 이름

| 인덱스 | 값 |
| --- | --- |
| 0 | 가천대학교 |
| 1 | 경북대학교 |
| 2 | 고려대학교 |
| 3 | 서강대학교 |
| 4 | 성균관대학교 |
| 5 | 세종대학교 |
| 6 | 아주대학교 |
| 7 | 충남대학교 |

예) 대학 이름 배열의 4번째 값 : 성균관대학교
경북대학교 : 대학 이름 배열의 1번째 값

## 2. 연결리스트

연결리스트는 자료를 기억하는 장소와 다음 자료가 있는 위치를 연결하는 부분을 두어 자료의 삽입과 삭제 시 자료의 이동을 최소화할 수 있는 구조를 갖고 있다. 자료부분은 자료의 값이, 연결부분은 다음 자료가 저장되어 있는 주소를 가리키는 포인터가 저장된다.

연결부분이 하나인 연결리스트를 단순연결리스트라고 하며 이 연결부분은 다음에 있을 자료를 가리키는 포인터가 저장된다. 연결부분이 두 개인 연결리스트를 이중연결리스트라고 하며 이 두 개의 연결부분은 각각 이전 자료와 다음 자료를 가리키는 포인터가 저장된다.

| 자료값 | Link |
| --- | --- |

| LLink | 자료값 | RLink |
| --- | --- | --- |

원형 연결리스트는 연결리스트에 맨 마지막 연결부분이 첫 번째 자료를 가리키는 구조이다. 원형 연결리스트의 장점은 임의의 자료에서 다른 모든 자료에 접근과 검색이

가능하며, 자료의 삽입과 삭제가 편리하다. 즉, 삽입, 삭제, 수정, 검색 등에서 특정 자료를 찾을 때 단순 연결리스트와 같이 매번 첫 번째 자료부터 찾지 않고 현재 위치의 자료로부터 찾고자 하는 자료로 접근할 수 있다.

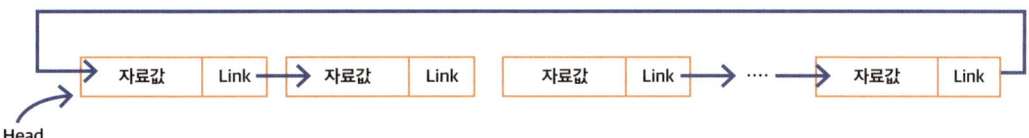

## 3. 스택

우리는 뷔페식당에 가면 음식을 담기 위해 접시를 든다. 이 접시가 쌓여 있는 걸 보면, 우리는 가장 나중에 쌓여진 접시를 가장 먼저 사용하게 된다. 또, 학교 식당에 가서 메뉴를 받을 때 음식을 담기 위한 쟁반을 준비한다. 이 쟁반 역시 가장 나중에 올려진 쟁반을 가장 먼저 사용하게 된다. 이러한 예는 컴퓨터 사용에서도 볼 수 있다. 게시판에 글을 올릴 때 가장 나중에 쓴 사람의 글이 가장 위에 올라가게 된다. 이러한 자료의 구조를 우리는 스택이라고 한다. 즉, 스택은 가장 먼저 저장된 자료가 가장 나중에 처리되는 구조로 이런 입출력 형태를 LIFO(Last-In-First-Out)라고 한다.

이러한 스택에 자료를 삽입(push)할 때와 삭제(pop)할 때를 표현하면 아래와 같다.

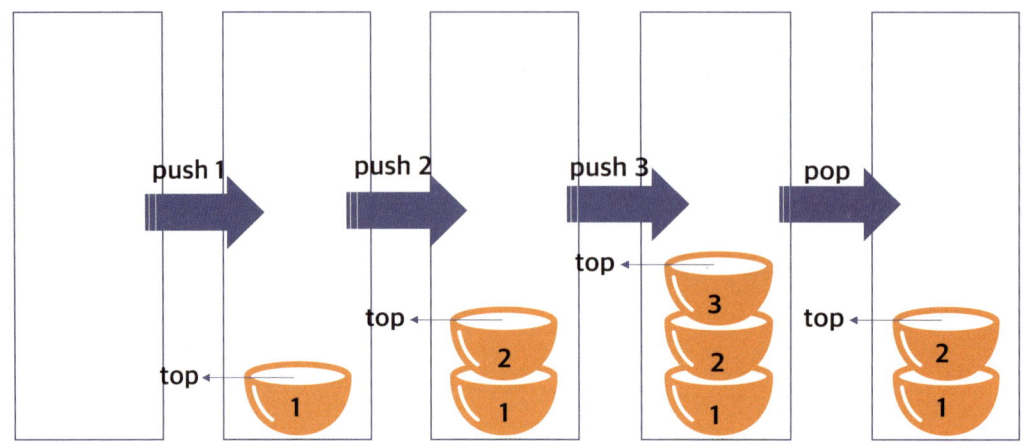

Push 작업은 스택에 자료를 넣을 공간이 있는지 확인한 후 (스택에 공간이 있는 경우) Top 의 위치 번호를 1 증가시키고, 스택의 Top 위치에 자료를 삽입한다. Pop 작업은 스택에 자료가 있는지 확인한 후 (스택에 자료가 있는 경우) 스택의 Top 위치에 저장된 자료를 꺼낸 후 Top 위치 번호를 1 감소시킨다.

## 4. 큐

우리는 버스정류장에서 차례대로 버스를 타기 위해 줄을 서고 먼저 온 사람의 순서대로 버스에 올라타게 된다. 또, 영화표를 예매하기 위해 줄을 서기도 하고, 은행에 가서 번호표를 뽑고 순서를 기다렸다가 일을 처리하기도 하고, 커피를 주문하기 위해서도 줄을 선다. 이러한 예는 컴퓨터 사용에서도 볼 수 있다. 여러 사람과 공유하는 프린터기에서 먼저 출력 버튼을 누른 사람의 인쇄물이 가장 먼저 출력이 되게 된다. 이러한 자료의 구조를 우리는 큐라고 한다. 즉 큐는 가장 먼저 저장된 자료가 가장 먼저 처리되는 구조로, 이런 입출력 형태를 FIFO(First-In-First-Out)라고 한다.

이러한 큐는 자료의 삽입과 출력을 각각 관리하는데, 자료의 삽입이 일어나는 곳을 tail 이라고 하고 삭제가 일어나는 곳을 head라 할 때 이를 표현하면 아래와 같다.

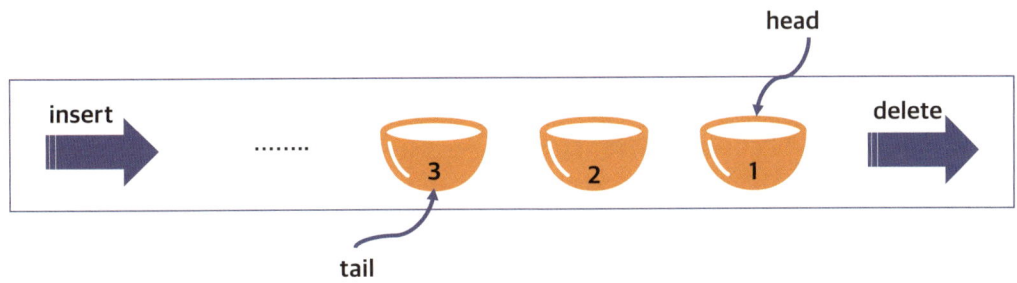

큐에 자료를 삽입하는 Enqueue 작업은 큐에 자료를 넣을 공간이 있는지 확인한 후 (큐에 공간이 있는 경우) tail의 위치 번호를 1 증가시키고, (배열을 사용한 큐의 경우) 큐의 tail 번호 위치에 자료를 삽입한다. 큐의 자료를 삭제하는 Dequeue 작업은 큐에 자료가 있는지 확인한 후 (큐에 자료가 있는 경우) 큐의 head 위치 번호에 저장된 자료를 꺼내고 head 위치 번호를 1 증가시킨다.

## 3.3 비선형 구조의 자료

비선형 구조는 자료 간의 앞뒤 관계가 '1:다' 혹은 '다:다'의 관계로, 하나의 자료 뒤에 여러 개의 자료가 존재하거나, 자료가 여러 개 연결될 수 있는 구조이다. 자료의 구성이 선형 구조와 달리 계층형 구조나 네트워크형 구조를 갖는다. 여기에는 트리와 그래프가 있다.

### 1. 트리

일반적인 회사의 조직도를 살표보자. 대표이사 아래 연구소, 영업부, 생산부, 관리부 등 주요 부서가 있고, 부서 아래 팀을 구성하는 관계를 볼 수 있다. 이렇듯 자료들 간에 서열을 나타내는 것을 계층관계라고 한다. 컴퓨터에 입력되는 자료들도 이와 같이 계층형으로 나타낼 수 있다. 비선형 자료 중 자료들 간의 계층 관계를 나타내는 계층형 자료구조의 특징을 갖는 것을 트리라고 한다.

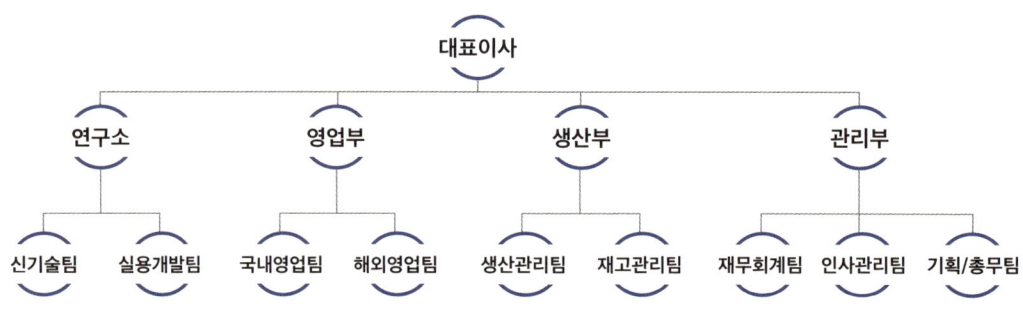

트리 구조는 자료의 항목 즉 노드(Node)와 가지(branch)로 연관되어 데이터를 구성하고 있으며, 한 노드에는 그의 자식(child) 노드들이 연결되고, 자식 노드들은 또 자신의 자식을 가지는 계층 구조를 갖는다. 따라서 임의 노드 바로 상위 노드를 그 노드의 부모

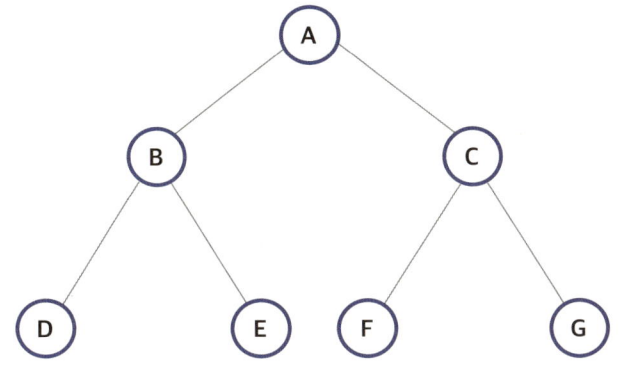

(parent) 노드라고 한다. 부모가 없는 노드를 루트(root) 로드라고 하는데, 트리에는 단 하나의 루트 노드가 존재하며 루트 노드에서 각 노드가 가지로 연결되어져 있다.

부모가 없는 루트(root) 노드 : A
자식이 없는 단말(leaf) 노드 : D, E, F, G

트리(tree)는 노드(Node)에 자료를 저장하며 계층적 자료를 표현하는 데 적합한 자료구조이며 사이클을 허용하지 않는다.

트리의 한 노드에 최대 2개의 자식 노드만을 갖는 구조를 '이진 트리'라고 한다. 이진 트리는 아래와 같이 왼쪽 자식 노드와 오른쪽 자식 노드를 2개 갖거나, 또는 왼쪽이나 오른쪽 자식 노드 하나만 갖는 경우를 이진 트리라고 한다.

❤ 그림 3-1 이진 트리의 예

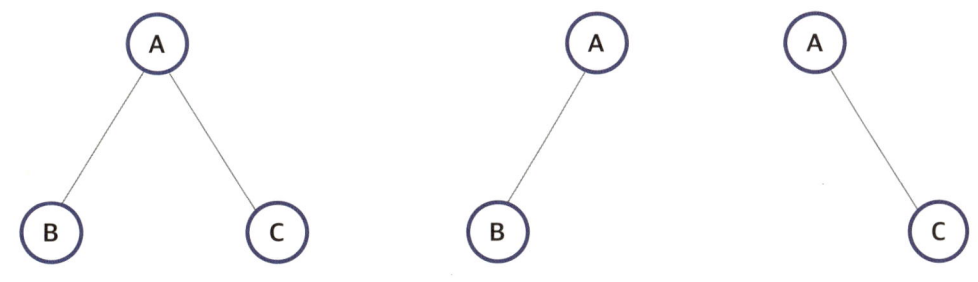

이진 트리의 성질을 지니면서 다음과 같은 규칙을 갖는 트리를 이진 탐색 트리(binary search tree)라고 한다.

- 왼쪽의 서브트리는 반드시 부모 노드의 값보다 작은 조건을 항상 만족해야 함
- 오른쪽의 서브트리는 부모 노드의 값보다 크거나 같은 조건을 항상 만족해야 함

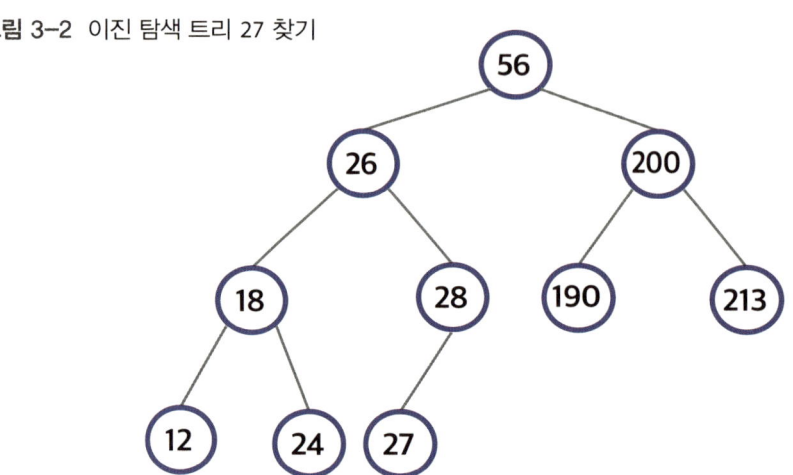

❤그림 3-2 이진 탐색 트리 27 찾기

〈그림 3-2〉의 이진 탐색 트리에서 27을 찾고자 할 때 루트에서부터 비교를 시작하여 찾고자 하는 27을 56과 비교하여 27이 더 작으므로 왼쪽 서브트리로 가서 다시 26과 27을 비교한다. 27이 26보다 더 크므로 오른쪽 서브트리로 가서 이제 28과 27을 비교하고, 27은 28보다 작으므로 왼쪽으로 가서 27과 27을 비교한다. 여기서 원하는 값을 찾게 된다.

〈그림 3-2〉의 이진 탐색 트리에서 87을 추가하고자 한다면, 루트의 56과 비교를 시작하여 56보다 크므로 오른쪽 서브트리로 가서 200과 87을 비교한다. 87이 더 작으므로 왼쪽 서브트리로 가서 190과 87을 비교하고 190보다 작으므로 왼쪽 서브트리에 87을 추가한다.

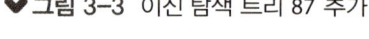

❤그림 3-3 이진 탐색 트리 87 추가

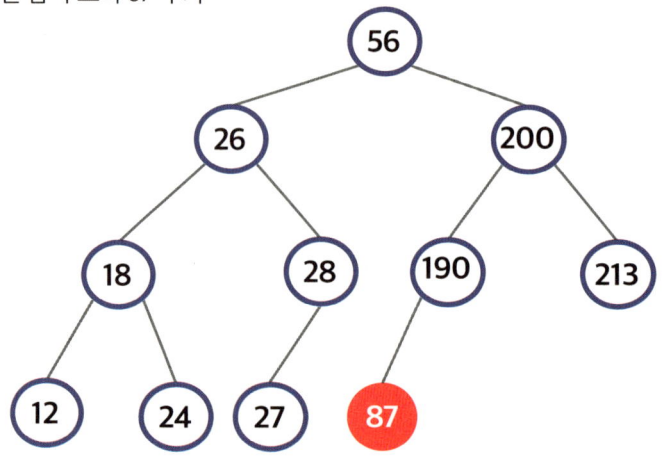

〈그림 3-3〉의 이진 탐색 트리에서 28을 삭제하고자 한다면 28의 위치를 찾기 위해 루트의 56과 비교를 시작하여 56보다 작으므로 왼쪽 서브트리로 가서 26과 28을 비교하고, 28보다 크므로 오른쪽 서브트리의 28과 28을 비교한다. 여기서 찾고자 하는 28을 찾아 삭제를 하면 된다. 28이 삭제됨에 따라 28이 자식 노드였던 27은 28의 부모 노드인 26의 자식 노드로 다음과 같이 연결된다.

♥그림 3-4  이진 탐색 트리 28 삭제

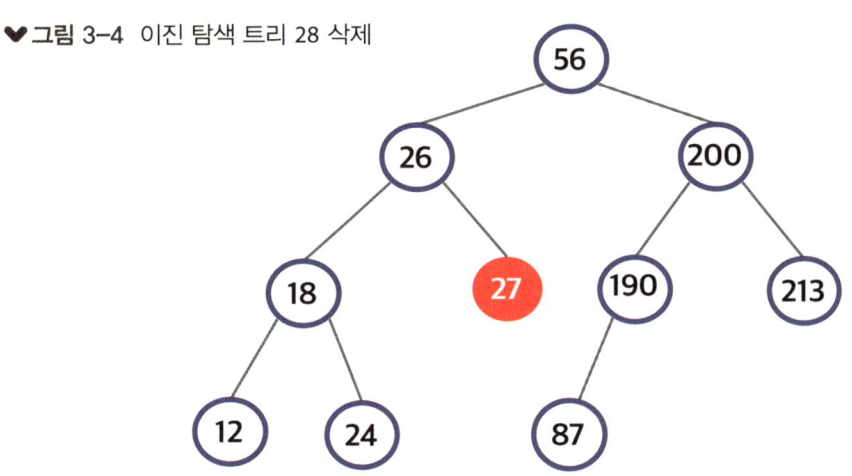

## 2. 그래프

우리는 버스 노선도나 지하철 노선도와 같이 여러 개의 자료가 복잡하게 연결된 구조를 갖는 자료를 흔하게 볼 수 있다. 이처럼 다른 자료와의 연결 관계를 다양하게 표현할 때 적절한 자료구조화가 바로 그래프이다.

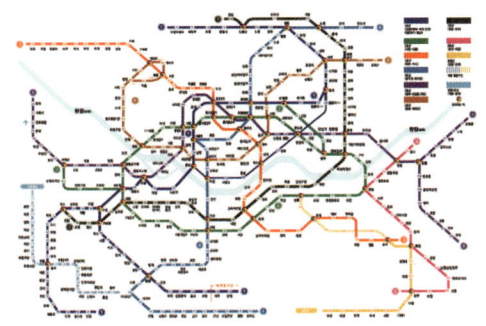

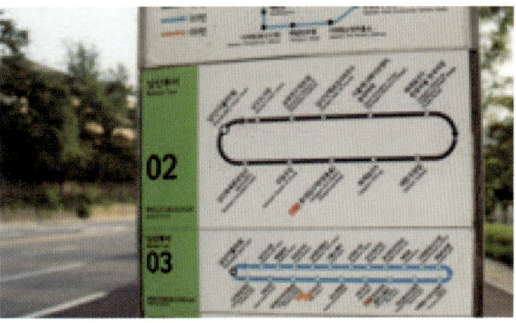

그래프는 자료들의 연결 관계를 시각적으로 이해할 수 있도록 정점(vertex)과 간선(edge)으로 표현할 수 있다. 즉, '그래프=(정점, 간선)'으로 정의하는데, 정점(V)는 그래프에 있는 정점들의 집합을 의미하고, 간선(E)는 정점을 연결하는 선들의 집합을 의미한다.

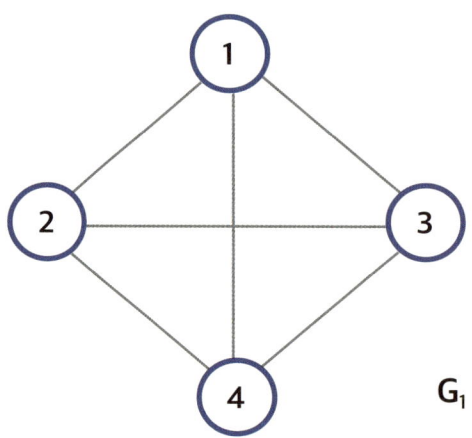

그래프의 종류로는 무방향 그래프와 방향 그래프, 가중치(weighted) 그래프 등이 있다. 무방향 그래프는 두 정점을 연결하는 간선에 방향이 없는 그래프이며 방향 그래프는 간선에 방향이 있는 그래프를 말한다. 가중치 그래프는 정점을 연결하는 간선에 가중치가 할당되는 것을 말한다.

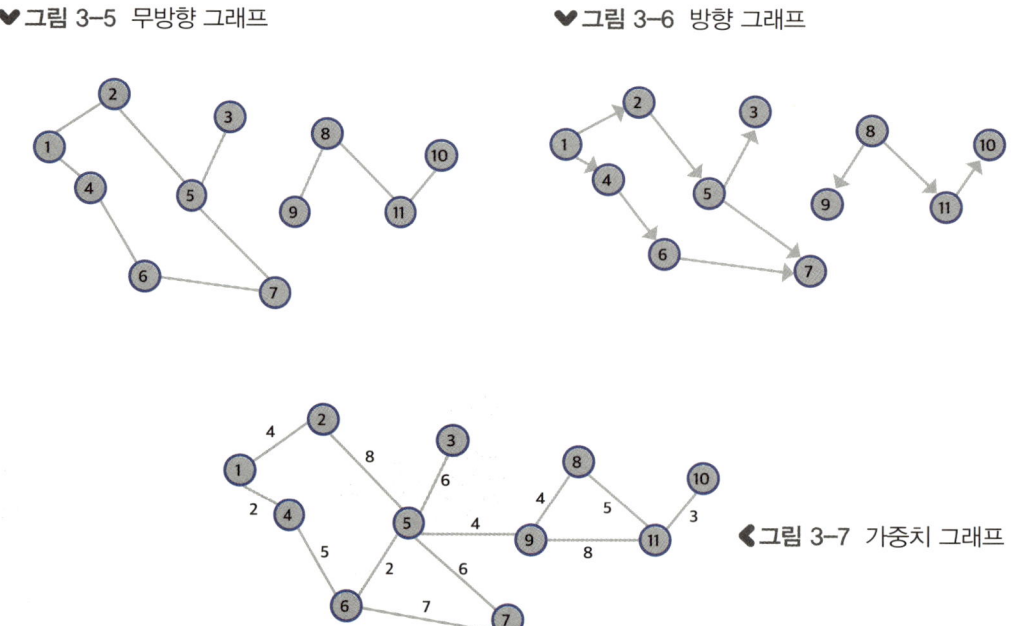

♥그림 3-5 무방향 그래프

♥그림 3-6 방향 그래프

◀그림 3-7 가중치 그래프

그래프와 트리의 차이점은 트리는 사이클이 없는 연결 그래프라는 점이다. n개의 정점으로 이루어진 무방향 그래프 G에서 n개의 모든 정점과 n-1개의 간선으로 만들어진 트리를 신장 트리(spanning tree)라고 한다. 아래와 같이 $G_1$에 여러 모양의 신장 트리가 나타날 수 있다.

❤ **그림 3-8** 그래프 G1의 일부 신장 트리 예

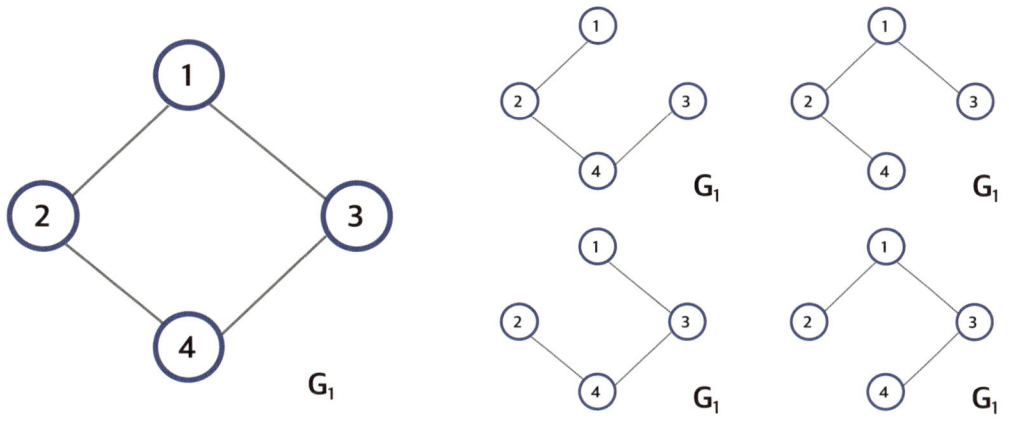

가중치 그래프에서 가중치에 주어지는 숫자는 비용이나 거리, 시간을 나타내는 값이 될 수 있다. 가중치 그래프에서 신장 트리의 비용은 신장 트리를 구성하는 간선들의 가중치의 합이 되는데, 가중치의 합이 최소인 신장 트리를 최소 비용 신장 트리라고 한다. 최소 비용 신장 트리를 만들기 위해 크러스컬(Kruskal)의 알고리즘을 주로 사용한다. 크러스컬(Kruskal)의 알고리즘은 가중치가 적은 간선을 삽입하여 최소 비용 신장 트리를 만드는 방법이다. 즉, 가중치 그래프에서 가장 적은 값의 연결선으로 모든 정점을 연결하는 방법이다. 다음은 크러스컬(Kruskal)의 알고리즘을 만드는 방법이다.

❶ 그래프 G의 모든 간선을 가중치에 따라 오름차순으로 정리한다.
❷ 그래프 G에 가중치가 가장 적은 간선을 삽입한다. 이때 사이클이 만들어지는 간선은 삽입하지 않고 그 다음 가중치가 적은 간선을 삽입한다.
❸ 그래프 G에 n-1개의 간선이 삽입될 때까지 ②를 반복한다.
❹ 그래프 G의 간선이 n-1개가 되면 최소 비용 신장 트리가 완성이 된다.

〈그림 3-9〉를 크러스컬(Kruskal) 알고리즘의 순서대로 연결해 보자.

❤ **그림 3-9** 크러스컬(Kruskal) 적용 문제

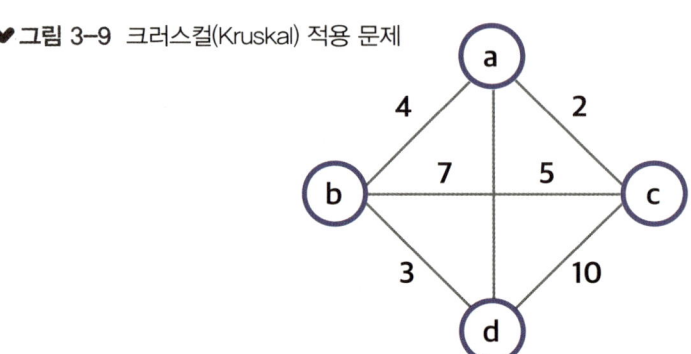

❶ 모든 간선을 가중치에 따라 오름차순으로 정리한다.

| 가중치 | 간선 |
|:---:|:---:|
| 12 | (b, c) |
| 10 | (c, d) |
| 4 | (a, b) |
| 3 | (b, d) |
| 2 | (a, c) |

❷ 가중치가 가장 적은 간선을 삽입한다.

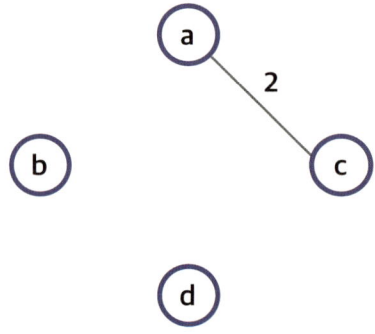

❸ 간선이 3개가 될 때까지 ❷를 반복한다.

60

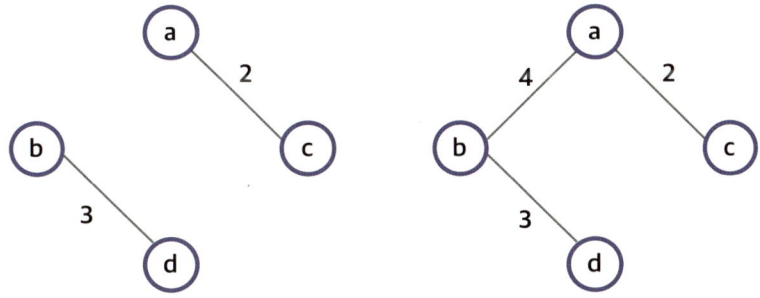

처음 가는 길 혹은 교통 체증이 예상되는 장소로 이동하기 전에 우리는 길찾기 맵을 자주 사용한다. 똑같은 목적지에 도착한다 하더라도 어떤 경로를 선택해서 가느냐에 따라 시간과 거리가 달라질 수 있으며 이는 비용으로 연결되는 문제이다. 출발지에서 목적지까지 도착할 때 최단 경로(shortest path)로 도착할 수 있는 방법을 생각해보자. 최단 경로는 목적지까지 도착할 때 반드시 거쳐야 되는 장소의 최단 경로만으로 구성하여 목적지에 도착하는 방법이다. 이는 가중치 그래프에서 정점과 정점을 연결하는 경우 중 간선들의 가중치 합이 최소가 되는 경로들로 구성하여 목적지까지 가는 방법을 우리 일상생활에 적용한 예이다.

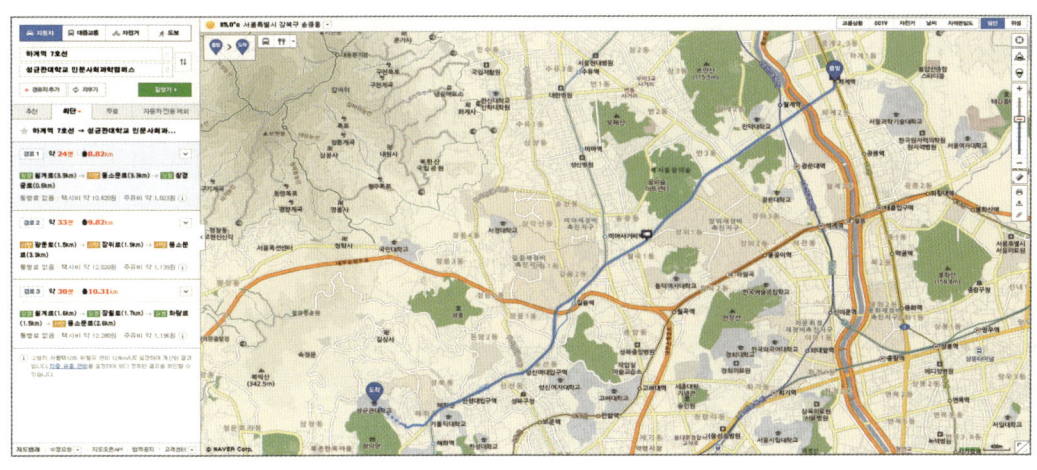

다익스트라(Dijkstra)의 최단 경로 알고리즘은 하나의 시작 정점에서 다른 정점까지의 최단 경로를 찾는 알고리즘이다.
집에서 출발하여 각 장소에 도착할 수 있는 최단 경로를 만들기 위해 다익스트라(Dijkstra) 알고리즘을 사용해 보자. (EBS 링크, 소프트웨어 세상, 가장 빠른 길을 찾아라, 최단 경로 알고리즘 참조)

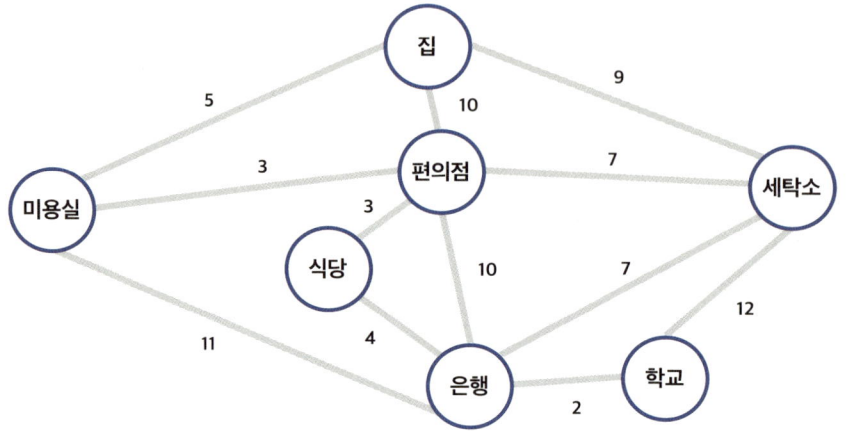

집에서 출발하여 갈 수 있는 정점은 미용실과 편의점, 세탁소가 있다. 집에서 출발하여 각각의 장소에 도착하는 경로를 정리하면 다음 〈표 3-2〉와 같다.

♥ 표 3-2

| 정점 | 집 | 미용실 | 편의점 | 세탁소 |
|---|---|---|---|---|
| 거리 | 0 | 5 | 10 | 9 |

그럼 〈표 3-2〉가 최단 경로인지 알아보자. 집에서 출발하여 편의점에 가는 방법은 집-미용실-편의점, 집-편의점, 집-세탁소- 편의점이 있을 수 있다. 이때 편의점까지의 최단 거리는 집-미용실-편의점을 가는 방법이므로, 원래의 10을 대신해서 집에서 미용실까지의 최단 거리를 8로 바꿔준다. 이를 정리하면 〈표 3-3〉과 같다.

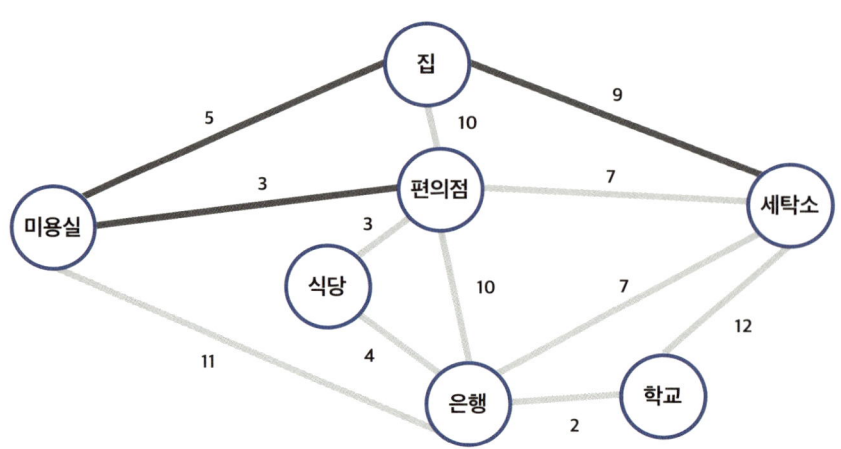

| 정점 | 집 | 미용실 | 편의점 | 세탁소 |
|------|-----|--------|--------|--------|
| 거리 | 0 | 5 | 8 | 9 |

다음은 집에서 편의점을 거쳐 갈 수 있는 장소를 살펴보자. 편의점에서는 식당, 은행, 세탁소에 갈 수 있다. 집에서 편의점까지 최단 거리가 8이고, 여기서 식당의 3을 더해 집-편의점-식당의 최단 경로는 11이고, 은행에 가기 위한 최단 경로는 집-편의점 – 식당-은행을 거쳐 가는 15가 최단 경로가 된다. 집에서 세탁소의 최단 거리는 편의점을 거치지 않는 집-세탁소가 최단 거리이다. 이를 정리하면 〈표 3-4〉와 같다.

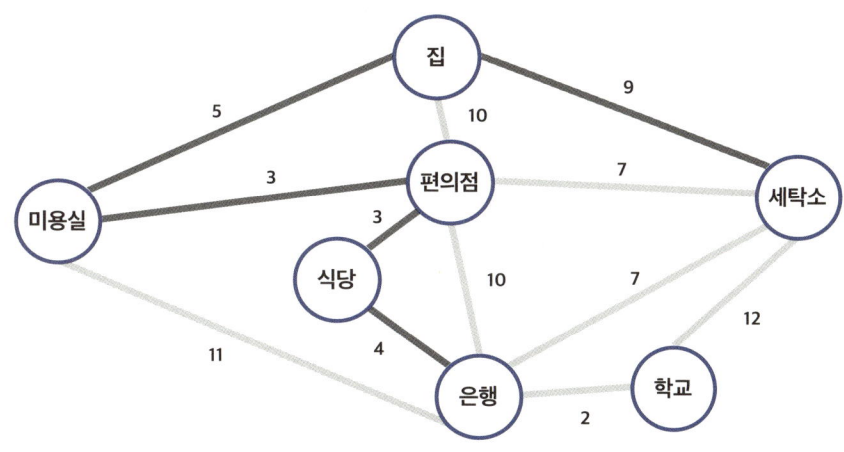

❤ 표 3-4

| 정점 | 집 | 미용실 | 편의점 | 세탁소 | 식당 | 은행 |
|------|-----|--------|--------|--------|------|------|
| 거리 | 0 | 5 | 8 | 9 | 11 | 15 |

다음은 집에서 은행을 거쳐 갈 수 있는 장소를 살펴보자. 은행에서는 세탁소, 학교에 갈 수 있다. 집에서 은행까지의 최단 거리가 15이고 여기서 학교까지는 2을 더해 집-은행-학교의 최단 경로는 17이 되고, 은행-세탁소를 가는 거리보다 집-세탁소에 가는 거리가 최단 거리이므로 세탁소에 가는 최단 경로는 원래의 9를 유지한다. 이를 정리하면 〈표 3-5〉와 같다.

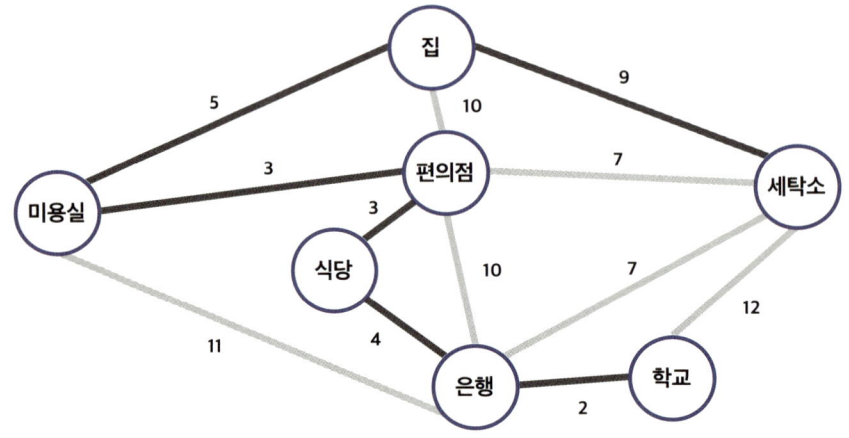

표 3-5

| 정점 | 집 | 미용실 | 편의점 | 세탁소 | 식당 | 은행 | 학교 |
|------|-----|--------|--------|--------|------|------|------|
| 거리 | 0 | 5 | 8 | 9 | 11 | 15 | 17 |

최단 경로 알고리즘은 우리 일상생활 여러 곳에서 활용되고 있다. 예를 들면 건물을 짓고, 도시를 건설하고, 항공로를 정하고, 통신망을 구축하며, 컴퓨터 속 직접회로를 설계하는 데에도 최단 경로 알고리즘은 활용되고 있다.

# 🔍 요약

---

**①** 자료구조화란 수많은 자료 중 내가 직면한 문제해결에 필요한 자료를 선택하고 저장하고 처리하면서 문제해결이 효율적으로 처리될 수 있도록 수집된 자료를 구조화 시키는 것을 의미한다.

**②** 자료구조는 문제해결을 위해 내가 갖고 있는 자료를 효율적으로 저장하고 처리하고, 관리할 수 있도록 자료들 사이의 관계를 배치하는 것이다.

**③** 선형 구조는 자료 간의 앞뒤 관계가 1:1로 고정되어 있으며 하나의 자료 뒤에 하나의 자료만이 존재하며 자료들이 직선 형태로 나열되어 있는 구조로 원소들 간에 순서를 고려한다. 여기에는 배열, 연결리스트, 스택, 큐 등이 있다.

**④** 배열은 같은 타입의 자료를 여러 개 저장한 기억장소의 집합으로 저장장소의 순차적 공간번호(Index)와 그 공간에 저장되는 값(Value)이 쌍으로 이루어진 집합이다.

**⑤** 연결리스트는 자료가 기억장소에 연속적으로 저장되는 리스트로, 자료를 기억하는 장소 이외에 다른 자료가 있는 위치를 갖고 있는 연결부분을 두어 자료의 삽입과 삭제 시 자료의 이동을 최소화할 수 있는 구조를 갖고 있다.

**⑥** 스택은 가장 먼저 저장된 자료가 가장 나중에 처리되는 구조로, 이런 입출력 형태를 LIFO(Last-In-First-Out)라고 한다.

**⑦** 큐는 가장 먼저 저장된 자료가 가장 먼저 처리되는 구조로, 이런 입출력 형태를 FIFO(First-In-First-Out)라고 한다.

**⑧** 비선형 구조는 자료 간의 앞뒤 관계가 1:다 혹은 다:다의 관계로 하나의 자료 뒤에 여러 개의 자료가 존재하거나, 자료가 여러 개 연결될 수 있는 구조이다. 자료의 구성이 선형 구조와 달리 계층형 구조나 네트워크의 망구조를 갖는다.

----------------------------------------------------------------

**9** 비선형 자료 중 자료들 간의 계층 관계를 나타내는 계층형 자료구조의 특징을 갖는 것을 트리라고 한다.

**10** 다른 자료와의 연결 관계를 다양하게 표현할 때 적절한 자료구조화가 바로 그래프이다.

**11** 가중치 그래프에서 신장 트리의 비용은 신장 트리를 구성하는 간선들의 가중치의 합이 되는데, 가중치의 합이 최소인 신장 트리를 최소 비용 신장 트리라고 한다

# 🖋 연습문제

**1** 자료구조의 개념 및 필요성을 설명하시오.

**2** 선형 구조의 자료가 갖는 특징과 그 예를 설명하시오.

**3** 비선형 구조의 자료가 갖는 특징과 그 예를 설명하시오.

4 최단 경로 알고리즘이 활용되는 예를 설명하시오.

5 스택과 큐의 공통점과 차이점을 설명하시오.

# | 참고문헌 |

http://www.playsw.or.kr/repo/ebs_linksoftware/261

이론편

## chapter 4

# 논리적
# 사고 기반
# 문제해결

## 4.1 논리적 사고의 개요

논리적 사고는 문제에서 해답을 이끌어 내는 과정이 타당하고, 분석적이며, 단계적인 사고를 의미한다. 논리적 사고는 문제해결 과정의 단계에 대한 조건 및 근거를 명확히 해야 하며, 이는 서로 유기적인 관계를 가져야 한다. 논리적 사고는 문제해결의 아이디어를 통찰하고 직관적 사고의 방향을 제시해 준다. 논리적 사고란 명확한 사고를 의미하여 문제에 대한 해결과정, 조건, 대상 혹은 아이디어들 간에 관계가 구조적이고 일반화 할 수 있는 과정이라고 할 수 있다. 논리적이란 애매모호한 것을 분명하게 밝힐 수 있어야 하며 논리적 사고력은 애매성에서 벗어나 명확성, 정확성을 갖출 수 있게 생각을 구체화시키고 발전시켜 나갈 수 있어야 한다.

지능정보사회, 유비쿼터스 등 시대의 발달로 우리는 수많은 정보의 홍수 속에서 살아가고 있다. 수많은 정보 속에 나에게 필요한 정보를 찾아내고 올바르게 사용하기 위해 필요한 능력에는 사고의 논리가 필요하다. 모든 정보를 최대한 논리적으로 활용하여 나에게 필요한 정보로 만드는 것 또한 미래를 살아가는 우리에게 필요한 능력이다. 이러한 논리적인 사고는 과거부터 꾸준히 언급되었으며 논리성이 뛰어난 사람을 우리는 흔히 머리가 좋다, 똑똑하다는 표현으로 칭찬하곤 했다. 이러한 논리성은 책을 많이 보고 학습을 열심히 한다고 향상되는 것이 아니라 능동적 탐구 활동에서 비롯된다.

정보화사회의 능동적 탐구 활동 중 하나로 최근 이슈화 되고 있는 활동이 '코딩 교육'이다. 코딩 교육을 통해서 문제해결의 단계를 논리적으로 구성하고 절차화하면서 수렴적 사고와 확산적 사고가 동시에 길러지게 된다. 이러한 코딩 교육은 혼자 힘으로 문제를 해결하는 과정을 체험하면서 겪게 되는 시행착오의 과정과 경험이 논리성을 체계화 시킬 수 있다.

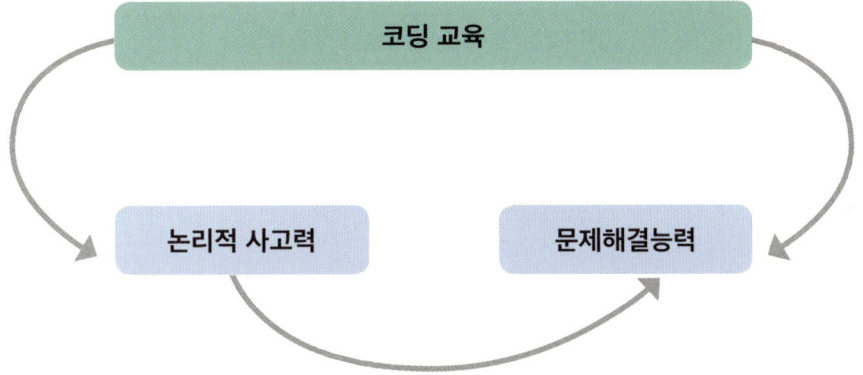

코딩 교육은 자신의 사고를 알고리즘과 절차화하는 과정 중에 단 하나의 비논리라도 포함되어 있다면 그 문제해결은 완벽하다고 할 수 없으며, 언젠가 어디선가 분명히 오류를 발생하게 된다. 그런 이유로 모든 단계의 해결은 정확하고 분명하게 논리적으로 진행되어야만 한다. 즉 논리적 사고란 문제해결능력을 체계화하고 타당하게 해 줄 수 있는 사고의 근본이라고 할 수 있다.

## 4.2 논리적 사고의 문제해결 방법

논리적 사고는 해결해야 할 문제를 파악한 후 해결 요소를 도출하는 과정에서 정보의 이해와 해석, 정보의 정확성 및 가정, 판단, 결론의 타당성, 평가 등의 요소를 포함하고 있다. 이는 문제를 정의하고 문제와 관련된 정보들의 적절성과 신뢰성을 판단하며 문제에 적절한 해결책을 찾아 구체화하는 논리적이고 체계적인 사고의 과정이다. 논리적 사고는 논리적이고 분석적인 사고를 기반으로 해결해야 하는 문제를 명료화하고, 해결 가능한 방안들을 제시하고, 해결책의 타당성을 평가함으로써 문제의 해결책을 구체화하는 데 필요한 사고이다.

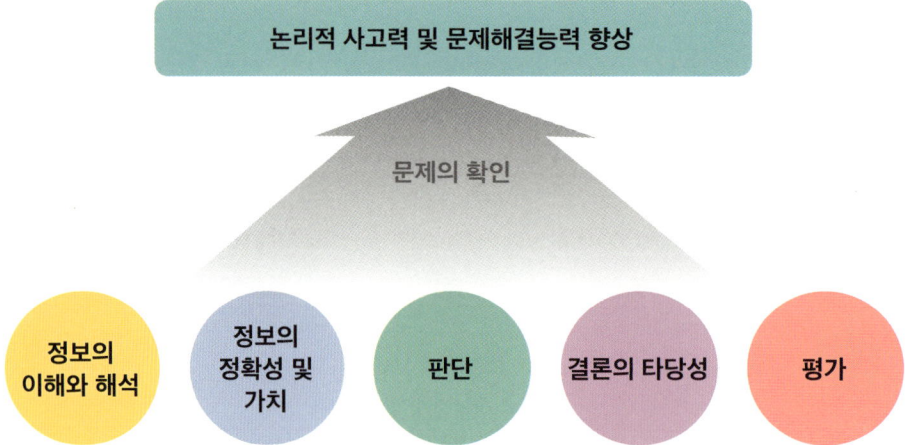

논리적인 사고는 생각하는 습관, 상대 논리의 구조화, 구체적인 생각, 타인에 대한 이해, 설득의 5가지 요소가 필요하다.

[출처] NCS, 문제해결능력 교수용 자료

• **생각하는 습관**

  논리적 사고의 가장 기본이 되는 것은 생각하는 습관이다. 우리 주변에 일상적인 대화, 뉴스, 책 등 어디서 어떤 것을 접하든지 늘 생각하는 습관을 들이는 것이 중요하다.

• **상대 논리의 구조화**

  하고자 하는 일에 실패했을 때 문제논리를 구조화하는 것이 필요하다. 논리에서 문제점을 찾고, 문제논리를 재구조화 한다면 분명히 다른 해결 방법이 있을 것이다.

• **구체적인 생각**

  나의 생각을 구체적으로 표현해야 한다. 구체적인 그림으로 그린다거나, 도식으로 표현을 한다든가 하는 방법을 활용하여 생각을 구체화하는 것이 필요하다.

• **타인에 대한 이해**

  상대의 말이나 설득, 주장에 대한 이해의 폭을 넓힌다. 타인의 논리성을 이해하는 것은 자신의 논리성이 명확해지고 새로운 지식이 생기는 요소가 될 수 있다.

### • 설득

논리적인 사고는 고정된 생각이 아니며, 자신의 생각을 강요하는 것도 아니다. 협업을 하는 과정에서 자신의 생각을 상대와 의논하기도 하고 설득해 나가는 가운데 자신이 깨닫지 못했던 새로운 가치를 발견하고 생각해 낼 수 있다.

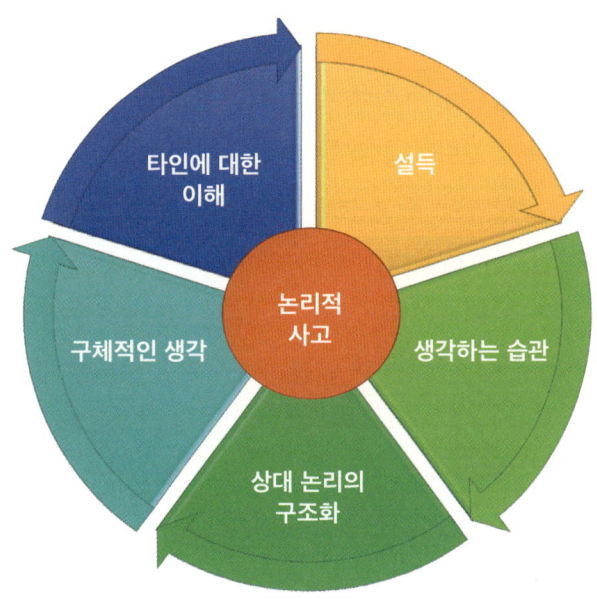

논리적으로 사고한다든지 추리를 한다는 것은 주어진 사실과 관련된 다른 사실들을 논리적인 관계를 파악하여 어떤 규칙을 알아내는 것이다. 논리적 사고의 종류로는 계열화 논리, 비례 논리, 확률 논리, 변인통제 논리, 조합 논리, 명제 논리 등이 있다.

♥ 표 4-1 논리적 사고력 하위 요소

| 하위 요소 | 내용 |
| --- | --- |
| 계열화 논리 | 문제해결의 각 단계별 요소를 규칙에 따라 배열하는 능력 |
| 비례 논리 | 비례관계의 규칙과 관계를 이해하는 능력 |

| 하위 요소 | 내용 |
|---|---|
| 확률 논리 | 특정 사건이 일어날 확률을 계산하는 능력 |
| 변인통제 논리 | 가설을 입증하기 위해 변인 간의 관계를 도출하는 능력 |
| 조합 논리 | 문제해결 과정에서 모든 경우를 빠짐없이 나열하는 능력 |
| 명제 논리 | 참인지 거짓인지 판별하여 관계를 분석하는 능력 |

계열화 논리란 일련의 요소들을 규칙에 따라 배열하는 능력을 말한다. 비례 논리란 두 비에 있어서 그 비의 값이 같다는 논리를 바탕으로 비례와 관련된 규칙 혹은 관계들 간의 관계를 이해하는 능력이다. 확률 논리란 우연한 사건 중에서 어떤 한 사건이 일어날 확률을 계산할 수 있는 논리를 의미한다. 변인통제 논리란 문제에 직면했을 때, 가설을 설정하고 검증하기 위해 변인들 간의 관계를 도출하는 능력이다. 조합 논리란 문제를 해결해 나가는 과정에서 있을 수 있는 여러 가지 경우를 중복되지 않게 나열할 수 있는 논리를 말한다. 명제 논리란 참인지 거짓인지를 원칙적으로 분명히 판별할 수 있는 문장을 뜻한다.

# 4.3 논리적 사고를 적용한 문제해결의 예

## 예제 1

[출처] PSAT 2008, 상황판단

철수, 영희, 진희, 영철, 영미, 은숙, 희영, 강현 이렇게 8명의 사람이 보트를 타고 여행을 즐기고 있다. 이들에게는 모두 3개의 보트가 있는데, 각각의 색상은 파란색, 노란색, 초록색이다. 각 보트는 최대 3명이 탑승할 수 있다. 다음 규칙에 따라 보트에 탑승하되 노란색 보트에는 2명이 타고 있고, 영미가 초록색 보트에 타고 있을 때, 각 보트별 탑승자 인원을 알아보자.

### 규칙

- 철수와 영희는 반드시 같은 보트에 타야 한다.
- 진희는 반드시 노란색 보트에 타야 한다.
- 영철은 영미와 같은 보트에 탈 수 없다.
- 은숙이 탄 보트에는 한 자리가 비어 있어야 한다.
- 강현이 탄 보트에는 적어도 영미 혹은 진희 둘 중 한 명은 타고 있어야 한다.

## 풀이

3개의 보트 중 노란색 보트에 2명이 타고 영미가 초록색 보트에 타고 있다는 문제의 조건을 정리하면 다음의 그림과 같다.

영미

규칙을 차례대로 적용하여 누가 어느 색의 보트에 탑승해야 하는지 알아보자.
"철수와 영희는 반드시 같은 보트에 타야 한다"는 규칙을 따르면, 철수와 영희는 다음 그림과 같이 보트에 탈 수 있다.

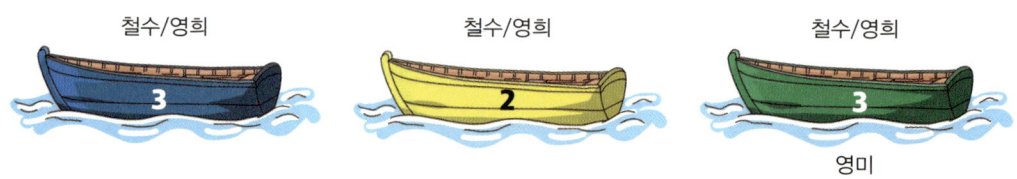

다음 규칙인 "진희는 반드시 노란색 보트에 타야 한다"에 의해 2명만 탈 수 있는 노란색 보트에는 진희가 타게 되고 철수와 영희는 탈 수 없게 된다. 이를 적용하면 다음 그림과 같다.

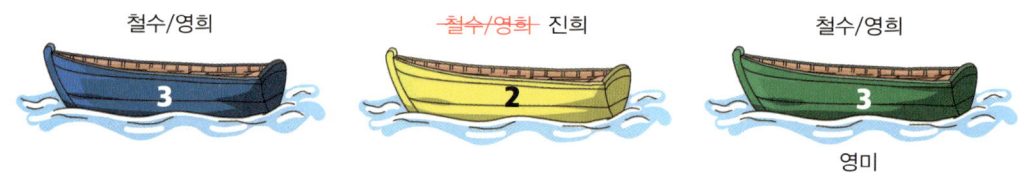

다음 규칙인 "영철은 영미와 같은 보트에 탈 수 없다"에 의해 영철은 파란색 보트에 타거나 노란색 보트에 탈 수 있다. 이를 적용하면 다음 그림과 같다.

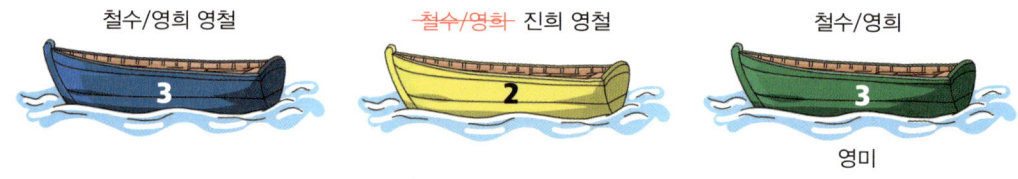

다음 규칙인 "은숙이 탄 보트에는 한 자리가 비어 있어야 한다"에 의해 은숙이는 노란색 보트에 타야 하고 따라서 영철이는 노란색 보트에 탈 수 없다. 이를 적용하면 다음 그림과 같다.

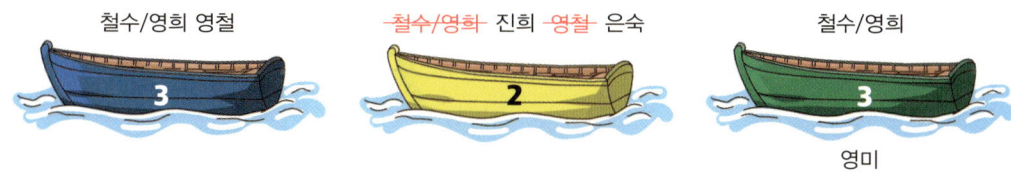

마지막으로 "강현이 탄 보트에는 적어도 영미 혹은 진희 둘 중 한 명은 타고 있어야 한다"에 의해 강현이는 초록색 보트에 타야 하고 철수와 영희는 초록색 보트에 탈 수 없다. 이를 적용하면 다음 그림과 같다.

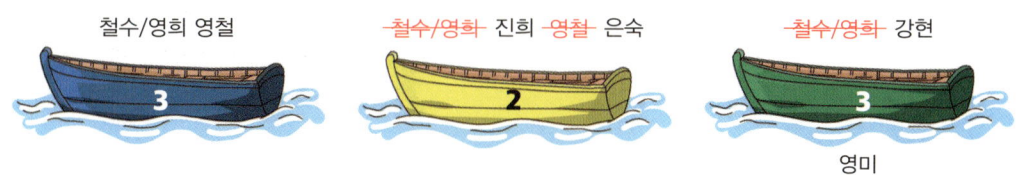

마지막으로 남은 희영이는 초록색 보트에 타야 한다. 이를 정리하면 다음 그림과 같다.

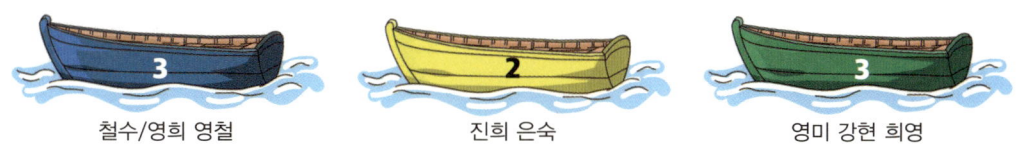

## 예제 2

[출처] PSAT 2008, 상황판단

다음 그림과 같이 각 층에 1인 1실의 방이 4개 있는 3층 호텔에 A~I 총 9명이 투숙해 있다. 주어진 조건에 따라 각 방마다 투숙객의 이름을 알아보자.

### 조건

- 각 층에는 3명씩 투숙해 있다.

- A의 바로 위에는 C가 투숙해 있으며, A의 바로 오른쪽 방에는 아무도 투숙해 있지 않다.

- B의 바로 위의 방에는 아무도 투숙해 있지 않다.

- C의 바로 왼쪽에 있는 방에는 아무도 투숙해 있지 않으며, C는 D와 같은 층에 인접해 있다.

- D는 E의 바로 아래 방에 투숙해 있다.

- E, F, G는 같은 층에 투숙해 있다.

- G의 옆방에는 아무도 투숙해 있지 않다.

- I는 H보다 위층에 투숙해 있다.

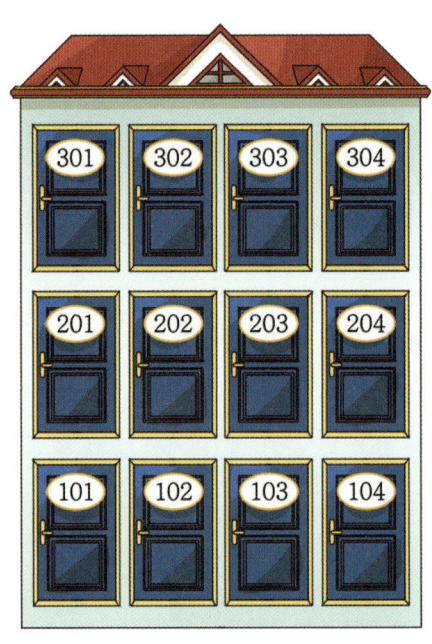

### 풀이

"각 층에 3명씩 투숙하고, A의 바로 위에 C가 투숙해 있으며, A의 바로 오른쪽 방에는 아무도 투숙해 있지 않다"는 문제의 조건을 정리하면 다음 그림과 같다.

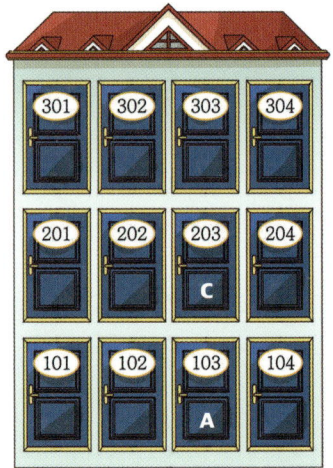

"B의 바로 위의 방에는 아무도 투숙해 있지 않다"라는 조건에 의해 B는 1호 혹은 2호, 4호 라인에 올 수 있다.

"C의 바로 왼쪽에 있는 방에는 아무도 투숙해 있지 않으며, C는 D와 같은 층에 인접해 있다"라는 조건에 의해 D는 204호에 투숙하게 되고, B는 4호 라인에 올 수 없다. 이를 적용하면 다음 그림과 같다.

"D는 E의 바로 아래 방에 투숙해 있다"라는 조건에 의해 E는 304호에 투숙하게 된다.

"E, F, G는 같은 층에 투숙해 있다"라는 조건에 의해 F와 G가 301호, 302호, 303호 중에서 투숙하게 된다. 그런데 "G의 옆방에는 아무도 투숙해 있지 않다"는 조건에 의해 G는 301호에, F는 303호에 투숙하게 된다. 이를 적용하면 다음 그림과 같다.

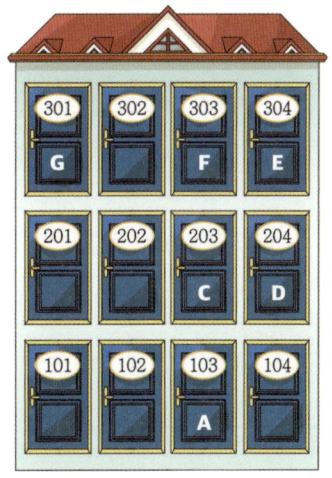

이로써 B는 2호 라인에 투숙하게 되고, 바로 위의 방에는 아무도 투숙하지 않기 때문에 102호에 투숙하게 된다.

이제 마지막으로 "I는 H보다 위층에 투숙해 있다"라는 조건을 적용해 정리하면 다음 그림과 같다.

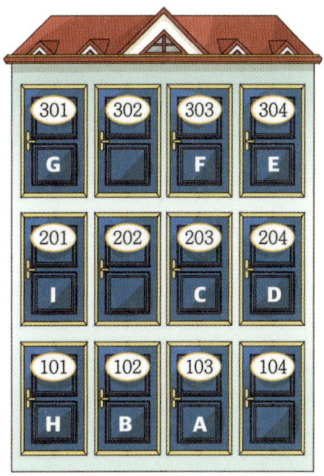

## 예제 3

[출처] PSAT 2008, 상황판단

다음 (가)~(다)의 문장이 참이라고 할 때, 아래의 보기 중 반드시 참이 되는 것은 무엇인가?

### 조건

(가) 모든 A종 공룡은 가장 큰 B종의 공룡보다 크다.

(나) 일부 C종 공룡은 가장 큰 B종 공룡보다 작다.

(다) 모든 B종 공룡은 가장 큰 D종 공룡보다 크다.

### 보기

❶ 가장 작은 A종 공룡만한 D종 공룡이 있다.

❷ 어떤 A종 공룡은 가장 큰 C종 공룡보다 작다.

❸ 가장 작은 C종 공룡만한 D종 공룡이 있다.

❹ 어떤 C종 공룡은 가장 큰 D종 공룡보다 작다.

❺ 어떤 C종 공룡은 가장 작은 A종 공룡보다 작다.

### 풀이

우선 (가)~(다)의 정보로부터 A, B, C, D 종 공룡의 크기를 표시하면 아래와 같이 표시할 수 있다.

(가)에 의해 A종의 공룡은 B종의 공룡보다 크다는 걸 알 수 있고 이를 다음과 같이 표현할 수 있다.

작다                    B종    A종    크다

(나)에 의해 C종 중 일부는 B종의 가장 큰 공룡보다 작다는 걸 알 수 있고 이를 다음과 같이 표현할 수 있다.

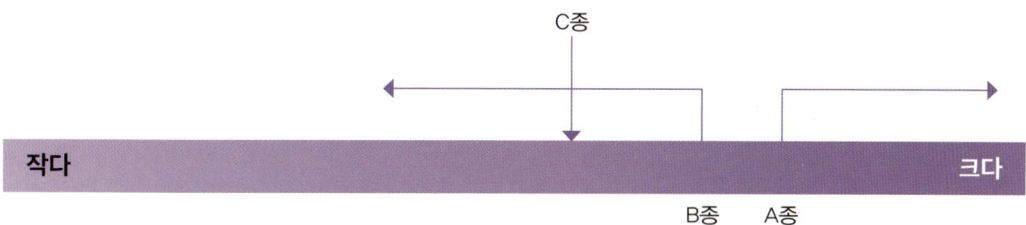

(다)에 의해 D종의 공룡이 B종보다 작다는 걸 알 수 있고 이를 다음과 같이 표현할 수 있다.

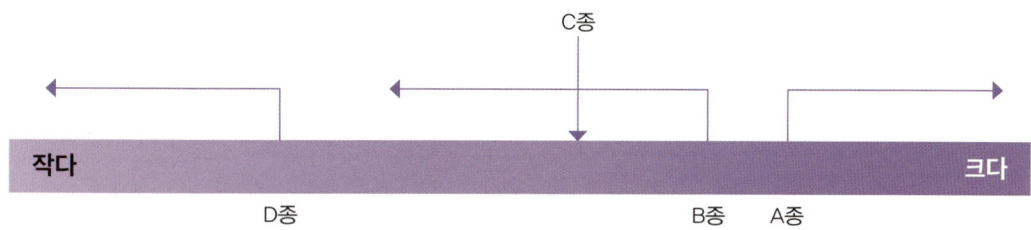

❶ "가장 작은 A종 공룡만한 D종 공룡이 있다"는 모든 D종 공룡이 A종 공룡보다 작으므로 거짓이다.

❷ "어떤 A종 공룡은 가장 큰 C종 공룡보다 작다"는 C종 공룡의 범위를 언급하지 않았기 때문에 가장 큰 C종 공룡보다 작은 A 공룡이 있는지 여부는 알 수 없다.

❸ "가장 작은 C종 공룡만한 D종 공룡이 있다"는 C종 공룡의 범위를 언급하지 않았기 때문에 가장 작은 C종 공룡만한 D종 공룡이 있는지 여부는 알 수 없다.

❹ "어떤 C종 공룡은 가장 큰 D종 공룡보다 작다"는 C종 공룡의 범위를 언급하지 않았기 때문에 가장 큰 D종 공룡보다 작은 C종 공룡이 있는지 여부는 알 수 없다.

❺ "어떤 C종 공룡은 가장 작은 A종 공룡보다 작다"는 C종 공룡 중에 가장 큰 B종 공룡보다 작은 것이 있고 가장 큰 B종 공룡이 가장 작은 A형 공룡보다 작기 때문에 C종 중에는 A종보다 작은 것이 반드시 존재한다.

따라서 답은 ⑤이다.

## 예제 4

[출처] PSAT 2007, 상황판단

원형 테이블에 번호 순서대로 앉아 있는 5명의 여자 1, 2, 3, 4, 5 사이에 5명의 남자 A, B, C, D, E가 한 명씩 앉아야 한다. 다음의 조건에 따라 자리를 배치하고자 할 때 적절하지 않은 것은?

[조건 1] A는 짝수 번호의 여자 옆에 앉아야 하고 5의 옆에는 앉을 수 없다.
[조건 2] B는 짝수 번호의 여자 옆에 앉을 수 없다.
[조건 3] C가 3 옆에 앉으면 D는 1 옆에 앉는다.
[조건 4] E는 3 옆에 앉을 수 없다.

### 보기

❶ A는 1과 2 사이에 앉을 수 없다.

❷ D는 4와 5 사이에 앉을 수 없다.

❸ C가 2와 3 사이에 앉으면 A는 반드시 3과 4 사이에 앉는다.

❹ E가 1과 2 사이에 앉으면 C는 반드시 4와 5 사이에 앉는다.

❺ E가 4와 5 사이에 앉으면 A는 반드시 2와 3 사이에 앉는다.

### 풀이

문제를 풀기에 앞서 남자가 앉을 수 있는 자리에 위치를 ㉠, ㉡, ㉢, ㉣, ㉤로 놓고 조건을 살펴보자.

"A는 짝수 번호 여자 옆에 앉아야 하고 5 옆에 앉을 수 없다"라는 조건으로 A가 앉을 수 있는 자리는 ㉡, ㉢, ㉣ 중 하나이다. "B는 짝수 번호의 여자 옆에 앉을 수 없다"는 조건으로 B가 앉을 수 있는 자리는 ㉠으로 고정되었다. "C가 3 옆에 앉으면 D는 1 옆에 앉는다"는 조건으로 C가 앉을 수 있는 자리는 ㉢, ㉣이고 D가 앉을 수 있는 자리는 ㉡이다. 만약, D가 ㉡에 앉지 않으면 C는 ㉢, ㉣에 앉을 수 없다. "E는 3 옆에 앉을 수 없다"는 조건으로 ㉡, ㉤에 앉아야 한다.

❶ "A는 1과 2 사이에 앉을 수 없다"의 경우 A가 ㉡에 앉을 경우 D는 ㉡에 못 앉게 되고, C는 ㉢과 ㉣에 앉지 못하게 되어 ㉤에 앉게 된다. 이럴 경우 E가 ㉢, ㉣에 앉아야 하는데, 이는 [조건 4]에 위배된다. 따라서 A는 1과 2 사이에 앉을 수 없다.

❷ "D는 4와 5 사이에 앉을 수 없다"의 경우는 D가 ㉤에 앉게 되면 [조건 3]에 의해 C가 ㉢과 ㉣에 앉지 못하고 ㉡에 앉게 된다. 그러면 E는 ㉢이나 ㉣에 앉아야 하는데 이는 [조건 4]에 위배된다. 따라서 D는 4와 5 사이에 앉을 수 없다.

❸ "C가 2와 3 사이에 앉으면 A는 반드시 3과 4 사이에 앉는다"의 경우 C가 ㉢에 앉으면 [조건 3]에 의해 D는 ㉡에 앉는다. 그러면 [조건 4]에 의해 E는 ㉤에 앉게 되고 남아 있는 자리 ㉣에 A가 앉는다. 따라서 C가 2와 3 사이에 앉으면 A는 반드시 3과 4 사이에 앉는다.

❹ "E가 1과 2 사이에 앉으면 C는 반드시 4와 5 사이에 앉는다"의 경우 E가 ㉡에 앉으면 D가 ㉡에 앉지 못하므로 [조건 3]에 의해 C가 ㉤에 앉을 수밖에 없다. 따라서 E가 1과 2 사이에 앉으면 C는 반드시 4와 5 사이에 앉는다.

❺ "E가 4와 5 사이에 앉으면 A는 반드시 2와 3 사이에 앉는다"의 경우, E가 ㉤에 앉을 때 A는 ㉢ 즉 2과 3 사이 혹은 ㉣ 즉 3과 4 사이에 앉는 것이 가능하다. 따라서 보기 ❺ "E가 4와 5 사이에 앉으면 A는 반드시 2와 3 사이에 앉는다"는 옳지 않다.

# 🔍 요약

--------------------------------------------------------------------

**1** 논리적 사고는 문제에서 해답을 이끌어 내는 과정이 타당하고, 분석적이며, 단계적인 사고를 의미한다.

**2** 논리적 사고는 문제해결 과정의 단계에 대한 조건 및 근거를 명확히 해야 하며, 이는 서로 유기적인 관계를 가져야 한다. 논리적 사고는 문제해결의 아이디어를 통찰하고 직관적 사고의 방향을 제시해 준다.

**3** 논리적 사고란 명확한 사고를 의미하여 문제에 대한 해결과정, 조건, 대상 혹은 아이디어들 간에 관계가 구조적이고 일반화 할 수 있는 과정이라고 할 수 있다.

**4** 논리적이란 애매모호한 것을 분명하게 밝힐 수 있어야 하며 논리적 사고력은 애매성에서 벗어나 명확성 정확성을 갖출 수 있게 생각을 구체화시키고 발전시켜 나갈 수 있어야 한다.

**5** 코딩 교육을 통해서 문제해결의 단계를 논리적으로 구성하고 절차화하면서 수렴적 사고와 확산적 사고가 동시에 길러지게 된다. 이러한 코딩 교육은 혼자 힘으로 문제를 해결하는 과정을 체험하면서 겪게 되는 시행착오의 과정과 경험이 논리성을 체계화 시킬 수 있다.

**6** 논리적 사고란 문제해결능력을 체계화하고 타당하게 해 줄 수 있는 사고의 근본이라고 할 수 있다.

**7** 논리적 사고는 해결해야 할 문제를 파악한 후 해결 요소를 도출하는 과정에서 정보의 이해와 해석, 정보의 정확성 및 가정, 판단, 결론의 타당성, 평가 등의 요소를 포함하고 있다.

**8** 논리적 사고는 논리적이고 분석적인 사고를 기반으로 해결해야 한는 문제를

명료화하고, 해결 가능한 방안들을 제시하고, 해결책의 타당성을 평가함으로 써 문제의 해결책을 구체화하는 데 필요한 사고이다.

**9** 논리적인 사고는 습관, 상대 논리의 구조화, 구체적인 생각, 타인에 대한 이해, 설득의 5가지 요소가 필요하다.

**10** 논리적 사고의 종류로는 계열화 논리, 비례 논리, 확률 논리, 변인통제 논리, 조합 논리, 명제 논리 등이 있다.

# 📝 연습문제

**1** 논리적 사고의 개념에 대해 설명하시오.

**2** 논리적 사고와 코딩 교육과의 관계를 설명하시오.

**3** 논리적 사고와 문제해결 방법의 관계를 설명하시오.

**4** 논리적 사고의 5가지 요소에 대해 설명하시오.

**5** 논리적 사고의 종류에 대해 설명하시오.

# chapter 5

# 컴퓨팅사고력의 원리를 적용한 문제해결

## 5.1 컴퓨팅사고력의 개요

컴퓨팅사고력(Computational Thinking)은 1996년 시모어 페퍼트(Seymour Papert)가 기하학적 아이디어 생성을 위한 접근방법으로 처음 사용하면서 우리에게 소개되었고, 그 후 자넷 윙(Jeannette M. Wing)에 의해 알려지게 되었다. 윙(2006)은 '컴퓨팅사고력은 문제의 해결 방법에 대한 사고 과정이다'라고 정의하고 모든 사람이 읽기, 쓰기, 계산하기를 배우고 익히며 학습하는 것과 마찬가지로 컴퓨팅사고력을 배우고 학습해야 한다고 주장하였다.

윙(2008)은 '컴퓨팅사고력은 수학적 사고와 결합하면 문제를 해결할 수 있고, 공학적 사고와 결합하여 복잡한 문제를 분해할 수 있으며, 과학적 사고와 결합하여 우리가 이해하고 계산 가능한 접근을 할 수 있게 도와주는 분석적 도구이다'라고 하였다. 컴퓨팅사고력은 컴퓨터과학의 기본 개념을 바탕으로 문제해결, 시스템 설계, 인간행동의 이해를 포함한다. 이는 커다란 문제를 해결하거나 복잡한 시스템을 설계할 때 요구되는 논리적 사고이며 절차적 사고이다. 즉, 컴퓨팅사고력은 광범위한 컴퓨터과학 분야가 융복합된 인지적·정의적 도구인 것이다.

컴퓨팅사고력은 문제해결을 위해 컴퓨팅 기기를 활용하여 자료를 논리적으로 분석하고 추상화(Abstraction)를 통하여 표현하며 알고리즘적 사고를 통해 해결과정의 자동화(Automation)를 수행할 수 있는 능력을 의미한다.

| 개념 | 의미 |
|---|---|
| 추상화 | 주어진 문제를 해결 가능한 문제로 만들기 위해, 자료의 수집과 분석을 통해 문제를 재정의하고, 복잡한 문제를 해결할 수 있는 작은 단위로 분해한 후 문제해결의 절차를 나열하는 단계 |
| 자동화 | 추상화 과정을 통해 만들어진 문제해결의 과정 및 절차, 즉 알고리즘의 구현을 프로그래밍 언어로 표현하는 단계 |

[출처] Jeannette M. Wing(2006), Computational Thinking

미국컴퓨터과학교사협회(Computer Science Teachers Association)와 미국기술교육국제모임(International Society for Technology in Education)에서는 컴퓨팅사고력의 핵심 개념과 능력을 자료 수집(Data Collection), 자료 분석(Data Analysis), 자료 표현(Data Representation), 문제 분해(Problem Decomposition), 추상화(Abstraction), 알고리즘과 절차(Algorithms & Procedures), 자동화(Automation), 시뮬레이션(Simulation), 병렬화(Parallelization)의 9가지 주요 개념으로 구분하고, 컴퓨팅사고를 K-12의 컴퓨터과학 표준 교육과정 중 하나로 제시하였다. 컴퓨팅사고력의 9가지 주요개념을 정리하면 〈표 5-1〉과 같다.

❤ 표 5-1 컴퓨팅사고력의 9가지 개념

| 개념 | 정의 |
|---|---|
| 자료 수집<br>(Data Collection) | 문제의 이해와 분석을 토대로 문제를 해결하기 위한 자료를 모으는 단계 |
| 자료 분석<br>(Data Analysis) | 수집된 자료와 문제에 주어진 자료를 세심히 분류하고 분석하는 단계 |
| 자료 표현<br>(Data Representation) | 문제의 자료 내용을 그래프, 차트, 단어, 이미지 등으로 표현하는 단계 |
| 문제 분해<br>(Problem Decomposition) | 문제를 해결해 나가기 위해 문제를 분석한 후 나누는 단계 |
| 추상화<br>(Abstraction) | 문제의 복잡도를 줄이기 위해 기본 주요 개념의 정의를 설정하는 단계 |
| 알고리즘과 절차<br>(Algorithms & Procedures) | 문제를 해결하기 위한 과정을 순서적 단계로 표현하는 단계 |
| 자동화<br>(Automation) | 순서적으로 나열하고 표현한 내용을 컴퓨팅 기기를 이용하여 해결과정의 최선책을 선택하는 단계 |
| 시뮬레이션<br>(Simulation) | 복잡하고 어려운 해결책이나 현실적으로 실행이 불가능한 해결책을 선택하기 위해 모의 실험하는 단계 |
| 병렬화<br>(Parallelization) | 문제를 해결하기 위한 공동의 목표를 달성하기 위한 작업을 수행하는 단계 |

[출처] CSTA & ISTE (2011), *Computational Thinking Teacher Resources*

자료 수집은 문제를 해결하기 위해 자료를 모으는 단계로 이는 문제를 이해하고 분석할 수 있는 기틀이 되는 단계이다. 자료 분석은 수집된 자료를 바탕으로 주어진 문제와의 관계를 분석하는 단계로 자료를 분류하고 분석함으로써 문제를 이해하기 위한 단계이다. 자료 표현은 분석된 문제의 자료 내용을 알기 쉽게 그래프, 차트, 단어, 이미지 등으로 표현하는 단계이다. 문제 분해는 문제의 해결책을 설계하기 위해 문제를 해결 가능한 단위로 나누는 단계이다. 추상화는 문제의 복잡성을 줄이고 이미 알고 있는 사실을 바탕으로 해결책을 설계할 수 있도록 설정하는 단계이다. 알고리즘과 절차는 문제해결을 위한 과정을 순서대로 나열하고 표현하는 단계이다. 자동화는 알고리즘과 절차의 단계에서 순서적으로 나열하고 표현된 내용을 컴퓨팅 기기를 이용하여 해결하는 단계이다. 시뮬레이션은 문제해결 과정 중 복잡하고 어려운 해결책이나 현실적으로 실행이 불가능한 해결책 중 최선책을 선택하기 위해 모의실험을 하는 단계이다. 병렬화는 문제해결의 공동 목표를 달성하기 위해 모든 작업을 동시에 처리하는 단계이다. 컴퓨팅사고력은 문제를 해결하는 단순과정이나 프로그래밍에 국한되지 않고, 논리화되고 절차화된 사고와 방법론을 통해 컴퓨터과학의 원리와 개념을 바탕으로 문제를 해결하는 인지적 · 정의적 사고과정이라고 할 수 있다.

## 5.2 컴퓨팅사고를 적용한 문제해결 방법

문제해결 과정은 '문제 인식', '설계', '구현'으로 구성될 수 있다. '문제 인식' 단계에서는 해결하려고 하는 문제가 무엇인지 파악하는 단계로, 문제를 재정의하고 이를 해결하기 위한 자료 수집, 분석, 표현을 하는 단계이다. '설계' 단계는 복잡하게 엉켜 있는 문제를 해결 가능한 문제로 분해하는 문제 분해와 문제의 핵심요소들을 뽑아내는 추상화, 각각의 분해된 문제를 해결가능한 문제로 만든 후 분해된 문제의 절차적 순서를 고려하여 해결과정을 설계하는 알고리즘과 절차가 있다. '구현' 단계에서는 설계된 해결과정을 컴퓨터를 통해 자동화한 후 수정 및 보완하는 단계이다.

문제해결 과정

| 문제 인식 | 설계 | 구현 |
|---|---|---|
| ・자료 수집<br>・자료 분석<br>・자료 표현 | ・문제 분해<br>・추상화<br>・알고리즘과 절차 | ・자동화<br>・수정 및 보완 |

## 5.3 컴퓨팅을 적용한 문제해결의 예

### 예제 1 자료 수집을 활용한 문제해결

[출처] PSAT 2008, 상황판단

철학과 교수 7명(A~G)은 다음 [조건]에 따라 신학기 과목을 개설하려고 한다. 각 교수들의 강의 가능 과목이 〈보기〉와 같을 때, 다음 중 옳지 않은 것은?

[조건 1]  학과장인 C는 한 과목만 가르칠 수 있다.
[조건 2]  학과장인 C는 일주일에 하루만 가르칠 수 있다.
[조건 3]  학과장 이외 다른 교수들은 모두 두 과목씩 가르쳐야 한다.
[조건 4]  윤리학과 논리학은 각각 적어도 두 강좌가 개설된다.
[조건 5]  윤리학은 이틀에 나누어서 강의하며, 논리학도 마찬가지이다.
[조건 6]  윤리학과 논리학 이외에는 동일 과목이 동시에 개설될 수 없다.

**보기**

A. 논리학, 언어철학, 과학철학

B. 희랍철학, 근세철학, 윤리학

C. 과학철학, 논리학, 윤리학

D. 인식론, 논리학, 형이상학

E. 언어철학, 수리철학, 논리학

F. 인식론, 심리철학, 미학

G. 윤리학, 사회철학, 근세철학

① 학과장은 과학철학을 강의한다.
② 논리학은 최대 3강좌가 개설될 수 있다.
③ 인식론은 심리철학이 둘 다 개설될 수도 있다.
④ 형이상학이 개설되면 인식론은 개설될 수 없다.

⑤ 희랍철학과 사회철학이 둘 다 개설될 수도 있다.

## 풀이

먼저 주어진 문제의 자료를 수집해서 자료 분석을 해 보자.

학과장 C의 과목을 생각해 보자, [조건 1]에 의해 C는 과학철학, 논리학, 윤리학 중 1 과목만 개설해야 한다. C가 논리학이나 혹은 윤리학을 개설할 경우에는 [조건 5]에 의해 일주일에 2번 강의해야 하므로 이는 [조건 2]를 충족할 수 없다. 따라서 C는 과학철학을 개설해야 한다.

C가 과학철학을 개설하게 되면 [조건 6]에 의해 A는 과학철학을 개설할 수 없으므로 [조건 3]에 의해 A는 논리학, 언어철학을 개설해야 한다.

문제의 자료 수집을 표로 표현하여 정리하면 다음과 같다.

❤ A, C, E 교수 담당 과목

| A 교수 | 논리학, 언어철학 |
|---|---|
| B 교수 | |
| C 교수 | 과학철학 |
| D 교수 | |
| E 교수 | |
| F 교수 | |
| G 교수 | |

[조건 6]과 A의 과목 결정에 따라 E는 언어철학을 개설할 수 없다. 따라서 E는 수리철학, 논리학을 개설해야 한다. [조건 4]에 의해 윤리학을 강의할 수 있는 교수는 B와 G가 된다. 따라서 B와 G는 윤리학을 각각 개설해야 한다. 문제의 자료 수집을 표로 표현하여 정리하면 아래와 같다.

❤ A, B, C, E, G 교수가 반드시 개설해야 하는 과목

| A교수 | 논리학, 언어철학 |
|---|---|
| B교수 | 윤리학 |
| C교수 | 과학철학 |
| D교수 | |
| E교수 | 수리철학, 논리학 |
| F교수 | |
| G교수 | 윤리학 |

위와 같이 정리된 문제의 내용을 토대로 옳지 않은 내용을 찾아보자.

❶ "학과장은 과학철학을 강의한다"는 맞다. 학과장 C는 과학철학을 개설해야 한다.

❷ "논리학은 최대 3개 강좌가 개설될 수 있다"는 A와 E는 논리학을 반드시 개설해야 하고 〈보기〉에 의해 D가 논리학을 개설할 수 있으므로 맞다.

❸ 인식론과 심리철학이 둘 다 개설될 수도 있다. F가 인식론과 심리철학을 둘 다 개설할 수도 있고, D가 인식론을 개설하고, F가 심리철학을 개설할 수도 있으므로 맞다.

❹ "형이상학이 개설되면 인식론은 개설될 수 없다"는 D가 형이상학을 개설한다고 해도 D가 인식론을 개설하지 못할 이유는 없다. 따라서 옳지 않다.

❺ "희랍철학과 사회철학이 둘 다 개설될 수도 있다"는 B가 희랍철학을 개설하고, G가 사회철학을 개설할 수 있으므로 맞다.

## 예제 2 알고리즘과 절차를 활용한 문제해결

다음의 3×3 마방진 안에 a~i까지 들어가 있다. 아래의 단추 L, R, U, D 중 하나의 버튼을 누르면 다음의 글자가 회전을 한다.

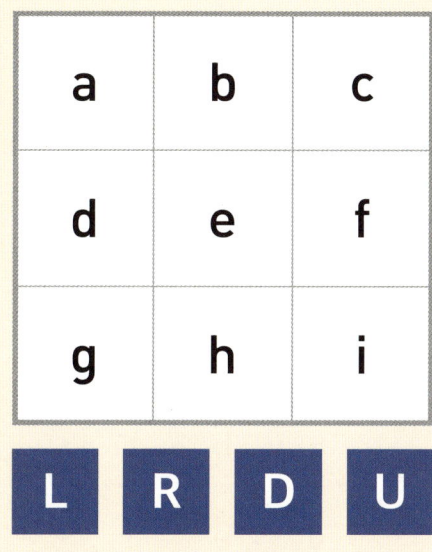

3×3 마방진

L 버튼을 누르면 왼쪽 방향으로 한 칸씩 돌아가서 아래와 같은 결과가 나온다.

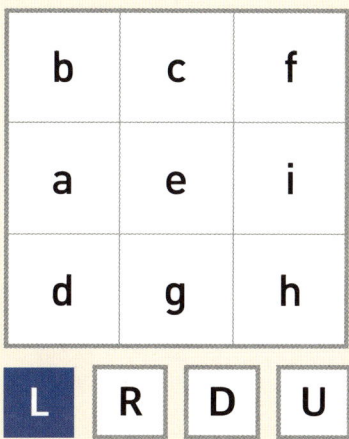

R 버튼을 누르면 오른쪽 방향으로 한 칸씩 돌아가서 아래와 같은 결과가 나온다.

|   |   |   |
|---|---|---|
| d | a | b |
| g | e | c |
| h | i | f |

L **R** D U

D 버튼을 누르면 한 줄씩 아래로 내려가서 아래와 같은 결과가 나온다.

|   |   |   |
|---|---|---|
| g | h | i |
| a | b | c |
| d | e | f |

L R **D** U

U 버튼을 누르면 한 줄씩 위로 올라가서 아래와 같은 결과가 나온다.

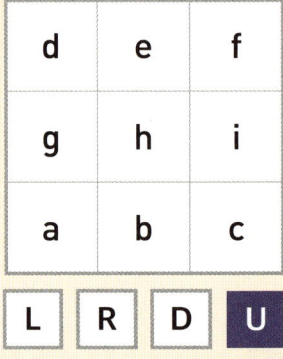

|   |   |   |
|---|---|---|
| d | e | f |
| g | h | i |
| a | b | c |

L R D **U**

ULRLDD의 버튼을 차례대로 눌렀을 때 나오는 3×3 마방진의 결과를 표현하시오.

**풀이**

자료를 입력받은 후 버튼의 선택에 따라 자료를 처리하고 출력하는 문제이다. 앞 단계의 결과가 다음 단계의 입력 자료가 되므로 선택하는 버튼의 순서가 중요하다. 원하는 답을 얻고자 할 때는 버튼의 순서에 따라 절차적·순차적으로 알고리즘을 진행해야 한다.

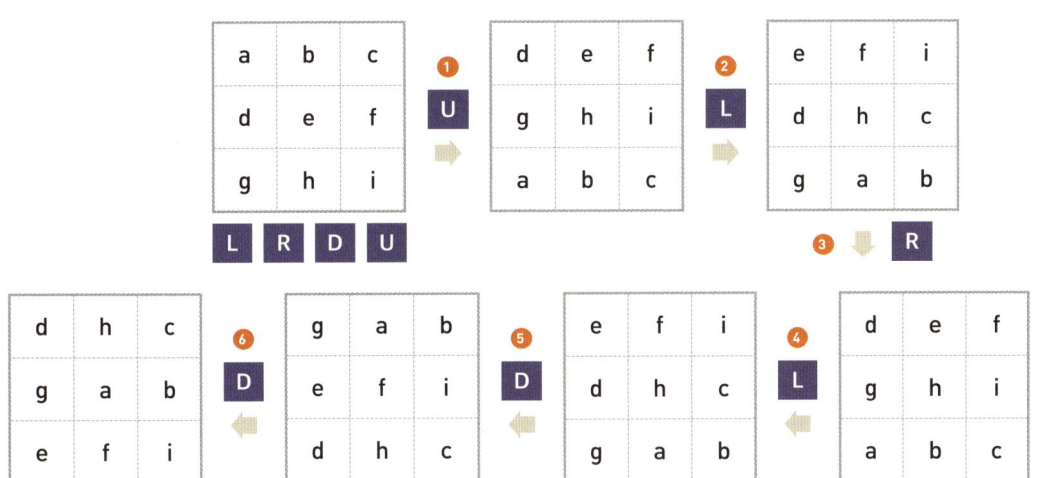

위의 단계에서 생략해도 결과에 영향을 미치지 않는 단계가 있는가 생각해 보자.

# 예제 3 문제 분해를 활용한 문제해결

[출처] PSAT 2013, 상황판단

다음 상황에 근거할 때 약사 갑이 4명의 환자에게 조제한 약을 옳게 짝지은 것은?

## 상황

오늘 아침 갑의 약국에 희경, 은정, 소미, 정선 4명의 손님이 방문하였다. 갑은 이들로 부터 처방전을 받아 A~D 네 봉지의 약을 조제하였는데, 약을 조제한 후 처방전을 분 실하여 누구의 약인지 알지 못한다. 다만 갑은 다음과 같은 몇 개의 정보만 기억하고 있다.

[정보 1]   오늘 아침 방문한 환자들의 병명은 각각 몸살, 배탈, 치통, 피부병이었다.
[정보 2]   은정의 처방전은 B에 해당하는 것이었고, 그녀는 몸살이나 배탈 환자가 아 니었다.
[정보 3]   A는 배탈 환자에 사용되는 약이 아니다.
[정보 4]   D는 연고를 포함하고 있는데, 이 연고는 피부병에만 사용된다.
[정보 5]   희경은 임산부이고, A와 D에는 임산부가 먹어서는 안 되는 약품이 사용되 었다.
[정보 6]   소미는 감기 몸살 환자가 아니었다.

|     | A | B | C | D |
| --- | --- | --- | --- | --- |
| ① | 정선 | 은정 | 희경 | 소미 |
| ② | 정선 | 은정 | 소미 | 희경 |
| ③ | 소미 | 은정 | 희경 | 정선 |
| ④ | 희경 | 은정 | 소미 | 정선 |
| ⑤ | 희경 | 은정 | 정선 | 소미 |

**풀이**

먼저 주어진 문제의 자료를 수집해서 자료 분석을 해 보자. [정보 2]에 의해 은정의 처
방전이 B이고, 은정은 몸살이나 배탈 환자가 아니다. [정보 3]에 의해 A는 배탈 환자가
아니다. [정보 4]에 의해 D는 피부병이라는 정보를 바탕으로 자료를 정리하면 다음 표
와 같다.

| 처방전 | A | B | C | D |
|---|---|---|---|---|
| 환자명 | | 은정 | | |
| 상태 | ~배탈 | ~ 몸살 | | |
| | | ~ 배탈 | | |
| | | | | |
| 병명 | | | | 피부병 |

각각의 처방전에 따른 환자들의 이름과 병명을 찾아야 하는 문제이므로 처방전별로
문제를 분해한 후 해결한다. 표의 자료 표현에 의해 은정은 몸살, 배탈, 피부병이 아니
라 치통이라는 것을 유추할 수 있다. 또한 A는 배탈, 피부병, 치통이 아닌 몸살이라는
것을 알 수 있다. 이 정보를 바탕으로 자료를 정리하면 다음 표와 같다.

| 처방전 | A | B | C | D |
|---|---|---|---|---|
| 환자명 | | 은정 | | |
| 상태 | ~ 배탈 | ~ 몸살 | | |
| | ~ 피부병 | ~ 배탈 | | |
| | ~ 치통 | ~ 피부병 | | |
| 병명 | 몸살 | 치통 | | 피부병 |

[정보 5]에 의해 C의 처방전이 희경이 것임을 알게 되고, 희경이의 병명은 배탈이 된
다. [정보 6]에 의해 D의 처방전이 소미 것임을 알게 된다. 마지막으로 남은 A의 처방
전은 정선이 것이 된다. 이 정보를 바탕으로 자료를 정리하면 다음과 같다.

| 처방전 | A | B | C | D |
|---|---|---|---|---|
| 환자명 | 정선 | 은정 | 희경 | 소미 |
| 상태 | ~ 배탈 | ~ 몸살 | | |
| | ~ 피부명 | ~ 배탈 | | |
| | ~ 치통 | ~ 피부명 | | |
| 병명 | 몸살 | 치통 | 배탈 | 피부병 |

이로써 각각의 분해된 문제 즉, 처방전별 환자명과 병명을 찾아서 해결하였다. 따라서 원래의 문제 즉, 환자에 따른 처방전을 구별할 수 있게 되었다.

| 처방전 | A | B | C | D |
|---|---|---|---|---|
| 환자명 | 정선 | 은정 | 희경 | 소미 |

## 예제 4 자료 표현을 활용한 문제해결

[출처] PSAT 2014, 상황판단

다섯 개의 숫자로 이루어진 비밀번호를 다음 〈숫자 → 암호문 변환 절차〉에 따라 〈암호표〉를 사용하여 암호문으로 변환하였다. 〈완성된 암호문〉이 의미하는 비밀번호는 무엇인가?

### 숫자 → 암호문 변환 절차

1. 비밀번호의 숫자를 세로로 쓰고 〈암호표〉에서 해당하는 숫자의 오른쪽에 나열된 알파벳(6개)를 〈예시〉의 [과정 1]과 같이 숫자 순서대로 나열한다.

2. 1의 과정을 통해 순서대로 나열된 알파벳을 〈예시〉의 [과정 2]와 같이 왼편부터 한 열씩 세로로 읽어나가면 완성된 암호문이 완성된다.

### 암호표

| | | | | | | |
|---|---|---|---|---|---|---|
| 1 | T | H | P | Q | B | I |
| 2 | H | C | O | X | D | V |
| 3 | N | S | P | S | S | E |
| 4 | W | H | O | W | E | C |
| 5 | A | D | I | N | K | T |
| 6 | N | R | E | M | V | J |
| 7 | F | G | X | Z | C | B |
| 8 | E | S | X | V | B | J |
| 9 | W | E | I | P | Y | K |
| 0 | H | C | J | U | U | I |

### 예시 : 비밀번호 10675의 암호 변환 과정

[과정 1]

| | | | | | | |
|---|---|---|---|---|---|---|
| 1 | T | H | P | Q | B | I |
| 0 | H | C | J | U | U | I |
| 6 | N | R | E | M | V | J |
| 7 | F | G | X | Z | C | B |
| 5 | A | D | I | N | K | T |

[과정 2]

THNFA HCRGD PJEXI QUMZN BUVCK IIJBT

[완성된 암호문]

**HEWHT CSECH OXIJP XVPUQ DBYUB VJKII**

## 풀이

위의 완성된 암호문은 5개의 숫자로 구성되었다는 걸 유추할 수 있다. 각각의 암호문에 해당하는 텍스트 위에 숫자를 ①~⑤까지 붙여 놓아(자료 표현) 그림으로 표현하면 아래와 같다.

① ② ③ ④ ⑤    ① ② ③ ④ ⑤    ① ② ③ ④ ⑤    ① ② ③ ④ ⑤    ① ② ③ ④ ⑤    ① ② ③ ④ ⑤

**HEWHT    CSECH    OXIJP    XVPUQ    DBYUB    VJKII**

번호가 ①부터 ⑤이므로 숫자는 총 5개이며 같은 번호끼리 묶어서 가로로 나열하면 다음과 같다.

| H | C | O | X | D | V | 2 |
|---|---|---|---|---|---|---|
| E | S | X | V | B | J | 8 |
| W | E | I | P | Y | K | 9 |
| H | C | J | U | U | I | 0 |
| T | H | P | Q | B | I | 1 |

따라서 암호화한 비밀번호는 28901이다.

# 🔍 요약

---

**1** 컴퓨팅사고력는 문제해결을 위해 컴퓨팅 기기를 활용하여 자료를 논리적으로 조직하고 추상화(Abstraction)를 통하여 표현하고 알고리즘적 사고를 통해 해결과정의 자동화(Automation)를 수행할 수 있는 능력을 의미한다.

**2** 추상화란 주어진 문제를 해결 가능한 문제로 만들기 위해, 자료의 수집과 분석을 통해 문제를 재정의하고, 복잡한 문제를 해결할 수 있는 작은 단위로 분해한 후 문제해결의 절차를 나열하는 단계이다.

**3** 자동화란 추상화 과정을 통해 만들어진 문제해결의 과정 및 절차 즉 알고리즘의 구현을 프로그래밍 언어로 표현하는 단계이다.

**4** 컴퓨팅사고력(Computational Thinking)은 문제를 해결하는 단순과정이나 프로그래밍이 아닌, 논리화되고 절차화된 사고와 방법론을 통해 컴퓨터과학의 원리와 개념을 바탕으로 문제를 해결하는 인지적 · 정의적 사고과정이라고 할 수 있다.

**5** 미국컴퓨터과학교사협회(Computer Science Teachers Association)와 미국기술교육국제모임(International Society for Technology in Education)에서는 컴퓨팅사고력의 핵심 개념과 능력을 자료 수집(Data Collection), 자료 분석(Data Analysis), 자료 표현(Data Representation), 문제 분해(Problem Decomposition), 추상화(Abstraction), 알고리즘과 절차(Algorithms & Procedures), 자동화(Automation), 시뮬레이션(Simulation), 병렬화(Parallelization)의 9가지 주요 개념으로 구분하였다.

**6** 문제해결 과정은 '문제인식', '설계', '구현'으로 구성 될 수 있다.

**7** '문제인식' 단계에서는 해결하려고 하는 문제가 무엇인지 파악하는 단계로 문제를 재정의하고 이를 해결하기 위한 자료 수집, 분석, 표현을 하는 단계이다.

----------------------------------------------------------------

**8** '설계' 단계는 복잡하게 엉켜 있는 문제를 해결 가능한 단계의  문제로 분해하는 문제 분해와 문제의 핵심요소들을 뽑아내는 추상화, 각각의 분해된 문제를 해결 가능한 문제로 만든 후 분해된 문제의 절차적 순서를 고려하여 해결 과정을 설계하는 알고리즘과 절차가 있다.

**9** '구현' 단계에서는 설계된 해결과정을 컴퓨터를 통해 자동화 한 후 수정 및 보완하는 단계이다.

# 📝 연습문제

**1** 컴퓨팅사고력의 9가지 주요 핵심 개념에 대해 설명하시오.

---

---

---

---

**2** 컴퓨팅사고력을 적용한 문제해결 과정을 설명하시오.

---

---

---

---

**3** 컴퓨팅사고력을 적용한 문제해결 과정의 예를 우리 일상생활에서 찾아 설명하시오.

---

---

---

---

**4** 예제 4의 암호표를 활용하여 나의 생일을 암호화해 보시오.

실전편

## chapter 6

# 자료 정렬
# 알고리즘

# 6.1 자료 정렬이란

많은 양의 자료 속에서 원하는 정보를 찾고자 할 때 자료가 정렬되어 있다면 훨씬 빠르게 처리할 수 있다. 자료 정렬이란 자료를 원하는 기준에 맞게 순서를 재배치하여, 자료 처리의 효율성을 향상시키기 위한 작업이다. 자료의 생성은 자료의 내용을 컴퓨터에 저장한 후 효율적으로 사용하기 위함이다. 저장된 수많은 자료 중에 필요한 자료를 찾는 데 시간을 낭비한다면, 자료 처리를 효율적으로 수행한다고 할 수 없다. 자료의 양이 방대할 때 원하는 자료를 찾아서 처리해야 한다면, 자료 정렬은 자료 검색을 위한 우선 단계이다. 자료 정렬을 통하여 필요한 자료를 빠르게 검색하고, 검색된 자료를 대상으로 원하는 작업을 실행하는 것이 컴퓨터에서 자료를 처리하는 가장 효율적 방법이다. 따라서 자료 정렬은 자료 처리의 기본에 해당한다.

순서 없이 나열된 자료를 정렬하기 위해서는 정렬 기준을 정해야 한다. 일반적으로 오름차순(ascending order) 혹은 내림차순(descending order)으로 자료를 정렬한다. 자료를 정렬하는 데 기준이 되는 값을 키(key) 값이라고 한다. 예를 들어 전화번호부를 생각해 보자. 전화번호부에 전화번호만 저장하는 사람은 없을 것이다. 전화번호와 그 전화번호로 연결되는 사람의 이름 또는 기관명이 함께 저장되어 있다. 만약 전화번호로 정렬을 한다면 효율적으로 검색하는 것이 가능한가? 전화번호부는 당연히 사람 이름 또는 기관명으로 정렬할 것이다. 이때 사람 이름 또는 기관명이 키(key) 값에 해당한다. 만약 이름이 가나다순으로 지정되었다면, 오름차순이 적용된 정렬 방식에 해당한다. 자료 정렬을 효율적으로 실행하기 위해서는 정렬 기준이 될 키(key) 값의 선택과 정렬 순서 방식에 대한 지정이 필요하다.

♥그림 6-1 키(key) 값 제공 지정 없이 정렬이 안 된 자료

자료 정렬의 과정은 3단계로 구성된다.

> **1단계 정렬 기준 정하기**: 주어진 자료 정렬 기준을 설정한다.
> **2단계 자료 비교하기**: 기준에 맞추어 자료를 비교한다.
> **3단계 자료 이동하기**: 비교 결과에 따라 해당하는 위치로 이동한다.

**1단계 정렬 기준 정하기**에서는 우선 키(key) 값을 선택하고, 정렬 기준을 설정한다. 예를 들어 교실에서 학생들의 키 번호를 정할 때 키(key) 값은 학생들의 키가 되며, 정렬 기준은 키가 제일 큰 사람이 1번이 될 수 있고, 아니면 키가 제일 작은 사람이 1번이 될 수 있다. 정렬 기준에 따라 각 학생의 번호는 완전히 다른 결과를 갖는 것이다.

**2단계 자료 비교하기**에서는 실제적인 값에 대한 비교가 이루어진다. 1단계에서 설정한 정렬 기준에 따라 학생들의 키를 서로 비교하여 순서를 정한다.

**3단계 자료 이동하기**에서는 〈그림 6-3〉과 같이 키가 제일 큰 학생을 1번으로 정렬 기준을 정한 경우 2단계 비교 과정에서 찾은 가장 키가 큰 학생을 제일 앞에 자리로 이동하여 1번의 자리를 배정한다. 〈그림 6-4〉처럼 키가 제일 작은 학생을 1번으로 정렬 기준을 정한 경우는 2단계 비교 과정에서 찾은 가장 작은 학생을 1번 자리로 배정한다.

♥**그림 6-2** 키 순서로 정렬하여 키 번호 정하기

♥**그림 6-3** 키 큰 학생을 1번으로 정하여 정렬한 결과

♥**그림 6-4** 키 작은 학생을 1번으로 정하여 정렬한 결과

1단계 기준에 따라 키 큰 학생이 1번이면 〈그림 6-3〉과 같이 모자 쓴 학생은 7번이 되고, 만일 기준이 키 작은 학생이 1번에 해당하면 모자 쓴 학생은 〈그림 6-4〉와 같이 4번이 되는 것이다. 기준에 따라 정렬된 위치가 전혀 다르게 되므로 정렬 기준에 근거하여 정렬되는 것을 유념해야 한다.

## 6.2 실생활에서 자료 정렬 활용

실생활에서 접할 수 있는 정렬된 자료는 사전이다. 사전의 내용이 정렬되어 있지 않다면 원하는 단어를 찾기란 불가능하다. 사전에서의 키(key) 값은 해당 단어가 된다.

♥그림 6-5  단어를 키(key) 값으로 정렬한 사전

모든 자료가 쉽게 이해되는 키(key) 값으로 정렬되는 것은 아니다. 도서관의 수많은 책은 우리가 이해하는 가나다순으로 정렬되어 있지 않다. 도서관에 있는 책들은 도서 분류 방식에 근거하여 정렬하기 때문에, 책을 찾고자 할 때는 원하는 책의 분류기호를 확인한 후 해당 분류기호의 책들이 있는 서가에 가서 찾을 수 있다.

♥ 그림 6-6  도서 분류법에 근거하여 정렬된 도서관 책들

## 6.3  자료 정렬 알고리즘의 종류

### 1. 선택 정렬(Selection Sort)

오름차순의 선택 정렬은 배열된 자료의 값을 모두 비교한 후 가장 작은 값을 선택하여 배열의 첫 번째 자리의 값과 위치를 교환하면서 가장 작은 값부터 정렬시키는 방식이다. 여기서 배열이란 같은 자료의 형태가 저장되어 있는 자료들의 나열로 구성된 자료 구조를 뜻한다. 하나의 값을 정렬시킨 후 두 번째 배열의 값부터 마지막 n번째 값을 대상으로 같은 작업을 반복하여 실행한다. 이런 방식을 반복하여 전체 자료를 정렬하기 위해서는 자료의 개수가 n이라면 n-1번의 반복을 실행한 후 정렬이 완료된다. 선택 정

렬의 과정은 〈그림 6-7〉과 같다.

♥그림 6-7  선택 정렬 실행과정의 예

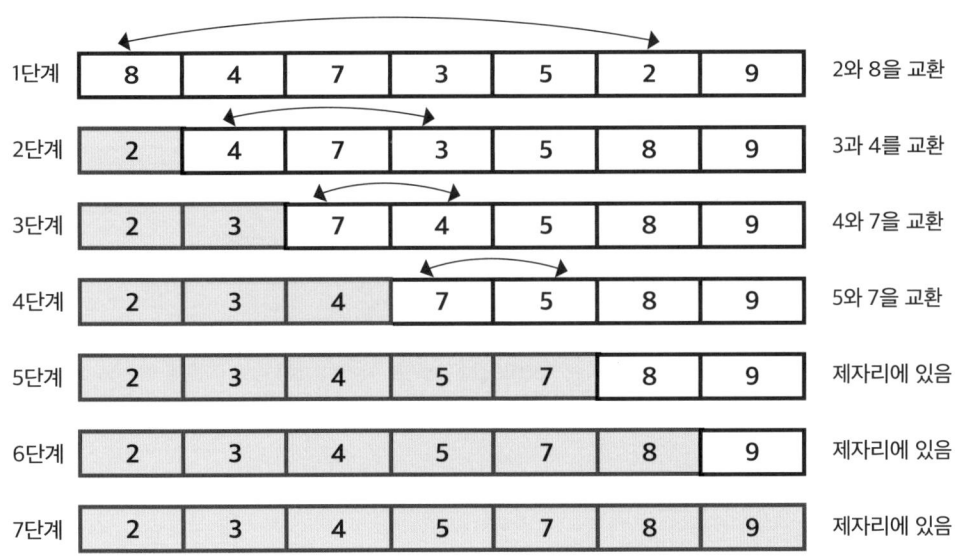

선택 정렬은 〈그림 6-7〉과 같이 첫 단계에서 모든 자료 배열을 검토하여 배열 가운데
최솟값을 찾아 맨 앞자리에 있는 값과 위치를 서로 교환한다. 비록 모든 자료의 값을
확인하였지만 그 가운데 하나의 값만을 맞는 위치에 정렬 완료한 상태이다. 가장 앞에
정렬된 하나의 값을 제외한 나머지 n-1개의 자료 가운데 최솟값을 찾아서 두 번째 자
리에 저장될 수 있도록 위치 교환을 실행하고, 이러한 작업을 계속하여 전체 배열의 값
을 정렬하는 방식이다.

♥**그림 6-8** 선택 정렬 1단계 과정

| 8 | 4 | 7 | 3 | 5 | 2 | 9 |
|---|---|---|---|---|---|---|

- 주황색 자리에 들어갈 값을 위하여 배열 자료 가운데 최솟값 찾기
- 최솟값인 2와 맨 앞의 자료인 8과 위치 교환

| 2 | 4 | 7 | 3 | 5 | 8 | 9 |
|---|---|---|---|---|---|---|

- 2는 정렬 완료

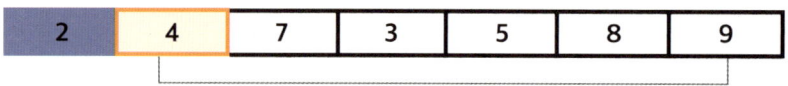

- 주황색 자리에 들어갈 값을 위하여 정렬된 파란 자리의 값을 제외한 나머지 배열 자료 가운데 최솟값 찾기
- 반복하여 자료의 끝까지 정렬

선택 정렬은 자료의 양이 많을 때는 비교의 횟수가 많아짐으로 적절하지 못하다. 반면 자료의 양이 적은 경우에는 알고리즘 효율성이 좋다. 매번 최솟값을 찾느라 배열 안 자료 값의 비교는 여러 번 반복되지만 실질적 배열 안의 위치 교환은 n-1을 넘지 않는다.

가장 작은 값을 찾아서 앞에서부터 하나씩 정렬해 나가는 방식이므로 정렬 과정을 k번째 진행하고 있다면 자료 배열 중 k-1번째 값까지는 정렬이 완성된다. 따라서 정렬 과정 중에 멈추었다 하여도 k-1번째까지의 부분 정렬 결과를 얻을 수 있는 장점이 있다. 반면, 특정 값은 반복된 위치 교환이 발생할 수 있는 단점이 있다.

선택 정렬의 파이썬 프로그램은 다음과 같다.

```
1    # data sort algorithm : Selection Sort
2
3    def SelectionSort( aList ):
4        for i in range( len( aList ) - 1 ):
5            min_position = i
6            for k in range( i + 1 , len( aList ) ):
7                if aList[k] < aList[min_position]:
8                    min_position = k
9
10           if min_position != i:
11               tmp = aList[i]
12               aList[i] = aList[min_position]
13               aList[min_position] = tmp
14
15   # run SelectionSort
16
17   aList = [8, 4, 7, 3, 5, 2, 9]
18   SelectionSort(aList)
19   print(aList)
```

## 2. 삽입 정렬(Insertion Sort)

삽입 정렬은 자료 배열의 모든 요소를 앞에서부터 차례대로 정렬하는 방식으로 이미 정렬된 배열 부분의 내용과 자신의 값을 비교하며 자신의 위치를 찾아 삽입함으로써 정렬을 완성하는 알고리즘이다. 자료를 하나씩 올바른 위치에 삽입하여 정렬하는 방식이므로 정렬하는 과정 중에도 정렬하는 순번의 배열까지는 정렬 상태를 유지하는 방식이다. 삽입 정렬의 과정은 〈그림 6-9〉와 같다.

♥그림 6-9  삽입 정렬 실행과정의 예

정렬해야 할 자료: 8 4 7 3 5 2 9

| 단계 | | 배열 | | | | | | |
|---|---|---|---|---|---|---|---|---|
| 1단계 | 8 | 8 | 4 | 7 | 3 | 5 | 2 | 9 |
| 2단계 | 8 4 | 4 | 8 | 7 | 3 | 5 | 2 | 9 |
| 3단계 | 8 4 7 | 4 | 7 | 8 | 3 | 5 | 2 | 9 |
| 4단계 | 8 4 7 3 | 3 | 4 | 7 | 8 | 5 | 2 | 9 |
| 5단계 | 8 4 7 3 5 | 3 | 4 | 5 | 7 | 8 | 2 | 9 |
| 6단계 | 8 4 7 3 5 2 | 2 | 3 | 4 | 5 | 7 | 8 | 9 |
| 7단계 | 8 4 7 3 5 2 9 | 2 | 3 | 4 | 5 | 7 | 8 | 9 |

삽입 정렬과 선택 정렬의 수행 시간 효율성을 비교하면 삽입 정렬이 선택 정렬보다 더 나은 알고리즘으로 분류된다.

❤ 그림 6–10  삽입 정렬 진행 단계

1단계
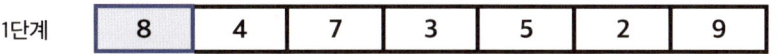

• 첫 번째 주소지의 자료 8을 맨 앞에 위치한 상태로 정렬 시작

2단계
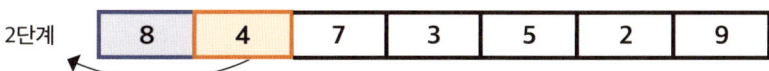

• 두 번째 주소지의 자료인 4를 정렬된 부분에 해당하는 첫 번째 자료와 비교하여
  순서에 맞도록 자료 이동하여 정렬

3단계
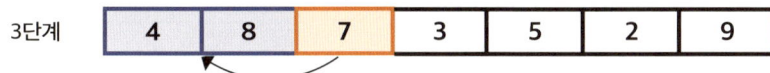

• 세 번째 주소지의 자료인 7을 정렬된 부분의 값과 비교하여 순서에 맞도록 자료 이동하여 정렬

4단계
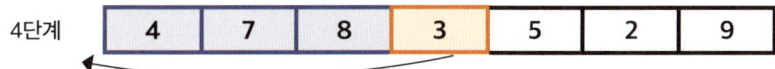

• 네 번째 주소지의 자료인 3을 정렬된 부분의 값과 비교하여 순서에 맞도록 자료 이동하여 정렬

5단계

• 다섯 번째 주소지의 자료인 5를 정렬된 부분의 값과 비교하여 순서에 맞도록 자료 이동하여 정렬

6단계

• 여섯 번째 주소지의 자료인 2를 정렬된 부분의 값과 비교하여 순서에 맞도록 맨 앞으로 자료 이동하여 정렬

7단계

• 일곱 번째 주소지의 자료인 9를 정렬된 부분의 값과 비교하여 순서에 맞도록 맨 뒤에 정렬

정렬 결과

• 정렬 완료

삽입 정렬의 파이선 프로그램은 다음과 같다.

♥ 코드 6-2  삽입 정렬

```python
1   def InsertionSort(aList):
2       for i in range(1,len(aList)):
3           current_val = aList[i]
4           position = i
5           while position > 0 and aList[position - 1] > current_val:
6               aList[position] = aList[position - 1]
7               position = position - 1
8           if position != i:
9               aList[position] = current_val
10
11  # run InsertionSort
12
13  aList = [8, 4, 7, 3, 5, 2, 9]
14  InsertionSort(aList)
15  print(aList)
```

## 3. 합병 정렬(Merge Sort)

합병 정렬은 자료를 두 개의 균등한 크기로 분할하는 작업부터 시작한다. 분할 작업을 최소 단위까지 반복한 후 최소 단위의 두 자료를 정렬 기준에 맞게 합병하여 정렬한 후 전체 자료가 정렬될 때까지 반복하여 병합하는 방식의 알고리즘이다. 전체의 문제를 한 번에 푸는 방식이 아니라 문제를 작은 두 개의 문제로 분리하고, 다시 그 문제를 반복 분리하여 최소 단위로 분리시킨 뒤 문제를 해결하고, 다시 그 해결을 반복 적용하여 전체를 해결하는 방식이다. 합병 정렬의 과정은 〈그림 6-11〉과 같다.

💙 그림 6-11  합병 정렬 실행과정의 예
            (분할 작업은 n/2의 결과에 반올림을 적용하여 앞 부분을 적용하였음)

정렬해야 할 자료: 8 4 7 3 5 2 9

| 8 | 4 | 7 | 3 | 5 | 2 | 9 |

분할

| 8 | 4 | 7 | 3 |    | 5 | 2 | 9 |

분할                              분할

| 8 | 4 |   | 7 | 3 |    | 5 | 2 |   | 9 |

분할          분할          분할

| 8 |   | 4 |   | 7 |   | 3 |    | 5 |   | 2 |   | 9 |

합병              합병              합병

| 4 | 8 |   | 3 | 7 |    | 2 | 5 |   | 9 |

합병                    합병

| 3 | 4 | 7 | 8 |    | 2 | 5 | 9 |

합병

| 2 | 3 | 4 | 5 | 7 | 8 | 9 |

합병 정렬은 프로그램을 작성할 때에 재귀함수의 개념을 적용한다면 구현이 용이한 장점을 가지고 있다. 그러나 임시 배열을 이용하는 방식이여서 공간적 낭비가 발생하는 단점이 있다.

💙 그림 6-12  합병 정렬 진행 단계

· **최소 분할 작업**

| 8 | | 4 | | 7 | | 3 | | 5 | | 2 | | 9 |

· 왼쪽에서부터 두 개의 최소단위를 합병하여 부분 정렬 실행

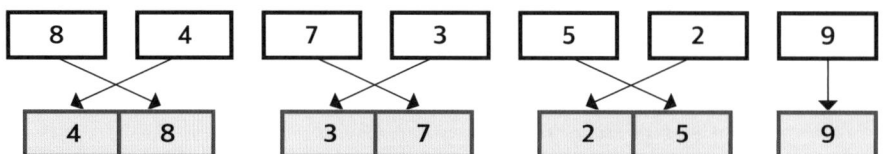

· 분리된 두 개의 단위를 합병하기 위하여 왼쪽 맨 앞의 값과 오른쪽 맨 앞의 값을 비교

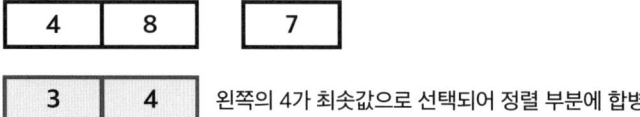

| 3 | 오른쪽의 3이 최솟값으로 선택되어 정렬 부분에 합병 |

· 왼쪽 맨 앞의 값 4와 오른쪽 맨 앞의 값 7을 비교

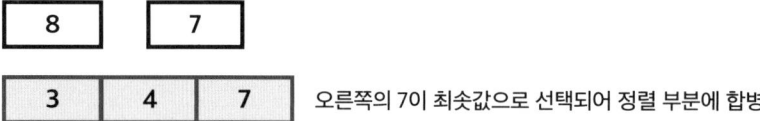

| 3 | 4 | 왼쪽의 4가 최솟값으로 선택되어 정렬 부분에 합병 |

· 왼쪽의 값 8과 오른쪽의 값 7을 비교

| 8 | 7 |

| 3 | 4 | 7 | 오른쪽의 7이 최솟값으로 선택되어 정렬 부분에 합병 |

· 정렬 미완성 부분을 정렬 부분에 합병

| 8 |

| 3 | 4 | 7 | 8 | 2개 단위 합병 완료 |

· 합병 작업이 안된 두 개의 단위를 합병하기 위하여 왼쪽 맨 앞의 값과 오른쪽 맨 앞의 값을 비교

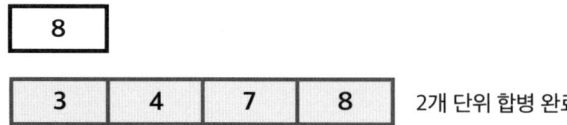

| 2 | 왼쪽의 2가 최솟값으로 선택되어 정렬 부분에 합병 |

· 왼쪽의 값 5와 오른쪽의 값 9를 비교

| 5 | | 9 |

| 2 | 5 | 왼쪽의 2가 최솟값으로 선택되어 정렬 부분에 합병

· 정렬 미완성 부분을 정렬 부분에 합병

| 9 |

| 2 | 5 | 9 | 2개 단위 합병 완료

· 부분 정렬된 두 개의 단위를 합병하기 위하여 왼쪽 맨 앞의 값과 오른쪽 맨 앞의 값을 비교

| 3 | 4 | 7 | 8 |     | 2 | 5 | 9 |

| 2 | 오른쪽의 2가 최솟값으로 선택되어 정렬 부분에 합병

· 왼쪽 맨 앞의 값 3과 오른쪽 맨 앞의 값 5를 비교

| 3 | 4 | 7 | 8 |     | 5 | 9 |

| 2 | 3 | 왼쪽의 3이 최솟값으로 선택되어 정렬 부분에 합병

· 왼쪽 맨 앞의 값 4와 오른쪽 맨 앞의 값 5를 비교

| 4 | 7 | 8 |     | 5 | 9 |

| 2 | 3 | 4 | 왼쪽의 4가 최솟값으로 선택되어 정렬 부분에 합병

· 왼쪽 맨 앞의 값 7과 오른쪽 맨 앞의 값 5를 비교

| 7 | 8 |     | 5 | 9 |

| 2 | 3 | 4 | 5 | 오른쪽의 5가 최솟값으로 선택되어 정렬 부분에 합병

· 왼쪽 맨 앞의 값 7과 오른쪽 맨 앞의 값 9를 비교

| 7 | 8 |

| 9 |

| 2 | 3 | 4 | 5 | 7 |   왼쪽의 7이 최솟값으로 선택되어 정렬 부분에 합병

· 왼쪽 맨 앞의 값 8과 오른쪽 맨 앞의 값 9를 비교

| 8 |

| 9 |

| 2 | 3 | 4 | 5 | 7 | 8 |   왼쪽의 8이 최솟값으로 선택되어
정렬 부분에 합병

· 정렬 미완성 부분을 정렬 부분에 합병

| 9 |

| 2 | 3 | 4 | 5 | 7 | 8 | 9 |   합병 정렬 완료

반복문을 활용한 합병 정렬의 파이선 프로그램은 다음과 같다.

♥ **코드 6–3** 반복문 활용 합병 정렬

```python
1   # data sort algorithm : Merge Sort
2   # Iterative
3
4   def i_MergeSort(lst):
5       lists = [[x] for x in lst]
6       while len(lists) > 1:
7           lists = merge_lists(lists)
8       return lists[0]
9
10  def merge_lists(lists):
11      result = []
12      for i in range(0, len(lists) // 2):
13          result.append(merge2(lists[i*2], lists[i*2 + 1]))
14      if len(lists) % 2:
15          result.append(lists[-1])
16      return result
17
18  def merge2(xs, ys):
19      i, j = 0, 0
20      result = []
21      while i < len(xs) and j < len(ys):
22          x, y = xs[i], ys[j]
23          if x > y:
24              result.append(y)
25              j += 1
26          else:
27              result.append(x)
28              i += 1
29      result.extend(xs[i:])
30      result.extend(ys[j:])
31      return result
32
33  # run MergeSort
34
35  aList = [8, 4, 7, 3, 5, 2, 9]
36  sList = i_MergeSort(aList)
37  print("The result of Iterative Merge Sort : ", sList)
```

재귀함수를 적용하여 작성한 합병 정렬의 파이선 프로그램은 다음과 같다.

♥ 코드 6-4 재귀함수 사용 합병 정렬

```python
1   # data sort algorithm : Merge Sort
2   # Recursion
3
4   def MergeSort(alist):
5       print("Splitting ",alist)   # check splitting list
6       if len(alist)>1:
7           mid = len(alist)//2
8           lefthalf = alist[:mid]
9           righthalf = alist[mid:]
10
11          MergeSort(lefthalf)
12          MergeSort(righthalf)
13
14          i, j, k = 0, 0, 0
15          while i < len(lefthalf) and j < len(righthalf):
16              if lefthalf[i] < righthalf[j]:
17                  alist[k]=lefthalf[i]
18                  i=i+1
19              else:
20                  alist[k]=righthalf[j]
21                  j=j+1
22              k=k+1
23
24          while i < len(lefthalf):
25              alist[k]=lefthalf[i]
26              i=i+1
27              k=k+1
28
29          while j < len(righthalf):
30              alist[k]=righthalf[j]
31              j=j+1
32              k=k+1
33      print("Merging ",alist)     # check merging list
34
35  # run MergeSort
36
37  aList = [8, 4, 7, 3, 5, 2, 9]
38  MergeSort(aList)
39  print("The result of Merge Sort : ", aList)
```

# 6.4 자료 정렬 알고리즘의 효율성

자료 정렬을 위한 알고리즘은 앞에서 언급한 선택 정렬, 삽입 정렬, 합병 정렬 이외에 버블 정렬, 빠른 정렬, 쉘 정렬 등 다양한 방법이 존재한다. 선택 정렬(selection sort)은 자료 중에서 가장 작은 값을 먼저 찾은 다음 맨 앞자리의 값과 위치를 바꾼 후 나머지 자료들의 정렬을 위하여 동일한 작업을 반복 적용하여 위치를 교체하는 방법이다. 삽입 정렬(insertion sort)은 한 번에 하나의 값을 가져오면서 자료의 위치를 찾아 정렬시켜 가는 방법이다. 합병 정렬(merge sort)은 자료를 계속 반으로 쪼개어 최소 단위로 만든 후 합병하며 정렬하는 방법이다. 버블 정렬(bubble sort)은 인접한 두 개의 자료를 비교하며 큰 값을 뒤로 보내는 작업을 자료의 끝까지 실행하여서 제일 큰 값을 가장 뒤에 위치시킨 후 나머지 자료에 대해 반복하여 전체를 정렬하는 방법이다. 빠른 정렬(quick sort)은 자료 중 하나를 선택하여 피봇(pivot)으로 정한 후 피봇보다 작은 값은 피봇의 앞으로, 피봇보다 큰 값은 피봇보다 뒤에 오도록 하여 정렬해 가는 방법이다. 쉘 정렬(shell sort)은 임의의 수로 자료를 나누어 쪼개진 부분을 대상으로 삽입 정렬하여 전체를 정렬하는 방법이다. 선택 정렬, 삽입 정렬, 버블 정렬은 단순하지만 비효율적인 방법에 해당하며, 빠른 정렬, 합병 정렬, 쉘 정렬은 복잡하지만 효율적인 자료 정렬 방법에 해당한다.

이렇게 다양한 방법의 자료 정렬 방법이 존재하는 이유는 모든 상황에 적용할 수 있는 하나의 방법은 존재하지 않기 때문이다. 효율적인 자료 정렬 방법을 선택하려면, 처리해야 할 자료를 분석하고 주어진 상황에 맞는 자료 정렬 방법에 대한 정확한 이해가 필요하다. 여러 가지 자료 정렬 알고리즘 가운데 주어진 상황에 가장 적합한 알고리즘을 선택하려면 다음의 세 가지 사항을 고려해야 한다.

① 자료의 양
② 사용 가능한 기억 공간의 크기
③ 정렬을 위한 자료 이동 빈도 수

위의 세 가지 사항은 자료 정렬 알고리즘의 효율성을 평가할 때 중요한 요건에 해당하기 때문에 각 요건의 상황에 따라 적합한 자료 정렬 알고리즘을 선택하여 적용해야 한다. 자료의 양이 많지 않은 경우 복잡한 프로그램을 실행하여 자료를 정렬하는 것은 무의미하며, 자료의 양에 따라 적절한 정렬 알고리즘 선택을 할 수 있어야 한다. 정렬 알고리즘에 따라서 요구되는 기억 공간의 크기가 다르다. 정렬 작업을 수행할 때 사용 가능한 기억 공간에 제한이 있는 경우라면 기억 공간의 사용량이 적은 정렬 알고리즘을 선택해야 한다. 자료 정렬의 경우에는 자료의 이동이 발생될 수밖에 없는 상황이므로 정렬을 위한 자료 이동 빈도 수가 적은, 즉 효율성이 높은 정렬 알고리즘을 선택하여 적용하는 것이 중요하다.

알고리즘의 효율성을 검토하는 기본적인 방법 중 하나는 수행시간을 측정하여 평가하는 방식이다. 수행시간 작업을 반복 적용하여 측정은 최선, 평균, 최악의 3가지 경우로 구분한다. 알고리즘의 효율이 최선인 경우는 측정 가능한 하한 값으로 평가하며 빅오메가($\Omega$)로 표기한다. 알고리즘의 효율이 평균에 해당할 때는 하한과 상한 사이의 값으로 평가하며 빅세타($\Theta$)로 표기한다. 알고리즘의 효율이 최악인 경우는 측정 가능한 상한 값으로 평가되며 빅오($O$)로 표기한다. 그러나 3가지의 경우를 구분하지 않고 빅오($O$)로 표기하는 경우가 많으며, 이것을 계산하여 알고리즘 효율성을 검토하는 것을 시간복잡도(time complexity)라고 한다. 알고리즘에 따른 시간복잡도의 그래프 표현은 〈그림 6-13〉과 같다.

위에서 언급한 정렬 알고리즘의 시간복잡도 비교표는 〈표 6-1〉과 같다.

♥ 표 6-1 정렬 알고리즘 시간복잡도 비교표

| 정렬 알고리즘 | 최선 시간복잡도 | 평균 시간복잡도 | 최악 시간복잡도 |
|---|---|---|---|
| 선택 정렬 | $\Omega(n^2)$ | $\Theta(n^2)$ | $O(n^2)$ |
| 버블 정렬 | $\Omega(n)$ | $\Theta(n^2)$ | $O(n^2)$ |
| 삽입 정렬 | $\Omega(n)$ | $\Theta(n^2)$ | $O(n^2)$ |
| 빠른 정렬 | $\Omega(n \log(n))$ | $\Theta(n \log(n))$ | $O(n^2)$ |
| 합병 정렬 | $\Omega(n \log(n))$ | $\Theta(n \log(n))$ | $O(n \log(n))$ |
| 쉘 정렬 | $\Omega(n \log(n))$ | $\Theta(n (\log(n))^2)$ | $O(n (\log(n))^2)$ |

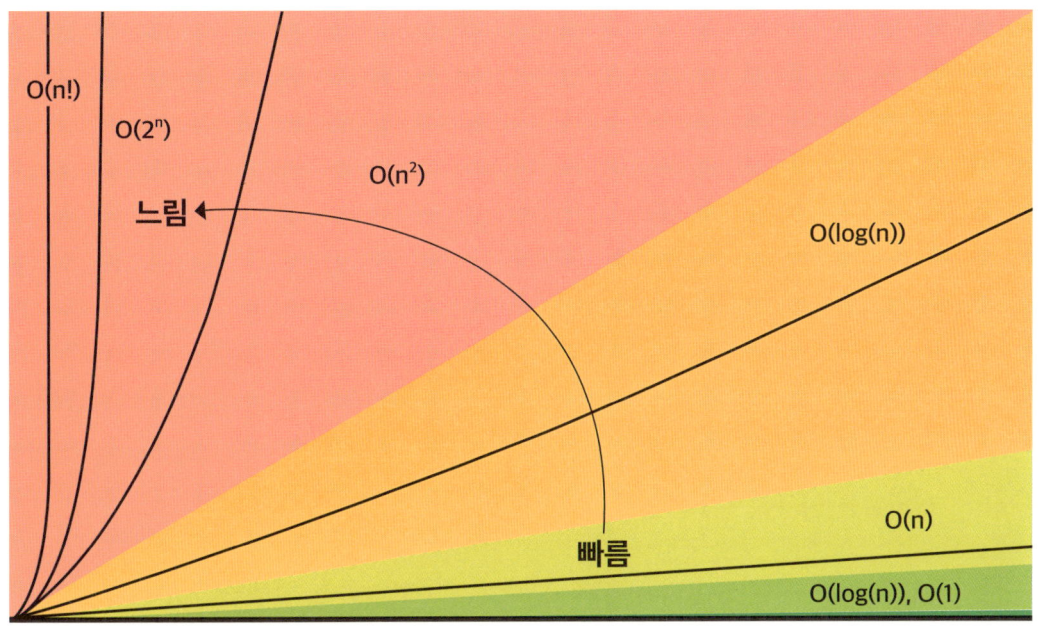

❤️ 그림 6-13 알고리즘 시간복잡도 빅오(O)의 그래프 표현

알고리즘 방식에 따라 시간복잡도 측면의 효율성을 검토하면, 〈표 6-1〉에 언급된 정렬 알고리즘 방식 중 쉘 정렬이 가장 우수한 효율성을 나타낸다. 그러나 〈그림 6-13〉의 그래프에서 나타나듯이 자료의 양이 많지 않은 경우 쉘 정렬을 적용하는 것은 무의미하다.

삽입 정렬 알고리즘의 경우에 최선 시간복잡도인 빅오메가의 값은 $\Omega(n)$을 나타낸다. 이것은 배열의 자료 개수에 해당하는 n만큼의 명령어가 실행된 이후 전체의 자료 정렬이 완성되는 경우이다. 반면 평균적 효율성을 나타내는 빅세타의 값은 $\Theta(n^2)$를 나타내며, 최악의 효율성을 나타내는 빅오의 값은 $O(n^2)$을 나타낸다. 평균과 최악의 경우 배열의 자료 개수에 해당하는 n의 값을 기준으로 $n^2$ 만큼의 명령어가 실행된 이후에야 최종 자료 정렬이 완성되는 것을 의미한다.

합병 정렬은 최선, 평균, 최악의 경우 모두 같은 시간 효율성을 나타낸다. 쉘 정렬과 비교하면 시간 복잡도의 효율은 떨어지지만 다른 정렬 알고리즘에 비하여 효율성이 우수하다.

# 🔍 요약

- - - - - - - - - - - - - - - - - - - - - - - - - - - - - - - - - - - - - - - - - - - - - - - - - -

**①** 자료 정렬 알고리즘이란 자료를 원하는 기준에 맞게 순서를 재배치하여 자료 처리의 효율성을 최대화하는 알고리즘이다.

**②** 자료 정렬을 실행할 때 비교할 대상을 키(key) 값이라 한다.

**③** 자료 정렬의 과정은 주어진 자료 정렬 기준을 설정하는 1단계 작업과 기준에 맞추어 자료를 비교하는 2단계 작업, 그리고 비교 결과에 따라 해당하는 위치로 자료를 이동하는 3단계의 작업으로 구성된다.

**④** 다양한 자료 정렬 알고리즘 중에서 적합한 알고리즘을 선택하려면 자료의 양, 사용 가능한 기억 공간의 크기, 정렬을 위한 자료 이동 빈도 수의 세 가지 사항을 고려해야 한다.

**⑤** 알고리즘의 효율성은 시간복잡도와 공간복잡도 측면에서 평가한다.

**⑥** 알고리즘의 시간 효율성은 최선인 경우에 해당하는 빅오메가($\Omega$), 평균의 경우에 해당하는 빅세타($\Theta$), 최악인 경우에 해당하는 빅오($O$)로 나타낸다.

**⑦** 시간복잡도 평가에 의하여 대표적 정렬 알고리즘으로 선택 정렬, 버블 정렬, 삽입 정렬, 빠른 정렬, 합병 정렬, 쉘 정렬이 있다. 이 가운데 가장 효율적인 정렬 알고리즘은 쉘 정렬 알고리즘이며, 가장 비효율적인 정렬 알고리즘은 선택 정렬 알고리즘이다. 이는 절대적 평가에 해당하는 것이 아니라 일반적 효율성 검토의 경우에 해당한다.

**⑧** 선택 정렬 알고리즘은 첫 단계에서 모든 자료 배열을 검토하여 배열 가운데 최솟값을 찾아 맨 앞자리 있는 값과 위치를 서로 교환하며, 그 다음 단계에서는 정렬된 부분의 자료를 제외한 나머지 부분에 대하여 같은 방법을 반복 적용하여 자료를 정렬하는 알고리즘이다.

9 삽입 정렬 알고리즘은 자료 배열의 모든 요소를 앞에서부터 차례대로 정렬하는 방식으로 이미 정렬된 배열 부분의 내용과 자신의 값과 비교하며 자신의 위치를 찾아 삽입함으로써 정렬을 완성하는 알고리즘이다.

10 합병 정렬 알고리즘은 자료 배열을 두 개의 균등한 크기로 분할하는 작업을 최소 단위까지 반복한 후 최소 단위의 두 자료를 정렬 기준에 맞게 합병하는 작업을 반복하여 전체 자료를 정렬하는 알고리즘이다.

11 합병 정렬 알고리즘은 반복문을 활용하는 방식과 재귀함수를 사용하는 방식으로 구현 가능하다.

# 📝 연습문제

--------------------------------------------------------------------------------

**1** 자료 정렬 알고리즘이 왜 필요한가를 설명하시오.

**2** 자료 정렬을 위한 3단계 작업을 예를 들어 설명하시오.

**3** 정렬을 위하여 적합한 알고리즘을 선택할 때 고려해야 할 3가지 사항에 대하여 설명하시오.

**4** 선택 정렬과 삽입 정렬 중 어느 알고리즘이 더 효율적인지 설명하시오.

**5** 재귀함수의 장 · 단점에 대하여 설명하시오.

실전편

## chapter 7

# 자료 탐색
# 알고리즘

# 7.1 자료 탐색이란

자료 탐색 또는 검색은 컴퓨터에서 처리되는 핵심 알고리즘 중 하나이다. 수많은 정보가 저장된 컴퓨터에서 원하는 자료를 탐색하기 위해서는 효율적인 알고리즘이 필요하다. 자료 탐색이란 수많은 자료 중에서 원하는 자료를 찾는 작업이다. 찾는 조건에 만족하는 자료 또는 정보를 찾고자 할 때 효율적으로 탐색하는 것이 중요하다. 만일 천만 건 이상의 자료를 이틀에 걸려서 탐색하였는데 원하는 항목을 찾지 못하여 자료 탐색에 실패했다면, 이는 얼마나 많은 시간 낭비를 한 경우인가! 그러므로 자료가 방대한 경우에는 효율적인 자료 탐색 알고리즘이 필요하다.

자료 탐색은 탐색키(search key)를 중심으로 이루어진다. 탐색키란 탐색할 때 기준이 되는 값으로 항목과 항목을 구별하는 값에 해당한다. 탐색하고자 하는 자료가 리스트 안에 포함되어 있으면, 탐색 알고리즘은 탐색키에 해당하는 인덱스 번호를 반환한다. 인덱스 번호는 자료 리스트 목록의 순차적 번호를 의미하며 첫 번째 번호는 '0'부터 시작

한다. 예를 들어 [2, 4, 7, 8, 12]에서 7을 찾는다면, 인덱스 번호 2가 반환된다. 탐색하고자 하는 자료가 리스트 안에 포함되어 있지 않으면, 일반적으로 -1을 반환하여 탐색 실패를 알린다.

원하는 탐색 작업을 보다 효율적으로 처리하기 위해서는 상황에 맞는 적절한 탐색 알고리즘을 선택해야 한다. 자료 탐색 알고리즘은 주어진 조건에 따라 다양한 알고리즘의 적용이 가능하다. 자료 탐색의 대상이 되는 자료의 특성을 정확히 이해하고 효율적인 알고리즘을 선택해야 한다.

## 1. 자료 탐색의 과정

자료 탐색의 과정은 다음과 같은 3단계를 거쳐서 이루어진다.

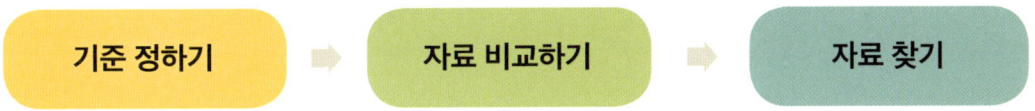

1단계 기준 정하기에서는 탐색의 기준이 되는 탐색키를 선정하는 작업이 이루어진다. 탐색키는 사용자 임의로 지정되며, 자료 리스트 안에 해당되는 값을 기준으로 정하여 자료 탐색을 시작할 수 있다.

2단계 자료 비교하기에서는 탐색키와 자료 리스트에 포함된 자료들의 실질적 비교 작업이 진행된다. 자료 탐색 알고리즘에 따라 순차적으로 비교할지 더 효율적인 방법으로 비교할지 결정한다. 자료 비교 방법은 자료 탐색 알고리즘의 효율성을 판단하는 중요한 요소이다.

3단계 자료 찾기에서는 탐색의 성공과 실패를 판가름한다. 자료 리스트 중에서 탐색키를 찾은 경우는 자료 탐색 성공에 해당하며, 해당하는 자료의 인덱스 번호를 반환한다. 반면, 탐색키의 값을 찾지 못한 경우는 자료 탐색 실패에 해당하며, 일반적으로 -1을 반환한다.

## 2. 정렬과 탐색의 관계

자료가 정렬된 상태이면 탐색은 보다 효율적으로 이루어진다. 예를 들어 알파벳이 순서대로 저장되어 있는 상태의 자료 리스트 안에서 특정키의 탐색은 간단하게 실행이 가능하다. 만일 아래의 자료에서 'P'를 탐색하고자 한다면, 마지막으로 끝난 자료의 값이 'O'이므로, 주어진 자료 리스트 안에는 원하는 탐색키가 포함되지 않았음을 쉽게 알 수 있다.

반면, 정렬이 안 된 상태에서의 탐색 작업은 모든 값을 비교한 후에 자료 탐색의 결과를 알 수 있다. 아래와 같이 알파벳이 섞여 있는 상태에서 'P'의 탐색을 실행한다면, 모든 자료들을 일일이 비교하여 탐색한 후 탐색 결과를 확인할 수 있다. 즉, 자료의 갯수만큼인 15번의 비교 이후 자료 탐색이 실패했음을 알 수 있는 것이다.

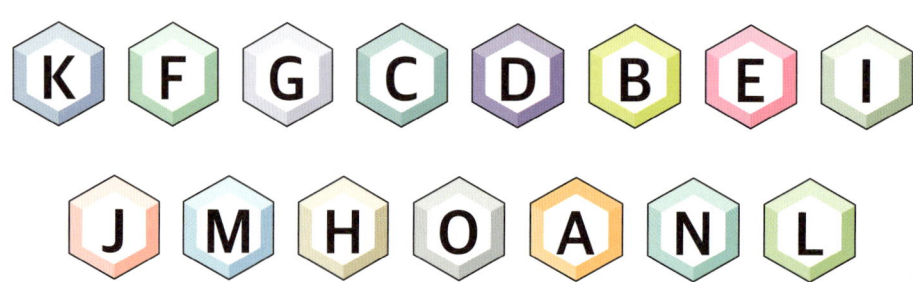

# 7.2 실생활에서 자료 탐색 활용

실생활에서 우리가 원하는 무엇인가를 찾는 작업은 여러 상황에서 발생한다. 어느 곳에 보관했는지 기억이 안 나는 물건을 찾을 때 우리는 있을 만한 모든 곳을 다 탐색할 것이다. 그러나 어느 곳에 보관했는지 알고 있는 물건은 한 번에 보관된 위치에서 물건을 찾

을 수 있다. 조금 더 광범위한 실생활에서의 자료 탐색 활용을 검토해 보기로 하자.

도서관에서 원하는 책을 찾고자 할 때 우리는 책 분류기호에 따라 그에 해당하는 서가에서 도서를 검색한다. 분류기호는 우리가 임의로 정하는 것이 아니고 정해진 분류 방법에 따라 부여된다. 원하는 책을 대여하기 위해서는 그 도서의 분류기호를 먼저 검색한 후 분류기호를 기준으로 서가에서 탐색하는 것이 올바른 도서 탐색 방법이다.

영어 사전에서 원하는 단어를 찾을 때도 우리는 자료 탐색 기법을 적용한다. 예를 들어 'zoology'라는 단어의 뜻을 사전에서 찾고 싶을 때 알파벳 'A'부터 찾는 사람은 없다. 시작 단어 'Z'를 지금 펼쳐진 쪽에 있는 단어와 비교하며 앞뒤로 사전을 넘겨서 단어를 탐색할 것이다. 이때 알파벳 순서를 알고 있어야 효율적 탐색이 이루어지며, 알파벳 순

서를 모르고 단어를 탐색한다면 탐색 시간이 오래 걸린다.

내비게이션을 활용하여 경로를 탐색하는 작업 또한 우리가 실생활에서 접하는 자료 탐색 활용에 해당한다. 내비게이션은 운전자가 선택한 목적지까지 도착하기 위하여 현재 위치로부터 연결된 도로를 확장하며

경로를 탐색한다. 각 경로의 소요시간을 측정하여 최
단시간 안에 도착 가능한 경로를 탐색하여 알려준다.
인터넷에서 자료를 찾을 때 우리는 탐색키에 해당하
는 검색어 선정을 얼
마나 잘 하느냐에 따
라 탐색 결과에 차이
가 난다. 검색어 선
정은 찾고자 하는 자료와 연관성이 높은 단어로 선정
하여야 좋은 결과를 얻는다.

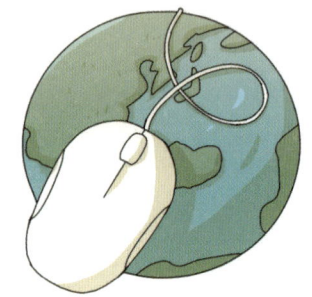

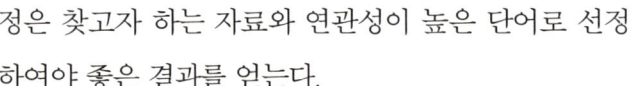

# 7.3 자료 탐색 알고리즘

자료 탐색 알고리즘의 효율성을 위한 평가 기준은 일반적으로 두 가지가 있다. 자료들
의 정렬 상태와 얼마나 많은 비교가 발생될 것인가에 대한 비교 횟수이다. 자료가 정렬
되어 있지 않은 상태에서 방대한 양의 자료를 탐색해야 한다면, 6장에서 학습한 정렬
알고리즘을 활용하여 우선적으로 자료를 정렬한 후 자료 탐색을 하는 것이 바람직하
다. 반면, 자료의 양이 적고 자료가 정렬되어 있지 않다면 일반적으로 활용할 수 있는
선형 탐색 알고리즘을 적용하여 자료 탐색을 할 수 있다. 자료 탐색을 할 때 가급적 자
료의 비교 횟수를 최소화 하는 것이 바람직하다. 선형 탐색 알고리즘은 특성상 첫 자료
부터 순서대로 모든 값을 비교하며 원하는 자료를 탐색한다. 비교 대상 자료를 반으로
줄여서 자료 탐색을 실행한다면 훨씬 효율적으로 탐색을 할 수 있다. 이진 탐색 알고리
즘이 이런 방식에 해당한다. 이와 같이 정렬 상태와 비교 횟수에 대한 두 가지의 조건
을 고려하여 상황에 적합한 탐색 알고리즘을 선택해야 한다.
자료 탐색은 효율성을 평가하는 것과 자료구조에 따라 탐색 알고리즘을 다르게 적용
할 수 있어야 한다. 자료구조가 리스트(list) 형식인 경우 특정 키(key) 값으로 탐색을 실

행하므로 순차 탐색 알고리즘 또는 이진 탐색 알고리즘 등이 적용 가능하다. 반면에 자료구조가 트리(tree)인 경우에는 이진 탐색 트리, AVL 트리, Red-Black 트리, B-트리 등의 탐색 기법이 적용 가능하다.

자료구조에 따른 알고리즘 기법을 분류하여 정리하면 다음과 같다.

## 1. 리스트 형식 자료의 탐색 알고리즘

### ① 불규칙 선형 탐색 알고리즘(Unsorted Linear Search Algorithm)

정렬되지 않은 자료의 모든 요소에 대한 검색을 실행하는 탐색 알고리즘이다. 자료가 정렬되지 않은 상태이므로 탐색키(key) 포함 여부를 확인하기 위하여 모든 자료를 일일이 비교하여 탐색해야 한다.

### ② 정렬 선형 탐색 알고리즘(Sorted/Ordered Linear Search Algorithm)

정렬된 자료를 대상으로 원하는 특정 값을 탐색하는 알고리즘에 해당한다. 탐색하는 값을 찾지 못한 상태에서 키(key) 값보다 큰 값이 나타나면 자료 안에 찾고자 하는 값이 없는 경우에 해당하며, 일반적으로 -1을 반환한다.

### ③ 색인 순차 탐색 알고리즘(Indexed Sequential Search Algorithm)

인덱스(index) 테이블을 사용하여 탐색의 효율을 높이는 알고리즘이다. 자료들이 저장된 리스트와 인덱스를 관리하는 테이블이 모두 정렬되어 있어야 한다. 자료들이 저장된 리스트에서 일정한 간격으로 자료를 선택하여 인덱스 테이블에 저장하며 탐색을 실행하는 기법이다.

### ④ 보간 탐색 알고리즘(Interpolation Search Algorithm)

일반적으로 사용하는 탐색 방법으로 사전이나 전화번호부에서 자료를 탐색하는 알고리즘이다. 'a'로 시작하는 영어 단어를 찾을 때는 영어 사전의 앞부분에서 찾으며, 'z'로 시작하는 영어 단어를 찾을 때는 영어 사전의 뒷부분에서 찾는 방법이다. 즉, 탐색키(key)의 위치를 예측하여 탐색하는 방법이다.

### ⑤ 이진 탐색 알고리즘(Binary Search Algorithm)

정렬되어 있는 자료의 집합에서 키(key) 값을 찾을 때 유용하게 적용되는 알고리즘이다. 보간 탐색 알고리즘은 자료의 위치를 예측하여 자료 리스트를 불균등하게 분할하여 탐색하는 알고리즘인 반면, 이진 탐색 알고리즘은 자료 리스트를 균등하게 분할하여 탐색하는 알고리즘이다. 자료 리스트의 중간 값과 탐색키(key) 값을 비교하여 탐색키(key) 값이 중간 값보다 작으면 가운데를 기준으로 앞의 1/2에 해당하는 자료에서 탐색키(key) 값을 찾고, 탐색키(key) 값이 중간 값보다 크면 뒤의 1/2에 해당하는 자료에서 탐색키(key) 값을 찾는 알고리즘이다.

### ⑥ 해시 알고리즘(Hash Algorithm)

자료를 가능한 빠르게 저장하고 탐색하는 알고리즘에 해당한다. 최적의 탐색이 필요한 분야에서 사용되며, 키(key) 값을 기준으로 직접 탐색하는 방식이 아니라 인덱스(index)를 사용하는 탐색 알고리즘이다. 인덱스를 사용하기 때문에 대용량의 자료를 탐색할 때 유용하다. 해시 함수(hash functions)를 이용하여 해시 테이블(hash table)에서 키(key) 값과 매핑(mapping)되는 인덱스를 통하여 자료를 탐색하는 알고리즘이다.

## 2. 트리 형식 자료의 탐색 알고리즘

트리 형식의 자료구조는 다음과 같이 정리되며, 각 특징에 맞는 탐색 알고리즘을 이해할 수 있어야 상황에 따른 효과적인 자료 탐색 알고리즘을 적용할 수 있다.

### ① 이진 탐색 트리(Binary Search Tree: BST)

이진 탐색 트리는 트리의 각 노드가 최대 2개의 자식 노드를 가질 수 있는 형태의 트리(tree)이다. 이진 탐색 트리에서 자료를 탐색할 때는 최상위 노드인 루트(root) 노드에서부터 비교 탐색을 시작한다. 만약 탐색키(key) 값이 루트 값보다 작은 경우에는 루트의 왼쪽 서브트리(sub-tree)로 탐색의 범위를 정하고, 루트 값보다 큰 경우에는 루트의 오른쪽 서브트리(sub-tree)로 탐색의 범위를 정한다.

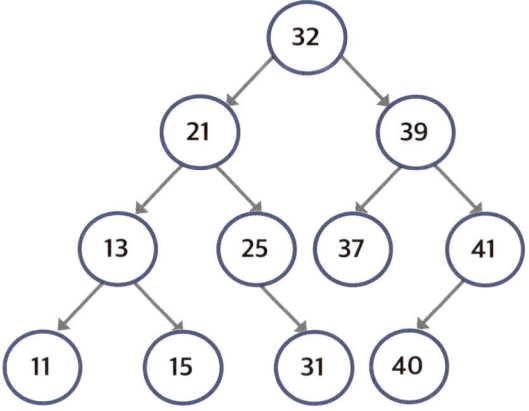

## ② 균형 이진 탐색 트리(Balanced Binary Search Tree)

이진 탐색 트리는 자료 탐색이 효율적으로 진행된다. 그러나 이진 탐색 트리의 구조가 한쪽으로만 확장되어 구성된 경우는 탐색의 효율성이 순차 탐색과 동일하게 나타난다. 그러므로 이진 탐색 트리에 만족하지 않고 균형 잡힌 이진 탐색 트리를 적용하는 것이 알고리즘의 효율성을 개선할 수 있다.

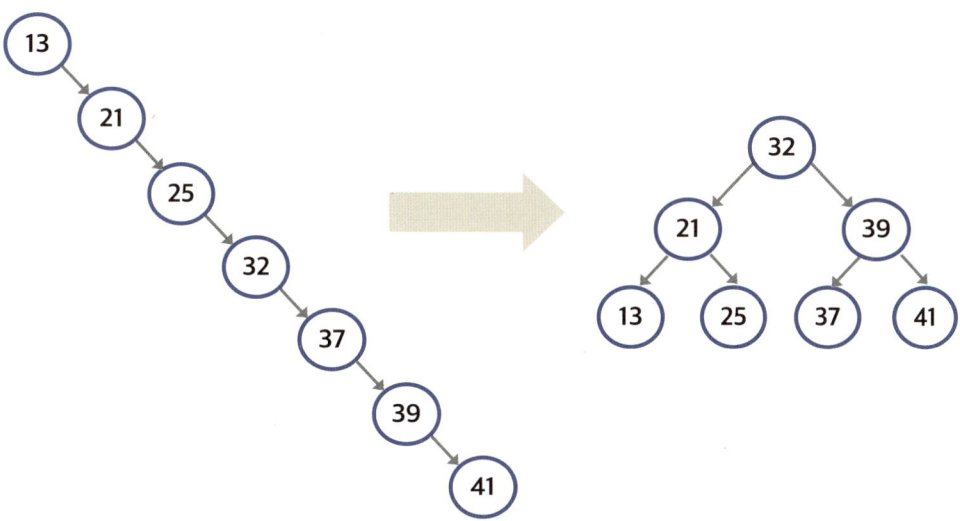

## ③ AVL 트리(Adelson-Velskii & Landis Tree)

Adelson-Velskii와 Landis에 의해 1962년에 제안된 트리(tree) 구조이다. 왼쪽과 오른쪽 서브트리(sub-tree) 깊이의 차가 항상 1 이하인 이진 탐색 트리(BST)를 뜻한다. 만약 트리가 비균형 상태가 되면 스스로 노드들을 재배치하여 균형 상태를 유지한다. 균형 인수는 왼쪽 서브트리의 깊이가 오른쪽보다 하나 더 많은 경우 +1의 값을 나타내며, 그 반대의 경우에는 −1의 값을 나타낸다. AVL 트리는 자료의 균형을 유지하기 때문에 자료 탐색을 할 때 빠른 시간 안에 실행할 수 있는 장점을 가지고 있다.

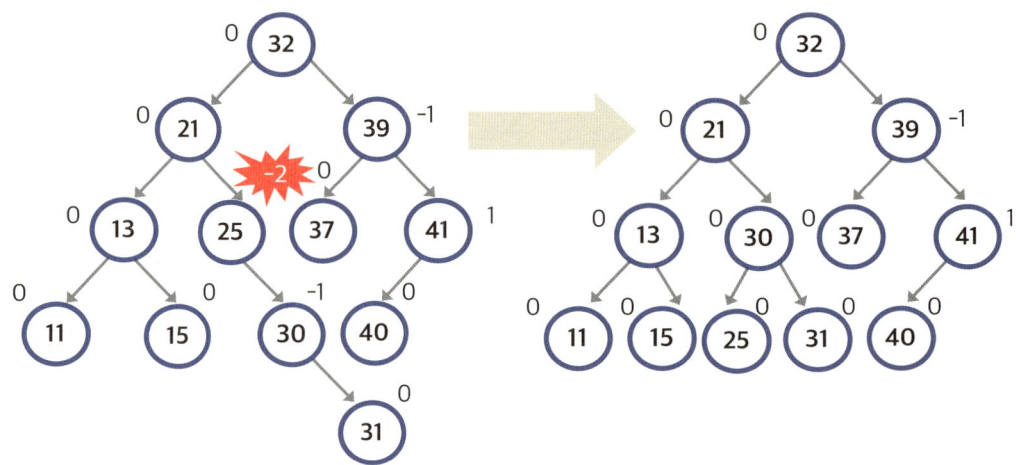

#### ④ 2-3 트리(2-3 Tree)

자료 탐색 시간을 단축시킬 수 있는 균형 트리 구조의 하나이다. 노드의 자식 노드 수가 2개 또는 3개가 가능한 트리이다. 2 노드는 이진 탐색 트리와 같이 하나의 노드가 2개의 자식 노드를 갖으며, 3 노드는 2개의 값으로 구성된 부모 노드가 3개의 자식 노드를 갖는 경우에 해당한다. 왼쪽의 서브트리(sub-tree)는 부모 노드의 값보다 작아야 하며, 오른쪽 서브트리(sub-tree)는 부모 노드의 값보다 큰 값으로 구성되어야 한다. 만약 부모 노드가 k1과 k2의 값을 가진 경우, 자식 노드는 3개가 구성되며, 왼쪽과 오른쪽은 동일한 조건을 유지하고 가운데 노드 값은 k1의 값보다 크고 k2의 값보다 작은 값이어야 한다.

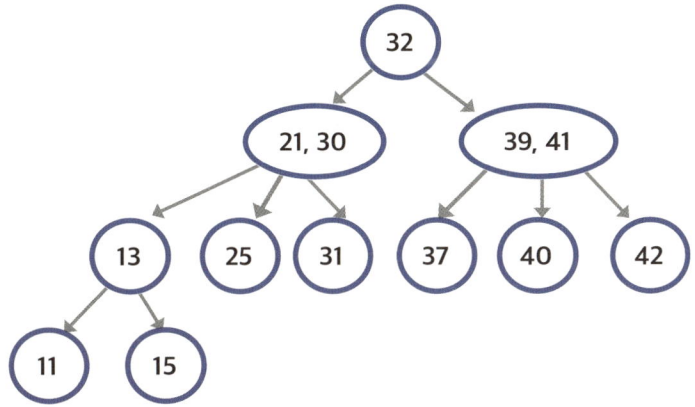

위의 트리에서 40을 탐색한다면 루트(root) 노드인 32에서 비교를 시작하여 32보다 큰 값이므로 오른쪽으로 이동하고, 39와 41을 비교하면 탐색 값 40은 두 값의 사이 값에 해당하므로 중간 노드로 이동하여 바로 40 탐색에 성공할 수 있다. 앞서 설명한 AVL 트리인 경우에는 노드 비교가 32-39-41-40의 순으로 4번의 비교 탐색이 요구되나 2-3 트리의 경우 비교 탐색이 3번으로 줄어든 것을 알 수 있다.

⑤ Red-Black 트리(Red-Black Tree)

자료 탐색 시간을 단축시킬 수 있는 균형 트리 구조의 하나이며, 이진 트리의 조건을 만족시키는 트리 구조에 해당한다. 이진 트리에 색상을 적용하여 트리의 균형을 유지하는 알고리즘이다. 루트(root)에서 시작하여 최하위 레벨의 노드로 가는 경로의 검정 노드 수를 모두 같게 유지해야 한다. 새로 추가되는 노드는 최하위 레벨에 위치하며 빨간색 노드로 표현된다. 루트(root) 노드에서 최하위 레벨의 노드로 가는 경로 상에 연이어 빨간색 노드가 존재할 수 없다. 부모의 두 자식 노드가 모두 빨간 노드이면, 부모를 빨간 노드로 변경하고 자식은 검정 노드로 바꿀 수 있다. 루트는

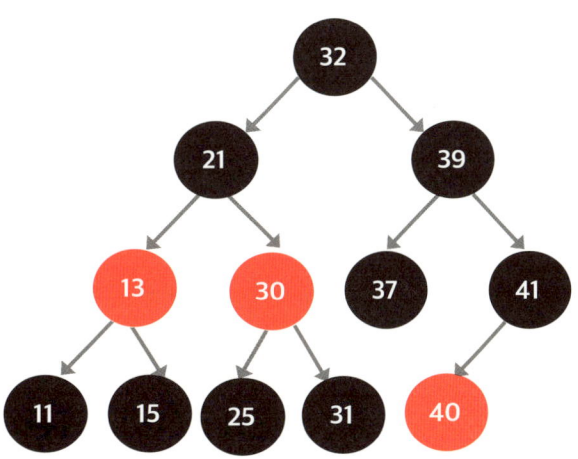

빨간 노드일 수 없다. 빨간 노드는 자식이 없던가, 또는 두 개의 검정 노드를 자식으로 가져야 한다. 검정 노드는 자식이 없던가, 하나의 빨간 노드 또는 두 개의 빨간 노드, 두 개의 검정 노드를 자식으로 가진다.

### ⑥ B-트리(B-Tree)

데이터베이스와 파일 시스템에서 사용되는 트리 자료구조의 하나이며, 이진 트리를 확장하여 하나의 노드가 가질 수 있는 자식 노드의 최대 숫자가 2보다 큰 트리 구조이다. 노드의 자료 수가 N인 경우, 자식의 노드 수는 N+1이어야 하며, 각 노드의 자료는 정렬된 상태를 유지한다. 이진 트리의 확장이므로 왼쪽 서브트리(sub-tree)는 노드의 값보다 작은 값들로 구성되며, 오른쪽 서브트리(sub-tree)는 노드의 값보다 큰 값들로 구성된다. 중간의 사이 값 범위 안에 속한 자료들이 중간 서브트리(sub-tree)를 구성한다. 루트(root) 노드는 적어도 2개 이상의 자식 노드를 가져야 하며, 루트(root) 노드를 제외한 모든 노드는 적어도 n/2의 자료를 포함하고 있어야 한다. 여기서 n은 한 노드에 배치된 자료의 수에 해당하며, 트리의 이름은 n차 B-트리라고 한다. 예를 들어 5차 B-트리의 경우 루트(root) 노드를 제외한 모든 노드는 5/2에 해당하는 2개 이상의 자료를 노드 안에 포함하여야 한다. 최하위 레벨에 해당하는 외부 노드는 모두 같은 레벨에 위치해야 한다. 방대한 양의 자료를 탐색해야 하는 경우 탐색키(key)와 자료를 일일이 비교하는 방식은 비효율적이므로, B-트리는 정렬된 상태의 자료를 관리하는 방식으로 탐색의 시간을 효율적으로 줄여준다.

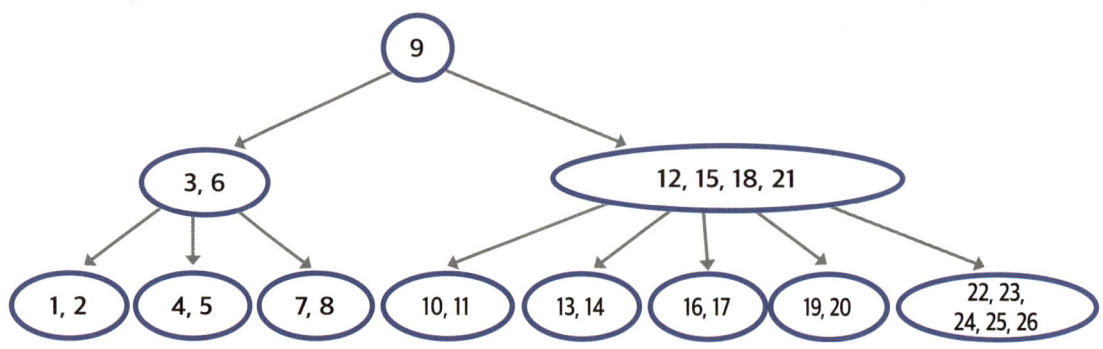

## 7.4 깊이 우선 탐색

깊이 우선 탐색(Depth-First Search: DFS)은 자료를 트리(tree) 또는 그래프(graph) 구조로 관리하고 있을 때 적용할 수 있는 탐색 방법이다. 그래프 구조는 자료 저장 방식이 자료들 간의 연결 관계에 초점을 맞춘다. 여러 도시들을 연결하는 도로망, SNS 상에서의 사람들 간의 관계도, 웹 사이트 간의 링크 관계, 물질의 분자 구조 등 연결 구조가 다양한 자료구조를 나타낼 때 적용된다.

깊이 우선 탐색은 시작 노드에서 연결된 간선(edge)이 존재하는 경우 계속하여 깊게 들어가며 탐색하는 알고리즘이다. 깊게 들어가다 최하위 레벨에 해당하는 노드(leaf)에 도달하면 되돌아가기(backtracking)를 적용하여 다른 길이 연결된 가장 가까운 노드로 이동한다.

예를 들어 아래와 같은 자료가 주어졌을 때 노드 J를 탐색하기 위한 작업 순서는 다음과 같다.

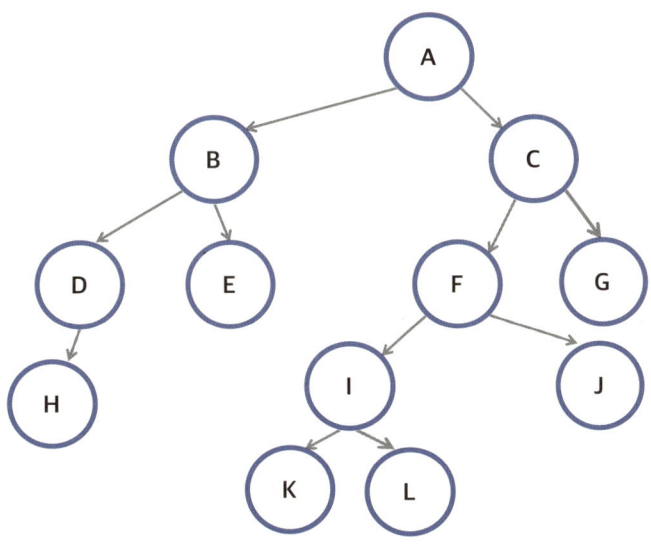

가장 먼저 최상위 레벨에 위치한 루트(root) 노드인 'A'를 방문한다. 그 다음 'A'의 가장 좌측 자식(child) 노드인 'B'를 방문하고, 'B'의 왼쪽 자식 노드인 'D'를 방문하고, 'H'를 방문한다. 더 이상 깊게 들어갈 수 없으므로 그 전 단계인 'D'로 돌아간다. 'D'에서도 다른 길이 없으므로 그 전 단계인 'B'로 돌아가서 'E'를 방문한다. 'E'에서 다시 'B'로 돌아가고, 'B'에서 다시 'A'로 돌아가 이번에는 우측 자식 노드인 'C'를 방문한다. 이 방식을 반복하여 원하는 'J'를 탐색하는 과정은 A-B-D-H-E-C-F-I-K-L-J의 순으로 정리되며, 그림은 다음과 같다. 여기서 되돌아가기(backtracking)로 인해 재방문한 노드는 포함하지 않았음을 유의해야 한다.

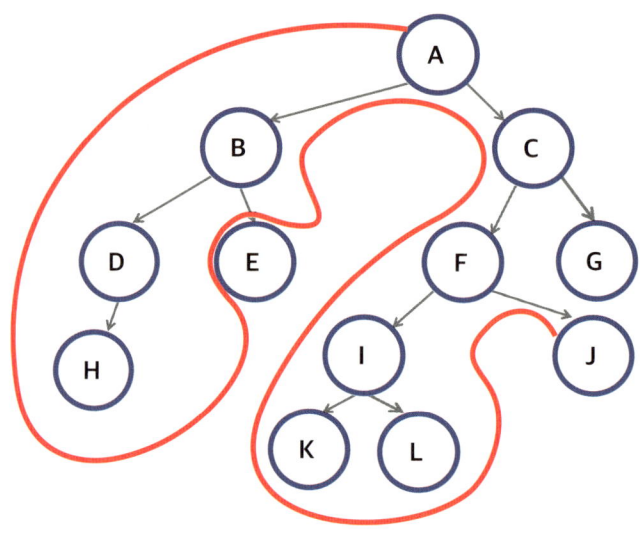

다음의 예에서 '9'를 탐색하기 위하여 깊이 우선 탐색을 적용하여 보자.

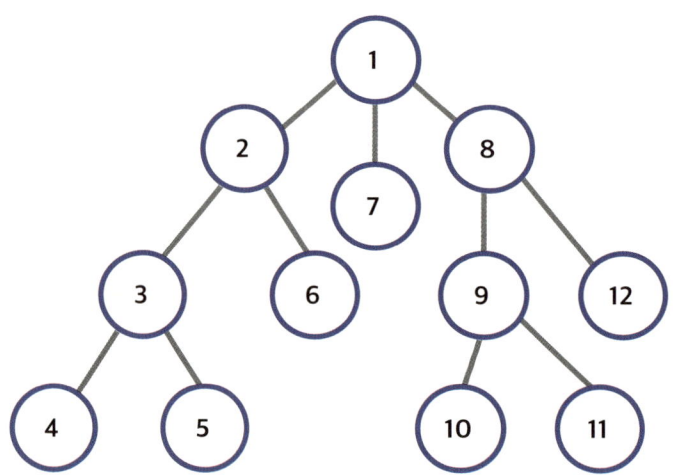

깊이 우선 탐색은 스택(stack)의 구조를 사용하여 탐색을 진행한다. 깊이 우선 탐색은 루트 노드인 '1'에서 시작한다. '1'은 탐색 값 '9'와 동일하지 않으므로 제거(pop)하고, '1'의 자식(child) 노드인 '2', '7', '8'을 스택에 삽입(push)한다. 스택의 가장 위(top)에 위치한 '2'가 탐색하는 '9'와 같은 값이 아니므로 '2'를 제거(pop)하고, '2'와 인접한 '3'과 '6'을 push한다. 스택의 가장 위에 있는 값 '3'이 탐색하는 값과 같지 않으므로, '3'을 pop하고 '3'과 인접한 '4'와 '5'를 스택에 push한다. 스택의 top에 위치한 '4'와 '9'는 동일하지 않으므로 '4'를 pop 시킨다. '4'는 인접한 노드가 존재하지 않으므로 push할 자료는 없다. 그 다음 top에 위치한 '5'를 비교한 후 pop시키고, '6'을 pop한 다음 '7'을 pop하고, '8'을 pop한다. '8'은 인접한 노드 '9'와 '12'가 있으므로 push가 발생한다.

| | | | | PUSH | | | | | |
|---|---|---|---|---|---|---|---|---|---|
| | | | PUSH | 4 | POP | | | | |
| | | PUSH | 3 | 5 | 5 | POP | | | |
| | PUSH | 2 | 6 | 6 | 6 | 6 | POP | | |
| PUSH | 2 | 7 | 7 | 7 | 7 | 7 | 7 | POP | |
| 1 | 7 | 8 | 8 | 8 | 8 | 8 | 8 | 7 | POP |
| | 8 | | | | | | | 8 | 8 |

| PUSH |
|---|
| 9 |
| 12 |

스택의 top의 값을 탐색하는 '9'와 비교하면 동일하므로 탐색을 종료한다. 결과적으로 전체 탐색 순서는 1-2-3-4-5-6-7-8-9를 방문하여 탐색에 성공하였다.

깊이 우선 탐색의 파이선 프로그램은 다음과 같다. 깊이 우선 탐색은 그래프 대상으로 진행되므로 그래프를 먼저 정의한 후 프로그램을 적용할 수 있다. 파이선의 그래프 표현 방법은 딕셔너리(dictionary) 자료형에서 리스트(list) 또는 세트(set)를 이용하여 연관 관계를 정의할 수 있으며, 예제에서는 리스트를 적용하였다.

♥ **코드 7-1** 깊이 우선 탐색

```python
1    graph = {'1': ['8', '7', '2'],
2             '2': ['1', '6', '3'],
3             '3': ['2', '5', '4'],
4             '4': ['3'],
5             '5': ['3'],
6             '6': ['2'],
7             '7': ['1'],
8             '8': ['1', '12', '9'],
9             '9': ['8', '11', '10'],
10            '10': ['9'],
11            '11': ['9'],
12            '12': ['8'],}
13
14
15   def dfs(graph, root, search):
16       visited = []
17       stack = [root, ]
18       while stack:
19           node = stack.pop()
20           if node not in visited:
21               visited.append(node)
22               if node == search:
23                   break
24               stack.extend([x for x in graph[node] if x not in visited])
25
26       return visited
27
28   print(dfs(graph, '1', '9'))
```

위의 파이선 프로그램 수행 결과는 다음과 같다.

['1', '2', '3', '4', '5', '6', '7', '8', '9']

# 7.5 너비 우선 탐색

너비 우선 탐색(Breadth First Search: BFS)은 자료가 생성된 순서에 따라 노드를 확장하여 탐색하는 방식이다. 루트 노드로부터 시작하여 깊이가 1인 모든 노드들을 우선 비교 탐색한 후, 깊이가 2인 모든 노드를 비교하며 탐색하고, 그 다음에 깊이가 3인 모든 노드들을 대상으로 비교 탐색하는 식으로 반복하여 깊이를 증가한다. 이와 같은 방법으로 모든 노드들을 비교하며 탐색 범위를 확장하는 알고리즘이 너비 우선 탐색이다.

예를 들어 아래와 같은 자료가 주어졌을 때 노드 J를 탐색하기 위한 작업 순서는 다음과 같다.

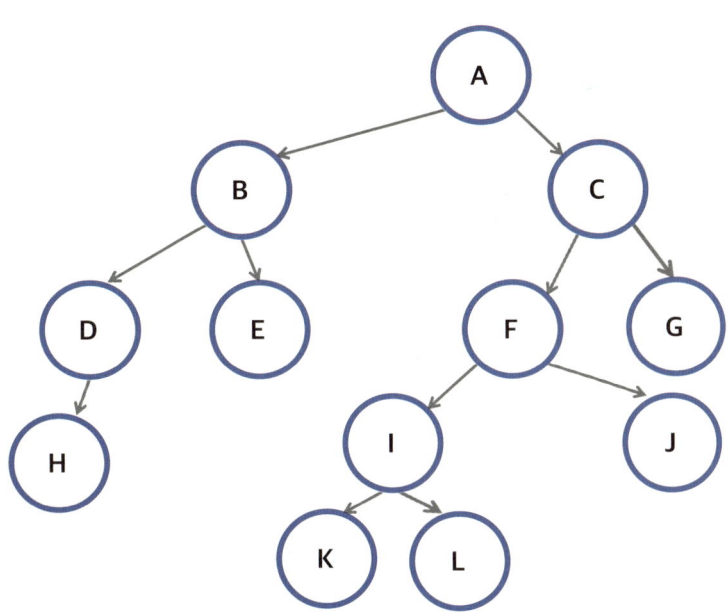

가장 상위 레벨에 있는 루트 노드 A에서부터 탐색이 시작된다.

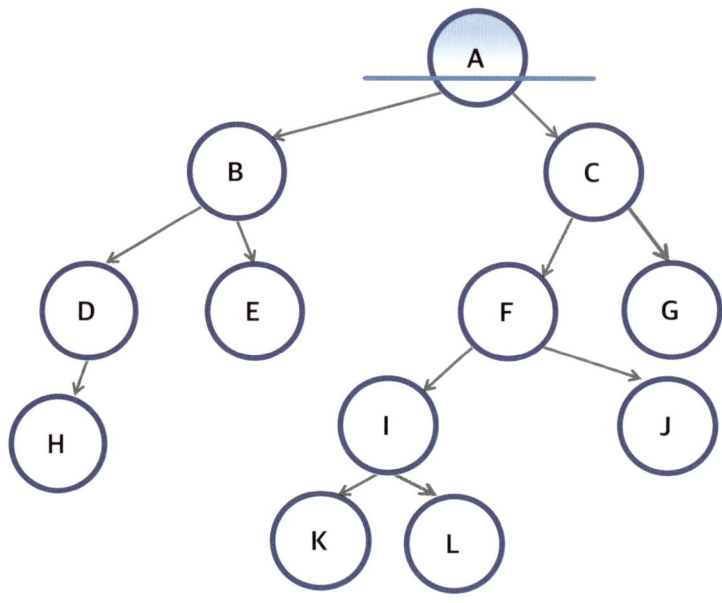

그 다음 깊이를 추가하여 다음 레벨에 있는 B와 C를 비교한다.

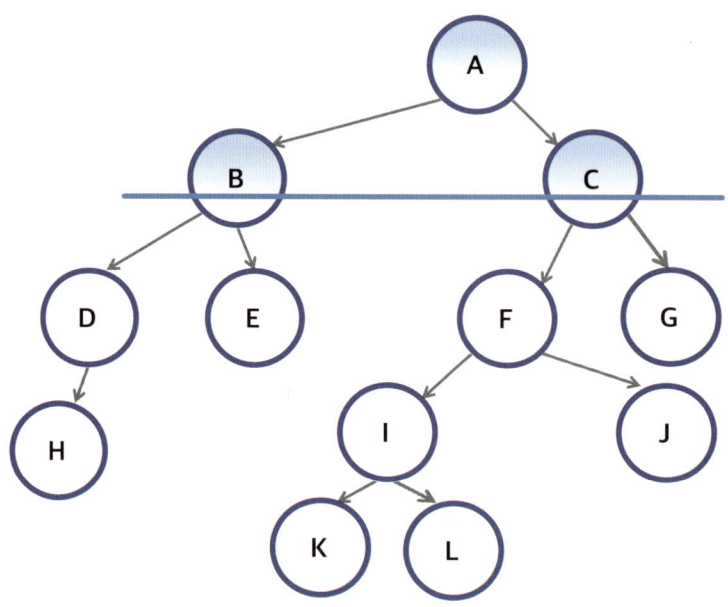

비교 탐색이 실패한 경우 깊이를 증가하여 그 다음 레벨의 노드들을 대상으로 탐색키와의 비교를 실행한다.

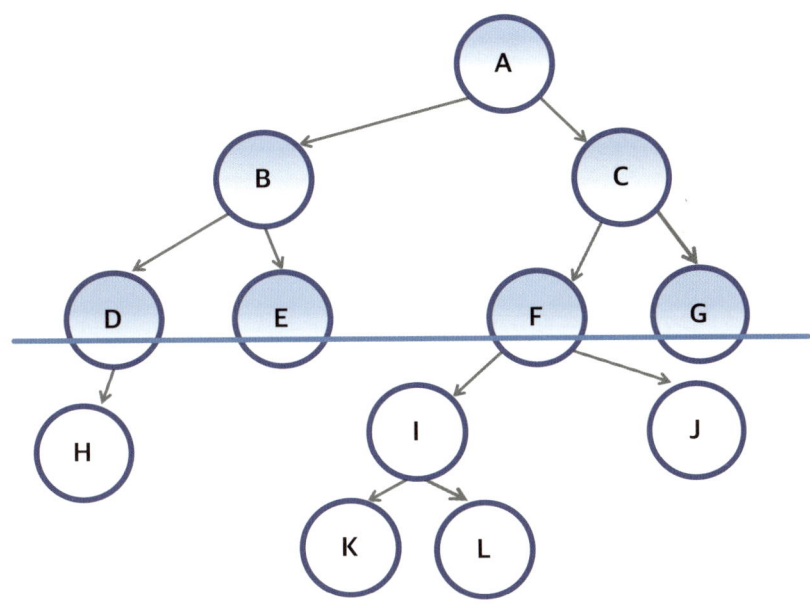

주어진 자료에서 아직 노드 J 탐색을 성공하지 못했기 때문에 깊이를 증가하여 그 다음 레벨의 노드들을 탐색한다.

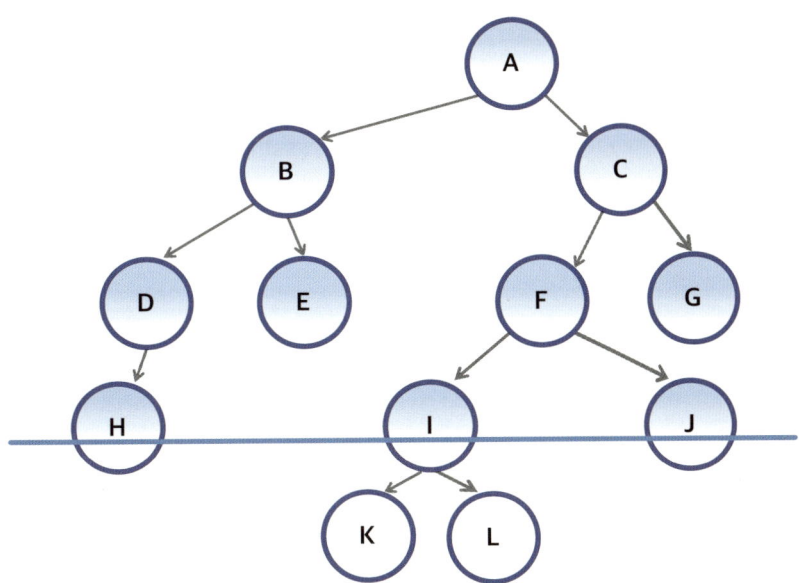

탐색 과정에서 J를 발견했으므로 더 이상의 비교 작업은 필요하지 않다. 결과적으로 주어진 자료에서 노드 J를 탐색하기 위하여 A-B-C-D-E-F-G-H-I-J의 10번의 비교 끝에 탐색이 성공하였다.

너비 우선 탐색을 적용하여 자료 탐색을 하는 경우 같은 레벨에 위치한 모든 노드들은 큐(queue)에 저장 관리되기 때문에 기억 공간이 추가적으로 필요하다. 이번에는 깊이 우선 탐색에서 적용하였던 예를 들어 설명해보자.

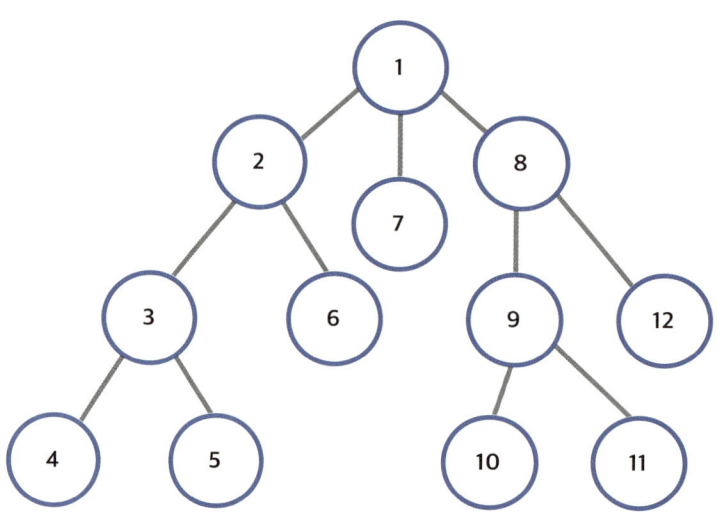

앞의 그래프에서 너비 우선 탐색을 적용하여 '9'를 찾아가는 과정은 다음과 같다. 너비 우선 탐색은 루트(root)에서 시작하므로 가장 상위 레벨에 있는 '1'의 값을 큐(queue)에 넣는다.

| 1 | | | | | | |
|---|---|---|---|---|---|---|

찾고자 하는 '9'와 '1'이 동일하지 않으므로 큐(queue)에서 '1'을 꺼내고 '1'의 자식 노드 중 가장 왼쪽 노드인 '2'에서부터 '2'의 형제(sibling) 노드인 '7'과 '8'을 차례로 큐(queue)에 넣는다.

**1**

큐(queue)의 가장 앞에 있는 '2'를 꺼내고 '2'의 자식(child) 노드인 '3'과 '6'을 큐(queue)의 뒤에 추가한다.

**2**

다음으로 큐(queue)의 맨 앞에 있는 '7'을 꺼내며, '7'은 자식(child) 노드가 없으므로 큐(queue)에 추가되는 노드는 없다.

**7**

아직 찾고자 하는 '9'의 값 탐색에 성공하지 못하였기에 위의 작업을 반복하며 탐색을 계속한다.

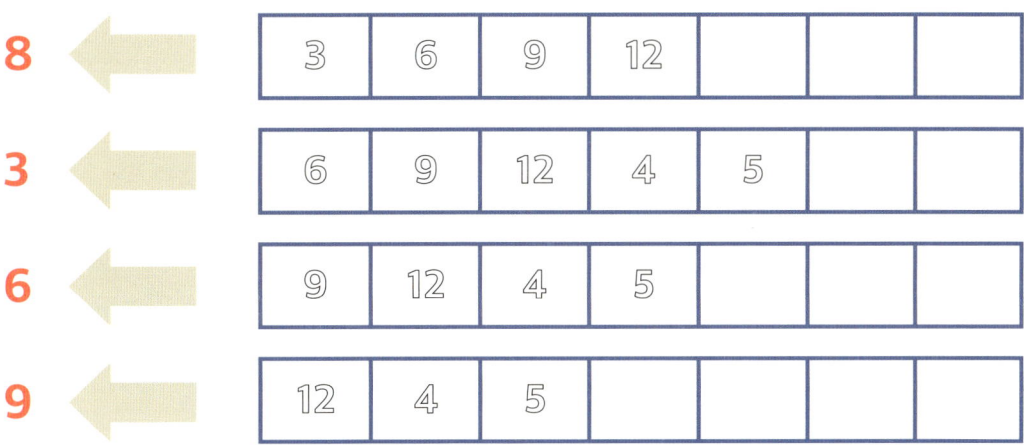

'8'을 꺼내고 '9'와 '12'를 추가하고, '3'을 꺼내고 '4'와 '5'를 추가하며, '6'을 꺼내고 난 뒤에 '9'를 꺼내면 탐색에 성공하므로 더 이상의 작업은 필요하지 않게 된다. 큐(queue)에서 7번의 자료를 꺼낸 후 탐색에 성공하였다. 만약 큐(queue)에 더 이상의 노드가 없고 찾고자 하는 노드 탐색이 이루어지지 않았다면, 자료 탐색은 실패한 경우이다.

깊이 우선 탐색(DFS)의 경우 9번의 노드를 비교한 후 탐색에 성공하였으므로 주어진 자료에서는 너비 우선 탐색(BFS)이 조금 더 빨리 자료 탐색을 끝냈다고 할 수 있다. 그러나 깊이 우선 탐색(DFS)과 너비 우선 탐색(BFS)의 결과 비교는 주어진 그래프와 찾고자 하는 노드의 위치에 따라 다르게 나타나므로 어느 탐색 기법이 더 효율적이라고 단정 짓기는 어렵다.

너비 우선 탐색(BFS)의 파이선 프로그램은 다음과 같다.

♥ **코드 7-2** 너비 우선 탐색

```python
graph = {'1': ['2', '7', '8'],
         '2': ['1', '3', '6'],
         '3': ['2','4', '5'],
         '4': ['3'],
         '5': ['3'],
         '6': ['2'],
         '7': ['1'],
         '8': ['1', '9', '12'],
         '9': ['8', '10', '11'],
         '10': ['9'],
         '11': ['9'],
         '12': ['8']}


def bfs(graph, root, search):
    visited = []
    queue = [root]
    while queue:
        node = queue.pop(0)
        if node not in visited:
            visited.append(node)
            if node == search:
                break
            queue.extend([x for x in graph[node] if x not in visited])
    return visited

print(list(bfs(graph, '1', '9')))
```

위의 파이선 프로그램 수행 결과는 다음과 같다.

**['1', '2', '7', '8', '3', '6', '9']**

너비 우선 탐색(BFS)은 최단 경로를 찾는 문제에서 유용하게 적용될 수 있으며, 주어진 자료의 깊이가 매우 큰 값인 경우 효과적인 알고리즘으로 평가된다.

# 요약

**1** 자료 탐색이란 여러 개의 자료 중에서 원하는 자료를 찾는 작업을 말한다.

**2** 탐색키(search key)는 탐색할 때 기준이 되는 값으로 항목과 항목을 구별하는 값에 해당한다.

**3** 자료 탐색의 과정은 '기준 정하기', '자료 비교하기', '자료 찾기'의 3단계로 구성된다.

**4** 자료 탐색 작업 이전에 자료 정렬 작업이 완료되어 있는 경우 자료 탐색이 더욱 용이하게 진행될 수 있다.

**5** 자료 탐색 알고리즘의 효율성은 자료들의 정렬 상태와 자료와 탐색키(key) 값의 비교 횟수로 검토 가능하다.

**6** 자료 탐색 알고리즘 기법에는 불규칙 선형 탐색 알고리즘(Unsorted Linear Search Algorithm), 정렬 선형 탐색 알고리즘(Sorted/Ordered Linear Search Algorithm), 색인 순차 탐색 알고리즘(Indexed Sequential Search Algorithm), 보간 탐색 알고리즘(Interpolation Search Algorithm), 이진 탐색 알고리즘(Binary Search Algorithm), 해시 알고리즘(Hash Algorithm), 이진 탐색 트리(Binary Search Tree: BST) 알고리즘, 균형 이진 탐색 트리(Balanced Binary Search Tree) 알고리즘, AVL 트리(Adelson-Velskii & Landis Tree) 알고리즘, 2-3 트리(2-3 Tree) 알고리즘, Red-Black 트리(Red-Black Tree) 알고리즘, B-트리(B-Tree) 알고리즘이 있다.

**7** 깊이 우선 탐색(Depth-First Search: DFS)은 루트(root) 노드에서 연결된 간선(edge)이 존재하는 경우 계속하여 깊게 들어가며 키(key) 값을 탐색하는 방식으로, 스택을 사용하여 노드들을 비교하는 알고리즘이다.

**8** 깊이 우선 탐색(Depth-First Search: DFS)에서 깊게 들어가다 최하위 레벨에 해

----------------------------------------------------------

당하는 노드(leaf)에 도달하면 되돌아가기(backtracking)를 적용하여 다른 노드
에 연결된 가장 가까운 노드로 이동한다.

**9** 깊이 우선 탐색(DFS)은 넓게 펼쳐진 트리(tree) 구조에 효과적인 알고리즘에
해당한다.

**10** 너비 우선 탐색(Breadth First Search: BFS)은 루트(root) 노드로부터 시작하여 깊
이를 하나씩 증가하며 키(key) 값을 탐색하는 방식이고, 큐를 사용하여 탐색
을 실시하는 알고리즘이다.

**11** 너비 우선 탐색(BFS)은 주어진 자료의 깊이가 매우 큰 경우 효과적인 알고리
즘으로 평가된다.

# 📝 연습문제

---

**1** 자료 탐색 알고리즘의 필요성에 대하여 설명하시오.

**2** 자료 탐색을 위한 3단계 작업을 예를 들어 설명하시오.

**3** 자료 탐색 알고리즘의 효율성 평가 기준에 대하여 설명하시오.

**4** 깊이 우선 탐색에 적용하는 자료구조에 대하여 설명하시오.

**5** 너비 우선 탐색에 적용하는 자료구조에 대하여 설명하시오.

실전편

chapter 8

단순하게
문제 풀기

## 8.1 단순하게 문제 풀기란

단순하게 문제 풀기(Brute Force)란 문제를 풀기 위한 특별한 전략이 있는 것이 아니라 이론적으로 가능한 모든 경우를 시도하여 다양한 답 가운데 가장 적절한 답을 선택하는 방식이다. 즉, 가능한 모든 해결책을 다 시도해 본 후에 그중에서 답을 선택하는 것이다.

아무 생각 없이 모든 경우를 시도하여 답을 얻는 경우의 예를 들어보자. 만일 4자리 숫자로 만들어진 신용카드의 비밀번호를 찾고자 하는 경우 0000~9999까지 총 만 개의 조합이 가능하다. 즉, 만 개의 조합을 하나씩 대입해 보면 신용카드의 비밀번호를 찾을 수 있는 것이다. 한 가지 확실한 것은 모든 경우의 수를 시도하기 때문에 정확도는 100%에 해당한다. 그러나 비효율적인 문제해결 방법임을 벗어날 수는 없다.

만약 문제해결 방법이 막막한 경우 모든 경우의 수를 시도해보는 '단순하게 문제 풀기'를 적용할 수 있다. 일반적으로 알고리즘은 문제해결을 위한 전략을 제시한다. 그러나 아무 생각 없이 모든 경우의 수를 다 시도해보고 그 가운데서 답을 찾아보는 것도 하나의 전략일 수 있다. 알고리즘을 통하여 문제를 해결할 때 범하기 쉬운 실수 중 하나는 간단한 문제를 어렵게 푸는 것이다. 하드웨어의 발달로 컴퓨터의 빠른 계산 능력이 지원되므로 가능한 경우의 수를 일일이 계산하여 답을 찾는 것도 하나의 전략인 것이다.

가능한 경우의 모든 수를 통하여 답을 찾아 가는 방법을 완전탐색(Exhaustive Search)이라고 한다. 조금은 무식해 보일 수 있지만, 컴퓨터의 최대 장점인 빠른 처리 속도를 활용한 해결 방법이기 때문에 결코 소홀히 할 수 없다. 주어진 문제를 완전탐색으로 해결하는 과정을 이해하기 위해서는 재귀함수의 개념을 적용해야 한다. 재귀함수는 주어진 문제를 작은 문제로 쪼개어 해결한 뒤 원래 문제를 해결하는 방식이다. 임의의 수 n에 대한 n! 팩토리얼(Factorial)의 답을 구하고자 하는 파이선 코드를 검토해보자.

❤코드 8-1 factorial 계산 프로그램

```python
1    def factorial(n):
2        if n == 1 or n == 0:
3            return 1
4        else:
5            return n * factorial(n-1)
```

위의 코드를 실행한 결과는 다음과 같다.

```
>>> factorial(5)
120
>>> factorial(10)
3628800
>>> factorial(20)
2432902008176640000
```

5!을 연산하기 위한 factorial(5)의 완전탐색 과정을 살펴보면, n의 값이 1이 아니므로 else의 처리문에 해당하는

   5 * factorial(5-1)

이 실행된다. 여기서 다시 factorial(4)의 연산을 위하여

   4 * factorial(4-1)

이 실행되며, 재귀적으로 다시 factorial(3), factorial(2), factorial(1)을 실행하게 된다. factorial(1)은 더 이상 작은 문제로 쪼개질 수 없는 최소 문제에 해당하며, base case 라고 한다. Base case에 해당하는 factorial(1)의 값은 1이므로 factorial(2)는 2*1이 실행되어 2가 되며, factorial(3)은 3*2이므로 6이 되며, factorial(4)는 4*6으로 24가 되며, 마지막으로 factorial(5)는 5*24를 실행하여 120이 결과 값으로 반환된다.

과정에서 살펴보았듯이 factorial(5)를 구하기 위하여 factorial(4), factorial(3), factorial(2), factorial(1)를 재귀적으로 반영한다. 여기서 factorial()은 함수에 해당하며 함수 안에서 함수를 부르는 방식이 적용되어 재귀함수에 해당한다. 또한 재귀함수가 모든 경우의 수를 실행하여 최종결과 값을 제시하므로 완전탐색에 해당하며, 모든 경

우의 수를 적용해 보는 문제해결 알고리즘은 '단순하게 문제 풀기'에 해당한다.

## 8.2 실생활에서 단순하게 문제 풀기 활용

실생활에서 다양한 문제에 대하여 '단순하게 문제 풀기'로 해결책을 찾을 수 있다. 모든 사람들이 경험한 문제는 암호 제시 또는 비밀 번호 입력의 경우이다. 기억이 안 나는 경우 모든 경우의 수를 다 시도하며 답을 찾는다.

만약 빨강, 노랑, 초록, 파랑의 공이 있을 때 빨간 공이 노란 공보다 앞에 나타날 수 있는 경우의 수가 몇 번이지 묻는 질문이 있다면 쉽게 대답할 수 있는가? 규칙을 생각하고 해결 방법을 고민하는 것보다 가능한 모든 상황을 나타낸 뒤 찾아보는 것이 더 간단할 수 있다. 문제를 해결하기 위해 4개의 공을 배열하는 모든 경우의 수를 나타냈다. 그 다음 빨간 공이 노란 공보다 앞에 온 경우에 해당하는 횟수를 세어서 답을 구할 수 있다.

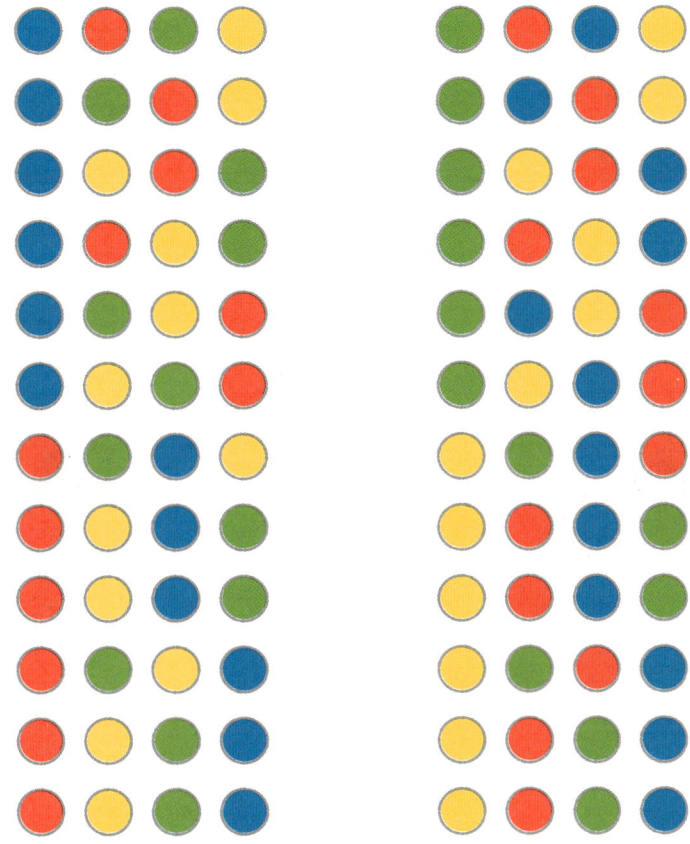

만일 엄마가 감기로 많이 편찮으셔서 아무것도 못 드시고 계신다고 가정하자. 내가 약
국에 가서 감기약을 사고, 약 드시기 전 식사를 하셔야 하니까 김밥가게에 가서 김밥
한 줄을 포장하고, 엄마가 좋아하시는 따뜻한 밀크티를 사서 집으로 돌아오려 한다. 동
네에 가게들이 위치한 거리가 다음과 같을 때 어떻게 방문하는 것이 가장 빠르게 집으
로 돌아오는 순서인지 '단순하게 문제 풀기' 알고리즘을 이용하여 알아보자.

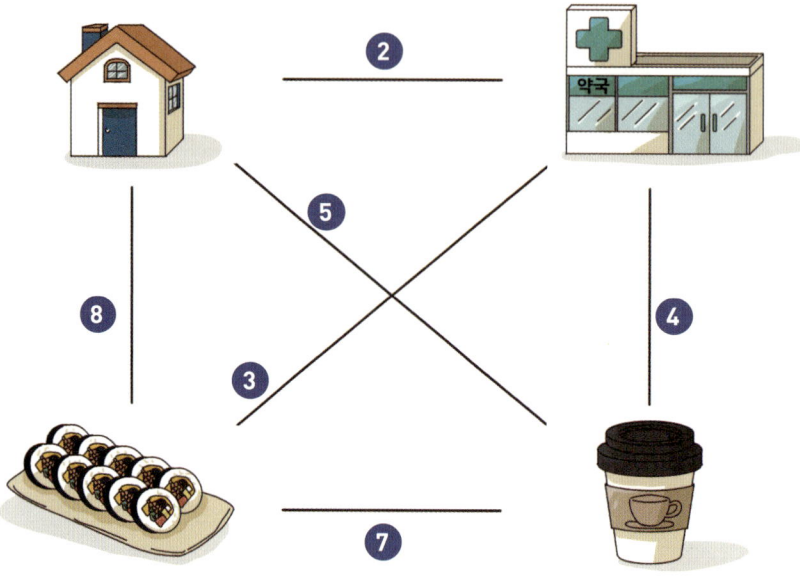

모두 방문한 후 돌아오는 방법은 다음과 같다.

집 → 약국 → 김밥가게 → 커피숍 → 집 : 2 + 3 + 7 + 5 = 17

집 → 약국 → 커피숍 → 김밥가게 → 집 : 2 + 4 + 7 + 8 = 21

집 → 김밥가게 → 약국 → 커피숍 → 집 : 8 + 3 + 4 + 5 = 20

집 → 김밥가게 → 커피숍 → 약국 → 집 : 8 + 7 + 4 + 2 = 21

집 → 커피숍 → 약국 → 김밥가게 → 집 : 5 + 4 + 3 + 8 = 20

집 → 커피숍 → 김밥가게 → 약국 → 집 : 5 + 7 + 3 + 2 = 17

모든 경우의 수를 검토한 결과 '집 → 약국 → 김밥가게 → 커피숍 → 집' 또는 '집 →
커피숍 → 김밥가게 → 약국 → 집'의 순서로 방문하는 것이 가장 빠르게 집으로 돌아
오는 방법이다.

# 8.3 단순하게 문제 풀기 알고리즘

단순하게 문제 풀기 알고리즘은 특별한 지식이나 문제해결 방법을 요구하지 않고 모든 경우의 수를 다 검토하므로 누구나 이해하기 쉽다. 알고리즘 설계 단계는 가장 기본적인 3단계로 구성된다.

> **1단계** 처리해야 할 자료를 구조화
> **2단계** 구조화된 자료를 대상으로 모든 경우를 적용
> **3단계** 모든 경우를 검토한 후 그 안에서 해결책을 선택

1단계 작업인 자료의 구조화는 알고리즘을 적용하기 전 단계로 처리해야 할 자료를 컴퓨터에서 수행 가능한 자료구조의 형태로 정의하는 것을 뜻한다. 3단계로 구성되어 있지만 문제를 해결하기 위해서는 다른 문제해결 방법보다 많은 시간이 걸리는 특징이 있다.

처리해야 할 자료가 선형 구조를 가지고 있다면 모든 자료를 접근하기 위하여 순차 접근 방식이 적용되어야 한다. 순차 접근 방식이란 맨 처음 자료부터 순차적(Sequential)으로 마지막 자료를 처리하는 방식이다. 반면, 처리해야 할 자료가 비선형 구조를 가지고 있다면 7장에서 학습한 깊이 우선 접근 방식 또는 너비 우선 접근 방식이 적용 가능하다. 비선형 구조란 처리해야 할 자료가 트리나 그래프와 같이 1:n 또는 n:m의 관계를 유지하는 구조이다.

예를 들어 2의 10승을 계산하고자 하는 경우 '단순하게 문제 풀기 알고리즘'이 최적의 해결 방법에 해당한다. 2의 10승은 반복적으로 2를 10번 곱해서 답을 얻기 때문이다.

$$2^1 = 2$$
$$2^2 = 2 \times 2 = 4$$
$$2^3 = 2 \times 2 \times 2 = 8$$
$$2^4 = 2 \times 2 \times 2 \times 2 = 16$$

$$2^5 = 2 \times 2 \times 2 \times 2 \times 2 = 32$$

$$2^6 = 2 \times 2 \times 2 \times 2 \times 2 \times 2 = 64$$

$$2^7 = 2 \times 2 \times 2 \times 2 \times 2 \times 2 \times 2 = 128$$

$$2^8 = 2 \times 2 \times 2 \times 2 \times 2 \times 2 \times 2 \times 2 = 256$$

$$2^9 = 2 \times 2 \times 2 \times 2 \times 2 \times 2 \times 2 \times 2 \times 2 = 512$$

$$2^{10} = 2 \times 2 \times 2 \times 2 \times 2 \times 2 \times 2 \times 2 \times 2 \times 2 = 1024$$

단순하게 문제 풀기 방식 알고리즘의 최대 장점은 모든 문제에 해결책으로 적용 가능하다는 것이다. 문제를 해결할 다른 방법이 존재하지 않을 때 유일한 해결 방법에 해당하기 때문이다. 단순하게 문제 풀기 방식 알고리즘은 모든 경우의 수를 전부 검토하고자 할 때 적절한 문제해결 방법이다. 그러므로 문제의 구조화가 단순한 경우에 적용 가능하며, 문제의 구조화가 복잡한 경우에 적용한다면 매우 비효율적인 문제해결 방법이 된다.

단순하게 문제 풀기 방식 알고리즘은 효율성이 보장되지 않는다는 것이 가장 큰 단점이다. 특히 검토해야 할 대상의 범위가 광범위하다면 적용하기가 적절하지 않다. 또한 모든 경우의 수를 전부 검토하는 해결 방법이기 때문에 창의력이 떨어지는 문제해결 방법이다. 특히 처리해야 할 자료에 따라 프로그램 수행시간이 매우 길어질 수 있음을 유념해야 한다.

## 8.4 패턴 매칭

문자열이 찾고자 하는 패턴을 포함하고 있는지 문자열의 왼쪽에서부터 한 칸씩 이동하며 패턴을 비교하는 문제이다. 예제의 문자열과 패턴은 간단한 경우이지만 실제로 처리해야 할 문자열은 긴 문자일 수 있으며, 찾고자 하는 패턴도 복잡한 형식일 수 있다. 예를 들어 문자열이 "A STRING SEARCHING EXAMPLE CONSISTING OF STING"

에서 패턴 "STING"을 매칭해보는 경우를 살펴보자. 첫 단계에서 문자열의 가장 앞 글자에 해당하는 A와 비교 패턴의 첫 글자 S를 비교한다. 비교에 성공하지 못하였으므로 한 칸을 이동하여 문자열의 두 번째 알파벳인 빈칸과 S를 비교한다. 역시 매칭하지 않으므로 오른쪽으로 한 칸을 또 이동하여 S와 S를 비교한다. 같은 글자에 해당하므로 두 번째 알파벳인 T와 T를 비교하고, 역시 매칭에 성공하므로 R과 I를 비교한다. 이때 매칭이 실패하므로 다시 문자열을 한 칸 이동하여 비교한다. 여기서 적용하고 있는 알고리즘이 '단순하게 문제 풀기' 방식이어서 이미 R까지 비교한 상태이지만, 3번째 문자열까지 비교한 후 매칭 실패한 경우이므로 4번째 문자열 T와 비교 패턴 S를 매칭해 본다. 당연히 실패이며, 이러한 작업을 반복하여 문자열의 위치를 하나씩 오른쪽으로 이동해 나아간다. 부분적으로 매칭이 성공하기는 하나 패턴과 완전히 일치하는 경우는 문자열 32와 41에서 비교하는 두 경우에만 해당한다. 이와 같이 아무 조건 없이 문자열을 한 칸씩 이동하며 패턴 매칭을 실행하는 방식이 대표적인 '단순하게 문제 풀기' 방식의 알고리즘 적용 예이다.

이러한 패턴 매칭 방법은 수행 시간이 오래 걸리지만 모든 경우의 수를 찾는 것에 있어서는 절대 실패하지 않는다. 앞에서도 언급했듯이 수행시간에 관해서는 컴퓨터의 처리 속도가 빠르기 때문에 단순한 문자열 기반에서의 패턴 매칭은 크게 문제되지 않는다. 그러나 효율적인 패턴 매칭은 문자열의 오른쪽으로 더 많이 이동할 수 있는 전략을 제시할 수 있어야 한다.

패턴 매칭은 네트워크상에서 악성코드를 찾는 경우에 활용할 수 있는 알고리즘에 해당한다. 악성코드를 실수 없이 찾아내려면 매칭에 대하여 100% 성공률을 보장하는 '단순하게 문제 풀기' 방식을 적용하는 것이 바람직하다. 그러나 수많은 자료에 대한 악성코드를 검색하기에는 '단순하게 문제 풀기' 방식은 부적절하므로 어떠한 전략으로 악성코드에 대처할 것인가에 대한 최적화가 요구된다.

| 1 | 2 | 3 | 4 | 5 | 6 | 7 | 8 | 9 | 10 | 11 | 12 | 13 | 14 | 15 | 16 | 17 | 18 | 19 | 20 | 21 | 22 | 23 | 24 | 25 | 26 | 27 | 28 | 29 | 30 | 31 | 32 | 33 | 34 | 35 | 36 | 37 | 38 | 39 | 40 | 41 | 42 | 43 | 44 | 45 |
|---|---|---|---|---|---|---|---|---|---|---|---|---|---|---|---|---|---|---|---|---|---|---|---|---|---|---|---|---|---|---|---|---|---|---|---|---|---|---|---|---|---|---|---|---|
| A |  | S | T | R | I | N | G |  | S | E | A | R | C | H | I | N | G | E | X | A | M | P | L | E |  | C | O | N | S | I | S | T | I | N | G |  |  | O | F | S | T | I | N | G |
| S | T | I | N | G |  |  |  |  |  |  |  |  |  |  |  |  |  |  |  |  |  |  |  |  |  |  |  |  |  |  |  |  |  |  |  |  |  |  |  |  |  |  |  |  |
|  | S | T | I | N | G |  |  |  |  |  |  |  |  |  |  |  |  |  |  |  |  |  |  |  |  |  |  |  |  |  |  |  |  |  |  |  |  |  |  |  |  |  |  |  |
|  |  | S | T | I | N | G |  |  |  |  |  |  |  |  |  |  |  |  |  |  |  |  |  |  |  |  |  |  |  |  |  |  |  |  |  |  |  |  |  |  |  |  |  |  |
|  |  |  | S | T | I | N | G |  |  |  |  |  |  |  |  |  |  |  |  |  |  |  |  |  |  |  |  |  |  |  |  |  |  |  |  |  |  |  |  |  |  |  |  |  |
|  |  |  |  | S | T | I | N | G |  |  |  |  |  |  |  |  |  |  |  |  |  |  |  |  |  |  |  |  |  |  |  |  |  |  |  |  |  |  |  |  |  |  |  |  |
|  |  |  |  |  | S | T | I | N | G |  |  |  |  |  |  |  |  |  |  |  |  |  |  |  |  |  |  |  |  |  |  |  |  |  |  |  |  |  |  |  |  |  |  |  |
|  |  |  |  |  |  | S | T | I | N | G |  |  |  |  |  |  |  |  |  |  |  |  |  |  |  |  |  |  |  |  |  |  |  |  |  |  |  |  |  |  |  |  |  |  |
|  |  |  |  |  |  |  | S | T | I | N | G |  |  |  |  |  |  |  |  |  |  |  |  |  |  |  |  |  |  |  |  |  |  |  |  |  |  |  |  |  |  |  |  |  |
|  |  |  |  |  |  |  |  | S | T | I | N | G |  |  |  |  |  |  |  |  |  |  |  |  |  |  |  |  |  |  |  |  |  |  |  |  |  |  |  |  |  |  |  |  |
|  |  |  |  |  |  |  |  |  | S | T | I | N | G |  |  |  |  |  |  |  |  |  |  |  |  |  |  |  |  |  |  |  |  |  |  |  |  |  |  |  |  |  |  |  |
|  |  |  |  |  |  |  |  |  |  | S | T | I | N | G |  |  |  |  |  |  |  |  |  |  |  |  |  |  |  |  |  |  |  |  |  |  |  |  |  |  |  |  |  |  |
|  |  |  |  |  |  |  |  |  |  |  | S | T | I | N | G |  |  |  |  |  |  |  |  |  |  |  |  |  |  |  |  |  |  |  |  |  |  |  |  |  |  |  |  |  |
|  |  |  |  |  |  |  |  |  |  |  |  | S | T | I | N | G |  |  |  |  |  |  |  |  |  |  |  |  |  |  |  |  |  |  |  |  |  |  |  |  |  |  |  |  |
|  |  |  |  |  |  |  |  |  |  |  |  |  | S | T | I | N | G |  |  |  |  |  |  |  |  |  |  |  |  |  |  |  |  |  |  |  |  |  |  |  |  |  |  |  |
|  |  |  |  |  |  |  |  |  |  |  |  |  |  | S | T | I | N | G |  |  |  |  |  |  |  |  |  |  |  |  |  |  |  |  |  |  |  |  |  |  |  |  |  |  |
|  |  |  |  |  |  |  |  |  |  |  |  |  |  |  | S | T | I | N | G |  |  |  |  |  |  |  |  |  |  |  |  |  |  |  |  |  |  |  |  |  |  |  |  |  |
|  |  |  |  |  |  |  |  |  |  |  |  |  |  |  |  | S | T | I | N | G |  |  |  |  |  |  |  |  |  |  |  |  |  |  |  |  |  |  |  |  |  |  |  |  |
|  |  |  |  |  |  |  |  |  |  |  |  |  |  |  |  |  | S | T | I | N | G |  |  |  |  |  |  |  |  |  |  |  |  |  |  |  |  |  |  |  |  |  |  |  |
|  |  |  |  |  |  |  |  |  |  |  |  |  |  |  |  |  |  | S | T | I | N | G |  |  |  |  |  |  |  |  |  |  |  |  |  |  |  |  |  |  |  |  |  |  |
|  |  |  |  |  |  |  |  |  |  |  |  |  |  |  |  |  |  |  | S | T | I | N | G |  |  |  |  |  |  |  |  |  |  |  |  |  |  |  |  |  |  |  |  |  |
|  |  |  |  |  |  |  |  |  |  |  |  |  |  |  |  |  |  |  |  | S | T | I | N | G |  |  |  |  |  |  |  |  |  |  |  |  |  |  |  |  |  |  |  |  |
|  |  |  |  |  |  |  |  |  |  |  |  |  |  |  |  |  |  |  |  |  | S | T | I | N | G |  |  |  |  |  |  |  |  |  |  |  |  |  |  |  |  |  |  |  |
|  |  |  |  |  |  |  |  |  |  |  |  |  |  |  |  |  |  |  |  |  |  | S | T | I | N | G |  |  |  |  |  |  |  |  |  |  |  |  |  |  |  |  |  |  |
|  |  |  |  |  |  |  |  |  |  |  |  |  |  |  |  |  |  |  |  |  |  |  | S | T | I | N | G |  |  |  |  |  |  |  |  |  |  |  |  |  |  |  |  |  |
|  |  |  |  |  |  |  |  |  |  |  |  |  |  |  |  |  |  |  |  |  |  |  |  | S | T | I | N | G |  |  |  |  |  |  |  |  |  |  |  |  |  |  |  |  |
|  |  |  |  |  |  |  |  |  |  |  |  |  |  |  |  |  |  |  |  |  |  |  |  |  | S | T | I | N | G |  |  |  |  |  |  |  |  |  |  |  |  |  |  |  |
|  |  |  |  |  |  |  |  |  |  |  |  |  |  |  |  |  |  |  |  |  |  |  |  |  |  | S | T | I | N | G |  |  |  |  |  |  |  |  |  |  |  |  |  |  |
|  |  |  |  |  |  |  |  |  |  |  |  |  |  |  |  |  |  |  |  |  |  |  |  |  |  |  | S | T | I | N | G |  |  |  |  |  |  |  |  |  |  |  |  |  |
|  |  |  |  |  |  |  |  |  |  |  |  |  |  |  |  |  |  |  |  |  |  |  |  |  |  |  |  | S | T | I | N | G |  |  |  |  |  |  |  |  |  |  |  |  |
|  |  |  |  |  |  |  |  |  |  |  |  |  |  |  |  |  |  |  |  |  |  |  |  |  |  |  |  |  | S | T | I | N | G |  |  |  |  |  |  |  |  |  |  |  |
|  |  |  |  |  |  |  |  |  |  |  |  |  |  |  |  |  |  |  |  |  |  |  |  |  |  |  |  |  |  | S | T | I | N | G |  |  |  |  |  |  |  |  |  |  |
|  |  |  |  |  |  |  |  |  |  |  |  |  |  |  |  |  |  |  |  |  |  |  |  |  |  |  |  |  |  |  | **S** | **T** | **I** | **N** | **G** |  |  |  |  |  |  |  |  |  |
|  |  |  |  |  |  |  |  |  |  |  |  |  |  |  |  |  |  |  |  |  |  |  |  |  |  |  |  |  |  |  |  | S | T | I | N | G |  |  |  |  |  |  |  |  |
|  |  |  |  |  |  |  |  |  |  |  |  |  |  |  |  |  |  |  |  |  |  |  |  |  |  |  |  |  |  |  |  |  | S | T | I | N | G |  |  |  |  |  |  |  |
|  |  |  |  |  |  |  |  |  |  |  |  |  |  |  |  |  |  |  |  |  |  |  |  |  |  |  |  |  |  |  |  |  |  | S | T | I | N | G |  |  |  |  |  |  |
|  |  |  |  |  |  |  |  |  |  |  |  |  |  |  |  |  |  |  |  |  |  |  |  |  |  |  |  |  |  |  |  |  |  |  | S | T | I | N | G |  |  |  |  |  |
|  |  |  |  |  |  |  |  |  |  |  |  |  |  |  |  |  |  |  |  |  |  |  |  |  |  |  |  |  |  |  |  |  |  |  |  | S | T | I | N | G |  |  |  |  |
|  |  |  |  |  |  |  |  |  |  |  |  |  |  |  |  |  |  |  |  |  |  |  |  |  |  |  |  |  |  |  |  |  |  |  |  |  | S | T | I | N | G |  |  |  |
|  |  |  |  |  |  |  |  |  |  |  |  |  |  |  |  |  |  |  |  |  |  |  |  |  |  |  |  |  |  |  |  |  |  |  |  |  |  | S | T | I | N | G |  |  |
|  |  |  |  |  |  |  |  |  |  |  |  |  |  |  |  |  |  |  |  |  |  |  |  |  |  |  |  |  |  |  |  |  |  |  |  |  |  |  | S | T | I | N | G |  |
|  |  |  |  |  |  |  |  |  |  |  |  |  |  |  |  |  |  |  |  |  |  |  |  |  |  |  |  |  |  |  |  |  |  |  |  |  |  |  |  | **S** | **T** | **I** | **N** | **G** |
|  |  |  |  |  |  |  |  |  |  |  |  |  |  |  |  |  |  |  |  |  |  |  |  |  |  |  |  |  |  |  |  |  |  |  |  |  |  |  |  |  | S | T | I | N |
|  |  |  |  |  |  |  |  |  |  |  |  |  |  |  |  |  |  |  |  |  |  |  |  |  |  |  |  |  |  |  |  |  |  |  |  |  |  |  |  |  |  | S | T | I |
|  |  |  |  |  |  |  |  |  |  |  |  |  |  |  |  |  |  |  |  |  |  |  |  |  |  |  |  |  |  |  |  |  |  |  |  |  |  |  |  |  |  |  | S | T |
|  |  |  |  |  |  |  |  |  |  |  |  |  |  |  |  |  |  |  |  |  |  |  |  |  |  |  |  |  |  |  |  |  |  |  |  |  |  |  |  |  |  |  |  | S |

# 8.5 버블 정렬(Bubble Sort)

6장에서 학습한 정렬 알고리즘에서 선택 정렬과 함께 대표적으로 '단순하게 문제 풀기' 방식에 해당하는 정렬 방식이 버블 정렬이다.

버블 정렬은 앞에서부터 하나씩 값을 비교하여 뒤로 이동하는 정렬 방식이다. 한 번의 비교를 끝까지 실시한 후 가장 큰 값의 자료가 맨 끝에 위치하게 되는 방식으로, 가지고 있는 입력 자료 중 한 번에 하나의 값만 정렬 완료된다. 가장 큰 값을 맨 끝에 위치시키기 위하여 두 개의 값을 비교한 후 큰 값이 뒤에 오도록 반복 교체하는 작업을 수행한다. 한 번의 작업이 끝나면 정렬된 마지막 수를 제외한 나머지의 자료를 대상으로 같은 작업을 반복하여 실행한다.

예를 들어 아래의 자료를 버블 정렬 알고리즘으로 정렬 과정을 살펴보기로 하자.

| 0 | 1 | 2 | 3 | 4 | 5 |
|---|---|---|---|---|---|
| 77 | 42 | 35 | 12 | 101 | 5 |

버블 정렬은 앞에서부터 두개씩 값을 비교하며 큰 값이 뒤로 가도록 교체하는 방식이므로, 맨 앞의 77과 42를 비교한다.

| 0 | 1 | 2 | 3 | 4 | 5 |
|---|---|---|---|---|---|
| 77 | 42 | 35 | 12 | 101 | 5 |

77의 값이 더 크므로 두 개의 위치를 교환한다.

| 0 | 1 | 2 | 3 | 4 | 5 |
|---|---|---|---|---|---|
| 77 | Swap 42 | 35 | 12 | 101 | 5 |

위치 교환이 이루어진 후의 결과는 다음과 같다.

| 0 | 1 | 2 | 3 | 4 | 5 |
|---|---|---|---|---|---|
| 42 | 77 | 35 | 12 | 101 | 5 |

이제 77과 35를 비교한다.

| 0 | 1 | 2 | 3 | 4 | 5 |
|---|---|---|---|---|---|
| 42 | 77 | 35 | 12 | 101 | 5 |

77이 35보다 큰 값에 해당하므로 위치를 교환한다.

| 0 | 1 | 2 | 3 | 4 | 5 |
|---|---|---|---|---|---|
| 42 | 77 Swap 35 | | 12 | 101 | 5 |

위치 교환이 이루어진 후의 결과는 다음과 같다.

| 0 | 1 | 2 | 3 | 4 | 5 |
|---|---|---|---|---|---|
| 42 | 35 | 77 | 12 | 101 | 5 |

이러한 과정을 반복하며 마지막 값까지 비교한 결과는 다음과 같다.

| 0 | 1 | 2 | 3 | 4 | 5 |
|---|---|---|---|---|---|
| 42 | 35 | 12 | 77 | 5 | 101 |

정렬된 101을 제외한 나머지 값에 대하여 반복 작업을 실행하여 전체 자료를 정렬할 수 있으며, 반복 횟수는 자료의 개수가 N인 경우 N-1이다. 단계별 정렬 과정은 다음과 같다.

| 42 | 35 | 12 | 77 | 5 | 101 |

| 35 | 12 | 42 | 5 | 77 | 101 |

| 12 | 35 | 5 | 42 | 77 | 101 |

| 12 | 5 | 35 | 42 | 77 | 101 |

| 5 | 12 | 35 | 42 | 77 | 101 |

버블 정렬을 위한 파이선 프로그램은 다음과 같다.

♥ **코드 8-2** 버블 정렬

```
1   def bubbleSort(data_list):
2       for check in range(len(data_list)-1,0,-1):
3           for i in range(check):
4               if data_list[i] > data_list[i+1]:
5                   temp = data_list[i]
6                   data_list[i] = data_list[i+1]
7                   data_list[i+1] = temp
8
9           print(" %d. %d 번째 위치의 정렬 값은 %d : "
10              %(len(data_list)-check, check, data_list[check]), data_list)
11
12
13  data_list = [77, 42, 35, 12, 101, 5]
14  bubbleSort(data_list)
15  print(data_list)
```

프로그램 수행 결과는 아래와 같다.

```
1. 5 번째 위치의 정렬 값은 101 :   [42, 35, 12, 77, 5, 101]
2. 4 번째 위치의 정렬 값은 77 :   [35, 12, 42, 5, 77, 101]
3. 3 번째 위치의 정렬 값은 42 :   [12, 35, 5, 42, 77, 101]
4. 2 번째 위치의 정렬 값은 35 :   [12, 5, 35, 42, 77, 101]
5. 1 번째 위치의 정렬 값은 12 :   [5, 12, 35, 42, 77, 101]
[5, 12, 35, 42, 77, 101]
```

## 8.6 순차 탐색(Sequential Search)

탐색 알고리즘 중에서는 순차 탐색이 '단순하게 문제 풀기' 알고리즘에 해당한다. 순차 탐색은 처음부터 끝까지 하나하나 차례대로 비교하며 찾고자 하는 값을 탐색하는 방식이다. 일일이 모든 값을 비교하는 방식이므로 데이터의 양에 비례하여 처리 속도가 요구된다. 방대한 양의 데이터를 대상으로 특정 자료를 찾는 경우라도 맨 앞에 찾는 값이 있다면 한 번의 비교만으로 탐색에 성공할 수 있다. 반면 가장 끝에 찾는 값이 있다면 모든 자료를 다 비교하고 난 후 탐색에 성공하게 되므로 비효율적인 탐색 방법에 해당한다.

탐색하는 자료가 이미 정렬이 되어 있는 상태라면 순차 탐색을 적용하는 것은 적절하지 않을 수 있다. 예를 들어 영어 사전에서 'zoo'의 뜻을 찾아보고자 할 때 사전의 맨 앞에서부터 단어를 찾는 상황에 해당하기 때문이다. 그러나, 만일 자료가 정렬되지 않은 상태에서 특정 자료의 값을 찾는 다면 순차 탐색도 적절한 탐색 알고리즘에 해당할 수 있다.

순차 탐색을 통하여 자료를 탐색할 때 자료가 존재한다면 자료의 위치 번호(index 값)를 반환한다. 만약 자료가 존재하지 않는다면 탐색에 실패한 경우로, 일반적으로 −1을 반환한다. 아래의 자료를 대상으로 순차 탐색의 과정을 검토해보자.

| 0 | 1 | 2 | 3 | 4 | 5 | 6 | 7 | 8 | 9 | 10 | 11 | 12 | 13 | 14 | 15 | 16 |
|---|---|---|---|---|---|---|---|---|---|----|----|----|----|----|----|----|
| 3 | 5 | 10 | 12 | 14 | 16 | 19 | 30 | 42 | 45 | 46 | 47 | 53 | 55 | 62 | 69 | 70 |

위의 자료에서 46을 탐색한다고 가정하면, 우선 가장 앞의 인덱스 번호 0에 저장된 3과 비교한다.

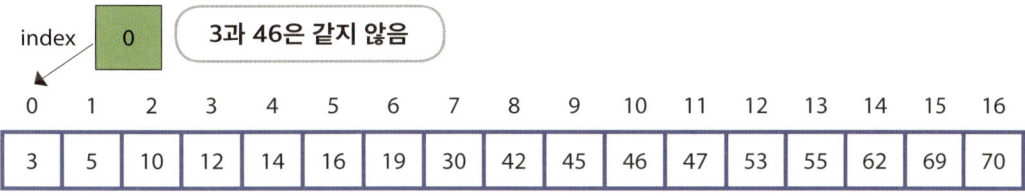

첫 번째 인덱스에 저장된 값과 같지 않으므로 두 번째 인덱스 번호 1에 저장된 값 5와 비교한다.

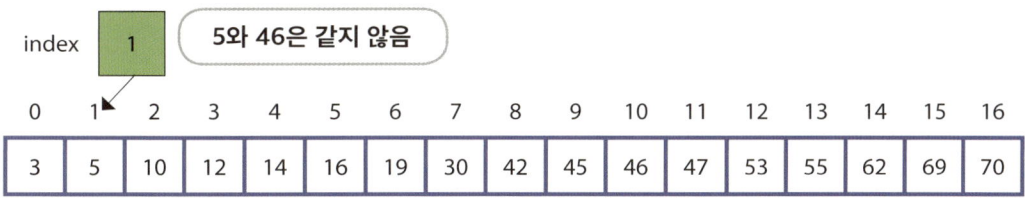

그 다음 단계의 비교는 다음과 같다.

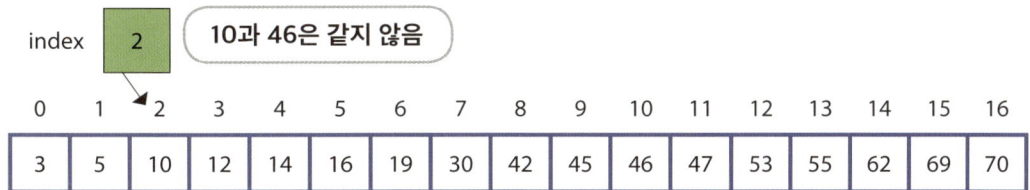

이렇게 하나씩 인덱스 번호를 증가하며 46을 찾을 때까지 계속 비교한다.

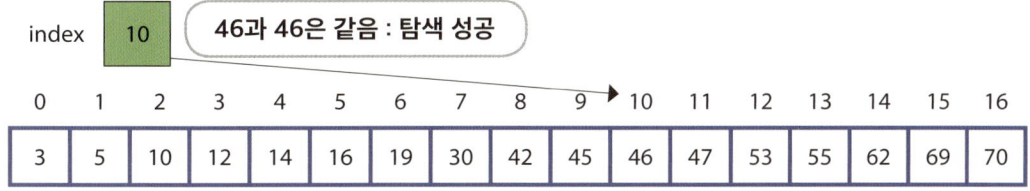

비교 값을 찾은 경우, 해당하는 인덱스 번호인 10을 반환하고 프로그램을 종료한다.

순차 탐색을 위한 파이선 프로그램은 다음과 같다.

♥ **코드 8-3** 순차 탐색

```python
1   def SequentialSearch(target, data_list):
2       index = 0
3       while index < len(data_list):
4           print("%d과 %d 번째의 값 %d 비교"%(target, index, data_list[index]))
5           if target == data_list[index]:
6               print("-- 탐색 성공! 탐색 위치 = ", index)
7               return index
8           print("-- 탐색 실패!")
9           index += 1
10      return -1
11
12  data_list = [3, 5, 10, 12, 14, 16, 19, 30, 42, 45, 46, 47, 53, 55, 62, 69, 70]
13  SequentialSearch(46, data_list)
```

프로그램 수행 결과는 아래와 같다.

```
46과 0 번째의 값 3 비교
-- 탐색 실패!
46과 1 번째의 값 5 비교
-- 탐색 실패!
46과 2 번째의 값 10 비교
-- 탐색 실패!
46과 3 번째의 값 12 비교
-- 탐색 실패!
46과 4 번째의 값 14 비교
-- 탐색 실패!
46과 5 번째의 값 16 비교
-- 탐색 실패!
46과 6 번째의 값 19 비교
-- 탐색 실패!
46과 7 번째의 값 30 비교
-- 탐색 실패!
46과 8 번째의 값 42 비교
-- 탐색 실패!
46과 9 번째의 값 45 비교
-- 탐색 실패!
46과 10 번째의 값 46 비교
-- 탐색 성공! 탐색 위치 =  10
```

# 🔍 요약

---

**1** 단순하게 문제 풀기(Brute Force)란 가능한 해결책을 모두 다 시도해 본 후에 그 중에서 답을 선택하는 것이다.

**2** 가능한 경우의 모든 수를 통하여 답을 찾아가는 방법을 완전탐색(Exhaustive Search)이라고 하며, 주어진 문제를 완전탐색으로 해결하는 과정을 이해하기 위해서는 재귀함수의 개념을 알아야 한다.

**3** 단순하게 문제 풀기 알고리즘은 3단계로 문제를 해결한다. 첫 단계로 처리해야 할 자료를 구조화하고, 두 번째 단계로 구조화된 자료를 대상으로 모든 경우를 적용하며, 마지막 세 번째 단계를 위하여 모든 검토를 실시한 후 그 안에서 해결책을 선택한다.

**4** 단순하게 문제 풀기 알고리즘의 최대 장점은 모든 문제의 해결책으로 적용 가능한 것이며, 단점은 효율성이 보장되지 않는다는 것이다.

**5** 패턴 매칭은 문자열이 찾고자 하는 패턴을 포함하고 있는지 문자열의 왼쪽에서부터 한 칸씩 이동하며 패턴을 비교하는 문제이다. 이러한 패턴 매칭 방법은 수행 시간은 오래 걸리지만 모든 경우의 수를 찾는 것에 있어서는 절대 실패하지 않는다.

**6** 버블 정렬은 앞에서부터 두 개의 값을 비교하며 큰 값을 뒤로 이동하며 정렬하는 방식이다. 한 번의 작업이 끝나면 정렬된 마지막 수를 제외한 나머지의 자료를 대상으로 같은 작업을 반복하여 실행한다. 결국 모든 자료를 정렬하기 위해서는 가지고 있는 자료의 수 N을 기준으로 N-1만큼의 비교 횟수를 실행해야 한다.

-------------------------------------------------------------

**7** 순차 탐색은 처음부터 끝까지 하나하나 차례대로 비교하며 찾고자 하는 값을 탐색하는 방식이다. 자료가 정렬된 상태에서의 순차 탐색 적용은 바람직하지 않으며, 정렬되지 않은 자료를 대상으로 탐색을 실시할 때는 효율적 탐색 방법에 해당할 수 있다.

**8** 단순하게 문제 풀기는 특별한 문제 풀이 전략이 없을 때 적용할 수 있는 가장 기본적인 알고리즘 방식에 해당하며, 구조가 단순하기 때문에 프로그램에 익숙하지 않을 때 적용하여 문제를 해결할 수 있다.

**9** 단순하게 문제 풀기는 수행 시간이 다른 알고리즘에 비하여 비효율적일 수 있으므로 많은 양의 자료를 대상으로 문제해결을 실행할 때는 적절하지 않은 알고리즘에 해당한다.

# 📝 연습문제

**1** 단순하게 문제 풀기(brute force)로 어떻게 문제를 해결하는지 설명하시오.

**2** 단순하게 문제 풀기의 3단계 작업을 설명하시오.

**3** 단순하게 문제 풀기의 장·단점에 대하여 설명하시오.

**4** 버블 정렬을 사용하여 [ 37, 53, 23, 76, 14, 91, 89, 32, 42, 10 ]을 오름차순으로 정렬하고자 할 때 3번의 작업 이후의 숫자 배열에 대하여 설명하시오.

**5** 순차 탐색을 통하여 42를 [ 37, 53, 23, 76, 14, 91, 89, 32, 42, 10 ]에서 찾고
자 할 때 몇 번의 비교가 이루어지며, 결과는 무엇인지 설명하시오.

chapter 9

분할 정복
알고리즘

# 9.1 분할 정복 알고리즘이란

분할 정복(Divide and Conquer)이란 주어진 문제를 최소 단위로 분할하여 문제를 해결하는 방식이다. 문제를 분할할 때 문제의 크기를 더 이상 분할할 수 없는 단위까지 계속 분할하여 부분 문제(Sub-Problem)를 정의하고, 부분 문제를 해결할 수 있는 부분 해(Sub-Solution)를 찾는다. 부분 해를 반복적으로 적용하여 원래 문제의 답을 구한다. 즉, 문제를 해결할 수 있는 작은 단위의 문제로 분할(Divide)한 후, 작은 단위의 문제를 풀면서 결국에는 전체 문제를 해결(Conquer)하는 문제해결 방법이다.

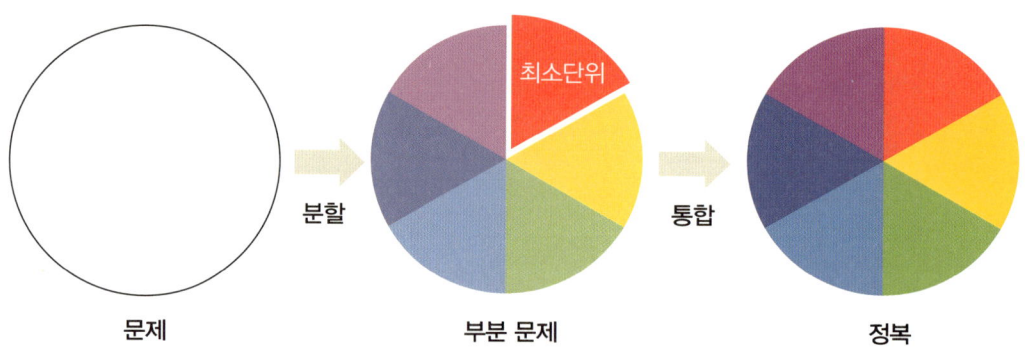

분할 정복은 나폴레옹의 아우스터리츠 전투에서 사용한 전략에서 유래한다. 1805년 12월 2일 오스트리아·러시아 연합군과 프랑스 나폴레옹 황제의 군대가 전투할 당시, 연합군은 프랑스 군대보다 15,000명 정도 더 많았다. 연합군이 프랑스군의 우측면으로 대규모 공격을 감행할 때 나폴레옹은 연합군의 중앙을 공격하여 연합군 병력을 둘로 갈라놓았다. 둘로 갈라진 연합군 병력은 수적으로 우세함에도 불구하고 프랑스군에게 패하여 퇴각하였다. 만약 연합군을 분할하는 전략을 사용하지 않았다면 과연 나폴레옹은 아우스터리츠 전투에서 승리할 수 있었을까?

우리가 해결하고자 하는 문제가 너무 크고 방대하다면 해결 방법을 찾지 못하고 당황할 수 있다. 그러나 문제를 작은 단위로 분할하고 그 작은 단위의 문제를 해결하고자할 때는 의외로 쉽게 해결할 수 있다. 분할된 문제에 동일한 알고리즘을 적용하여 결과를 찾고, 그 결과들을 취합하여 원래 문제의 결과를 얻는다. 문제를 작은 단위로 나누는 법칙은 정해져 있지 않으며, 문제해결자의 창의력에 의하여 나눌 수 있다. 이때 문제해결자의 컴퓨팅사고력과 창의적 문제해결능력이 요구된다.

분할 정복 알고리즘을 설계하는 요령은 다음의 3단계로 이루어진다.

**1단계 분할**(Divide) 문제를 하나 이상의 작은 단위로 나눈다.
**2단계 정복**(Conquer) 작은 단위의 문제를 정복한다. 이때 작은 단위의 문제가 계속 분할 가능하다면, 분할 작업을 우선 적용한다.

**3단계 통합**(Combine) 작은 단위 정복에서 얻어진 해결 방법을 통합하여 원래 문제의 답을 구한다.

분할 정복 알고리즘은 재귀적 문제해결 방식을 적용하지만, 일반적인 재귀호출 방식과는 차이점이 있다. 일반 재귀호출 방식은 n개로 분할되는 문제의 경우 첫 단계에서 1개의 문제를 우선 해결한다. 그리고 나머지 n-1에 대하여 재귀호출 방식으로 문제를 해결하여 전체 문제를 해결한다. 반면에 분할 정복 알고리즘에서는 n개로 분할되는 문제를 두 개의 n/2으로 분할하고 다시 n/2을 반복 분할하여 1개의 단위로 이루어지게한다. 1개의 단위로 분할된 문제는 최소 단위 분할에 해당하며, 최소 단위의 문제해결 방법을 찾아낸다. 그후 각각의 해결 방법을 통합하여 전체의 문제해결을 이루는 것이다. 즉, 분할 정복에서는 균등한 단위의 문제로 분할하는 과정을 재귀적으로 호출하는 접근이다. 일반적 재귀호출 방식과 분할 정복 알고리즘의 문제 풀이 과정은 〈그림 9-1〉과 같다.

6장에서 학습한 정렬 알고리즘에서 합병 정렬(merge sort)이 이와 같은 분할 정복 알고리즘에 해당한다.

♥그림 9-1  일반적 재귀호출 방식과 분할 정복 알고리즘의 문제 풀이 과정

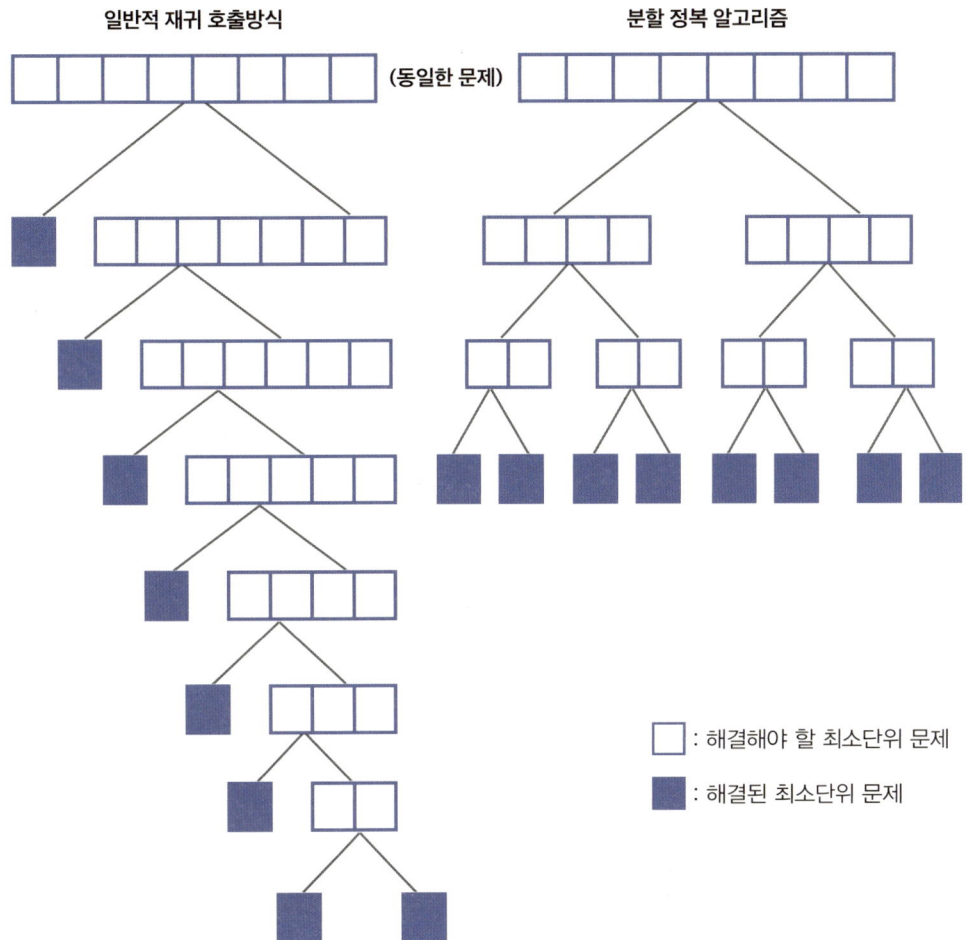

## 9.2 실생활에서 분할 정복 알고리즘 활용

우리에게 해결해야 할 문제가 생겼을 때 다양한 방법의 문제풀이 전략이 적용될 수 있다. 다음과 같은 상황의 문제에 대한 해결 방법을 생각해 보자.

### 🔍 문제 상황 1

400명의 유치원생이 있는 유치원에서 개원기념일을 맞이하여 원생들을 위한 선물을 준비하였다. 400개 선물 포장을 지휘 감독하던 원감 선생님은 모든 포장이 끝난 뒤에서야 선물을 포장하느라 흘린 땀을 닦던 자신의 손수건이 선물 포장 안에 들어간 것을 깨닫게 되었다. 선물을 나누어 줄 시간이 얼마 남지 않은 상황에서 땀에 젖은 손수건을 어떻게 찾아낼 수 있을까?

땀 닦던
손수건……

## 💡 해결 방법 1: 단순하게 문제 풀기(Brute Force)

양팔 저울에 선물 상자를 한 개씩 올려놓으며 두 개의 선물 상자 무게를 비교하여 무게가 더 무거운 하나의 선물 상자를 찾아낸다. 운에 좋아서 땀에 젖은 손수건을 처음 비교할 때 찾으면 다행이지만, 최악의 경우 399번째 비교에서 땀에 젖은 손수건을 찾아낼 수도 있다.

## 💡 해결 방법 2: 분할 정복(Divide and Conquer) 알고리즘

양팔 저울에 200개씩 선물 상자를 나누어 올린 후 무게를 비교한다. 무거운 쪽으로 기우는 선물 꾸러미 안에 땀에 젖은 손수건이 있으므로 200개를 다시 100개씩 양팔 저울에 나누어 무게를 비교한다. 작업을 계속 반복 비교하여 땀에 젖은 손수건이 들어 있는 선물 상자를 찾아낸다.

## 🔍 문제 상황 2

10,000제곱미터의 밭을 부모님이 8형제에게 유산으로 남겨 주었다. 유언으로 남긴 조건은 "8형제가 공평하게 나누어 밭농사를 지어야 한다. 한 사람이라도 일을 더 많이 하든가, 한 사람이라도 일을 더 적게 하면, 밭 모두를 나라에 기부할 것이다." 이 상황에서 8형제는 어떻게 밭일을 나누어 할 수 있을까?

### 💡 해결 방법 1: 단순하게 문제 풀기(Brute Force)

8형제가 규칙 없이 아무 때나 가서 경작되지 않은 땅에 농사를 짓고, 경작한 땅의 넓이를 기록한다. 8형제가 똑같이 분배하여 농사를 지어야 하므로 한 사람이 10,000의 $\frac{1}{8}$에 해당하는 1,250제곱미터의 경작지보다 더 넓은 땅을 경작하지 못하도록 관리한다. 체계적이지 않아서 자신이 담당하는 경작지 구분이 불가능한 비효율적인 문제해결 방법이라 할 수 있다.

### 💡 해결 방법 2: 분할 정복(Divide and Conquer) 알고리즘

전체 경작지를 $\frac{1}{2}$로 나누고, 다시 나누어진 경작지를 $\frac{1}{2}$로 나눈 후, 한번 더 $\frac{1}{2}$로 나누어 전체 경작지를 $\frac{1}{8}$로 나눈다. $\frac{1}{8}$로 나누어진 경작지를 형제들에게 하나씩 담당하여 전체가 경작될 수 있도록 하여 문제를 해결한다.

## 9.3 이진 탐색(Binary Search)

특정한 값을 탐색하는 알고리즘은 일반적으로 정렬된 자료 안에서 값을 찾는다. 특정 값을 탐색하고자 할 때 정렬된 자료가 [1, 7, 14, 17, 26, 59, 63, 77, 79, 87, 88, 90, 92, 96, 98, 99]이고, 탐색하려는 특정 값이 96인 경우에 대하여 생각해보자. 단순하게 문제 풀기 방식을 적용하면, 앞에서부터 하나씩 차례대로 96을 비교하며 확인한다. 14번의 비교 후에 96의 값이 자료 안에 포함된 것을 확인할 수 있다. 만일 분할 정복 알고리즘을 적용한다면, 다음과 같은 과정을 통하여 문제를 해결할 수 있다.

**1단계** 전체 수의 개수 확인: 16개

**2단계** 중간 값 찾기: 8번째 값=77

**3단계** 96과 비교: 77보다 크므로 77 이후의 8개의 수 중 확인

**4단계** 79~99까지의 8개 값의 중간인 4번째 값 90과 비교

**5단계** 90보다 큰 4개 값의 중간인 2번째 값 96과 비교: 성공

위와 같은 문제해결 방법을 체계적으로 접근하는 방식이 이진 탐색에 해당한다. 이진 탐색의 문제 풀이 과정은 다음과 같다.

1. 이진 탐색을 위하여 정렬된 자료를 배열(array)에 저장한다.

2. 탐색하고자 하는 특정 값을 변수에 저장한다.

3. 변수에 저장된 특정 값이 배열의 자료 범위 안에 있는지 확인하다.

4. 3번이 참(true)인 경우, 배열 내의 중간 값을 찾는다. 만일 3번이 거짓(false)인 경우, 탐색 실패를 출력하고 프로그램을 종료한다.

5. 중간 값과 변수에 저장된 특정 값을 비교한다.

6. 만일 중간 값이 변수에 저장된 특정 값보다 작은 경우, 중간 값에서부터 마지막 값의 범위 안에서 특정 값을 비교한다. 만일 중간 값이 변수에 저장된 특정 값보다 큰 경우, 첫 번째 값에서부터 중간 값의 범위 안에서 특정 값을 비교한다.

7. 위의 단계를 반복하여 탐색하고자 하는 특정 값의 인덱스(index) 번호를 반환하여 문제를 해결한다.

정렬된 배열 a = [6, 13, 14, 25, 33, 43, 51, 53, 64, 72, 84, 93, 95, 96, 97]인 경우, 특정 값 33을 찾기 위한 이진 탐색의 실제 예를 검토해보자.

❶ 0번지의 값을 low로, 마지막 번지의 값을 high로 지정

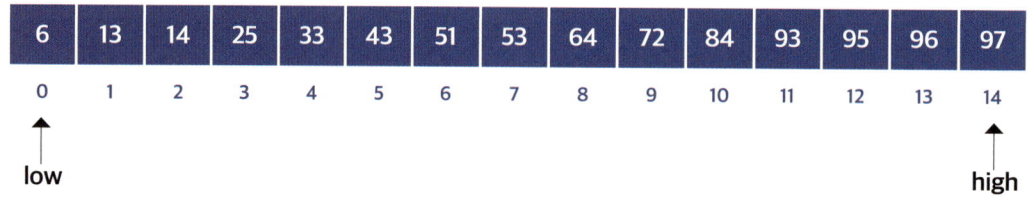

❷ a[low] ≤ value ≤ a[high] 의 조건을 만족하는 동안 반복: a[0] ≤ 33 ≤ a[14] 즉,

$6 \leq 33 \leq 97$은 참의 값을 가지므로 반복하여 실행

❸ 가운데 번지(14/2)를 middle로 지정

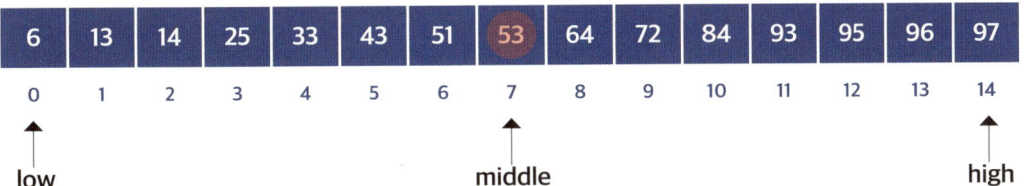

❹ middle의 값이 찾는 값 33보다 크므로 middle-1번지의 값을 high로 지정

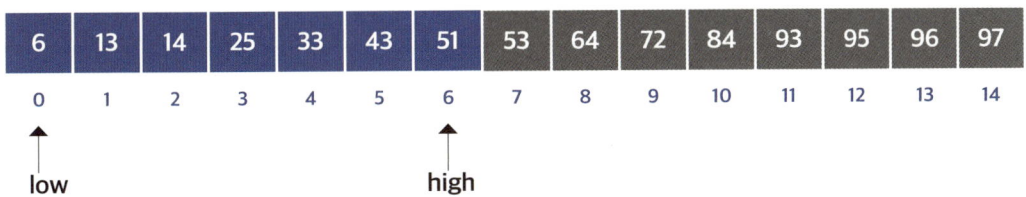

❺ 반복하여 가운데 번지(6/2)에 해당하는 3번지를 middle로 지정

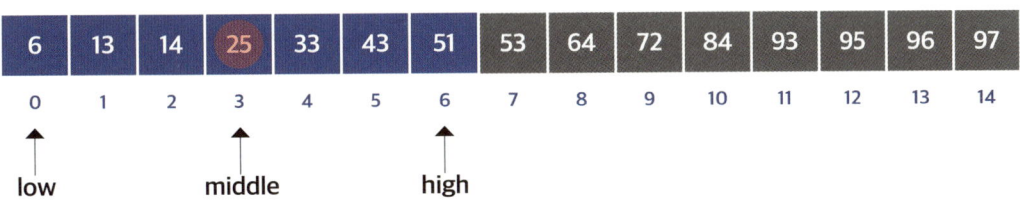

❻ middle의 값이 찾는 값보다 작으므로 middle+1번지의 값을 low로 지정

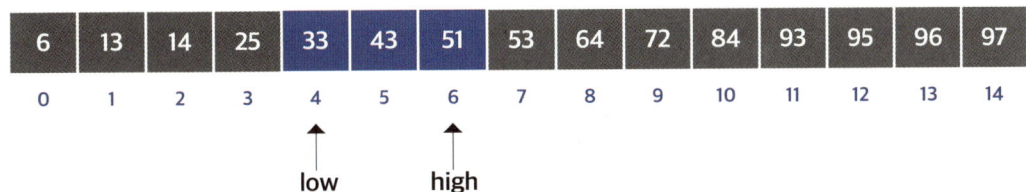

❼ 반복하여 가운데 번지((4+6)/2)에 해당하는 5번지를 middle로 지정

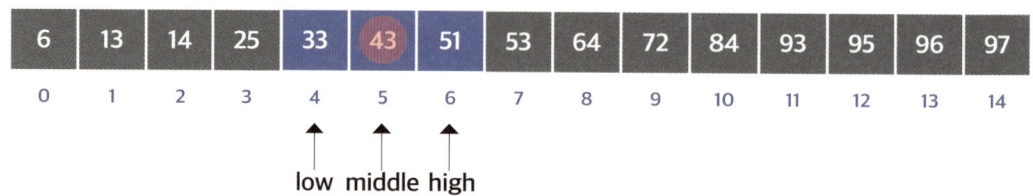

❽ middle의 값이 찾는 값보다 크므로 middle-1번지의 값을 high로 지정

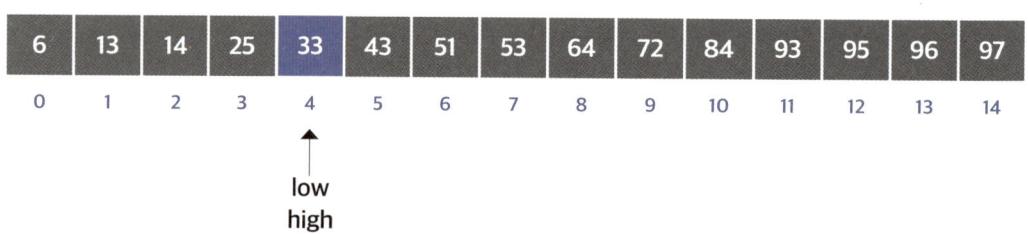

❾ 반복하여 가운데 번지((4+4)/2)에 해당하는 4번지를 middle로 지정

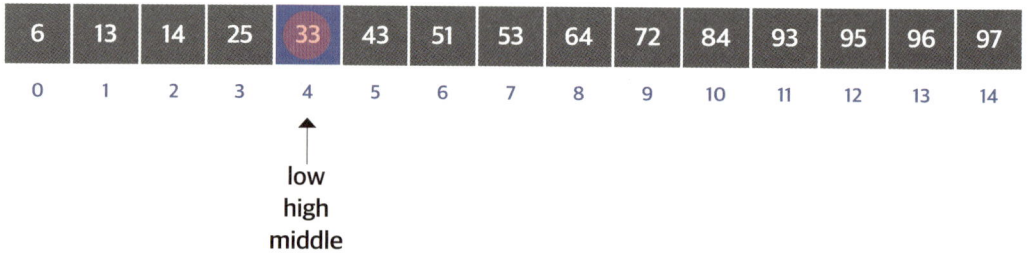

모두가 모인 주소지가 찾고자 하는 값이므로 찾는 인덱스(index) 값 4를 반환한다.

이진 탐색을 위한 파이선 프로그램은 다음과 같다.

♥ 코드 9-1  이진 탐색

```python
1   def binary_search(array,value):
2       first = 0
3       last = len(array)-1
4       found = -9
5       while ( first<=last and found == -9) :
6           mid = (first + last)//2
7           if array[mid] == value:
8               found = mid
9           else:
10              if value < array[mid]:
11                  last = mid - 1
12              else:
13                  first = mid + 1
14      if found == -9:
15          print("이진탐색 실패: 찾고자하는 값 %d는 배열 안에 존재하지 않음"%(value))
16          return False
17      else:
18          print("이진탐색 성공: 인덱스 번호 %d에 찾고자하는 값 %d가 존재함"%(mid,value))
19          return True
20
21
22
23  print(binary_search([6, 13, 14, 25, 33, 43, 51, 53, 64, 72, 84, 93, 95, 96, 97], 33))
24
25  print(binary_search([6, 13, 14, 25, 33, 43, 51, 53, 64, 72, 84, 93, 95, 96, 97], 90))
```

프로그램 수행 결과는 다음과 같다.

```
이진탐색 성공: 인덱스 번호 4에 찾고자하는 값 33가 존재함
True
이진탐색 실패: 찾고자하는 값 90는 배열 안에 존재하지 않음
False
```

# 9.4 빠른 정렬(Quick Sort)

빠른 정렬은 피봇(Pivot)이라 하는 기준 값을 정한 후 분할 정복을 실행하는 방식의 문제해결 알고리즘이다. 기준 값을 중심으로 작거나 같은 값을 지닌 데이터는 피봇의 앞쪽으로 이동시키며, 기준 값보다 큰 값을 지닌 데이터는 피봇의 뒤쪽으로 이동시켜 작은 값을 갖는 데이터와 큰 값을 갖는 데이터로 분리해가며 자료 전체를 정렬하는 방법이다.

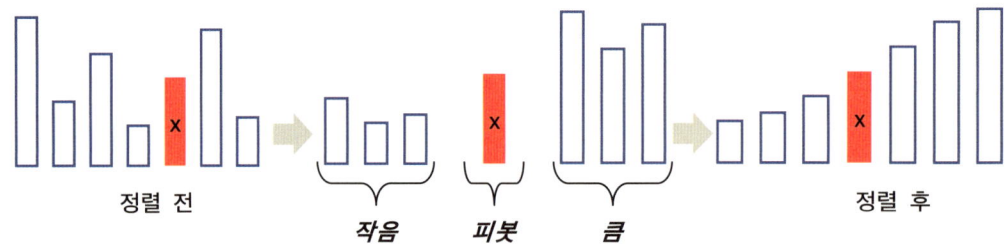

빠른 정렬을 적용하여 [ 7, 2, 9, 4, 3, 7, 6, 1 ]을 정렬하는 과정을 검토해 보기로 하자.

❶ 주어진 데이터에서 임의의 값 6을 피봇으로 선택

❷ 피봇의 값인 6보다 작은 값은 왼쪽으로 분할

분할된 데이터 중에서 새로운 피봇을 선택: 2를 피봇으로 선택

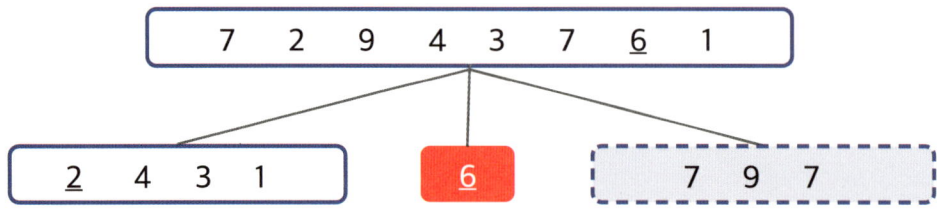

❸ 반복하여 피봇인 2보다 작은 값은 하위 레벨의 왼쪽으로 분할

　분할된 값을 정렬

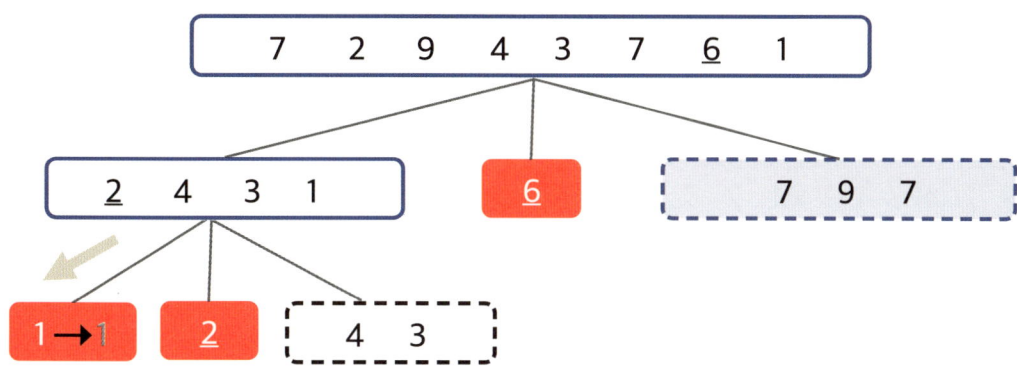

❹ 반복하여 피봇인 2보다 큰 값으로 하위 레벨의 오른쪽으로 분할된 4와 3을 정렬

　양쪽 하위 레벨에서 정렬된 값을 병합

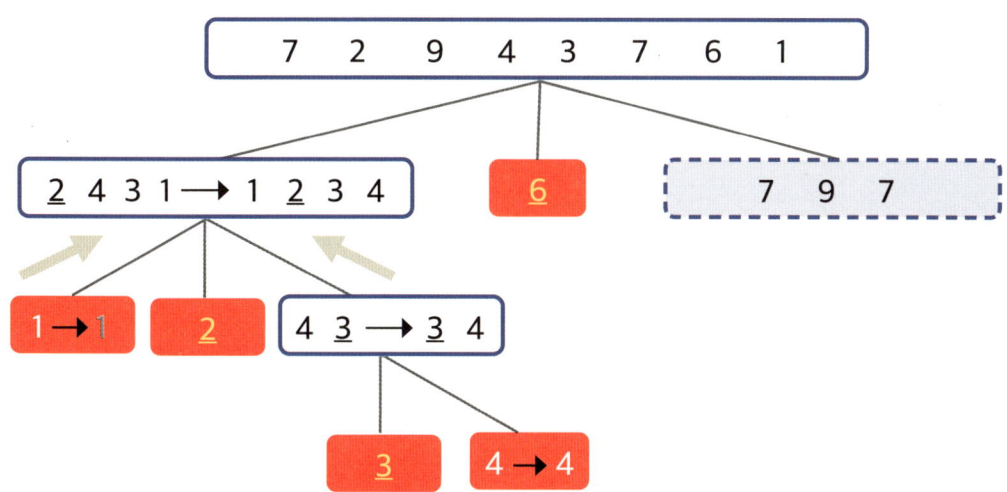

❺ 상위 레벨의 피봇인 6보다 큰 값(7, 9, 7)을 해당 하위 레벨의 오른쪽으로 분할
분할된 데이터 중에서 새로운 피봇을 선택: 7을 피봇으로 선택

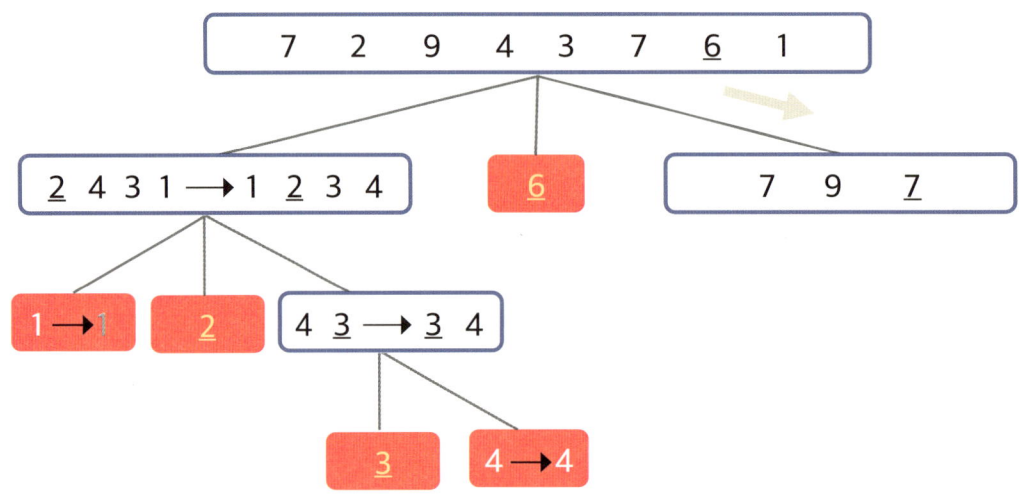

❻ 반복하여 피봇(7)보다 작거나 같은 값(7)은 하위 레벨의 왼쪽으로 분할
큰 값(9)은 하위 레벨의 오른쪽으로 분할
분할된 값을 정렬

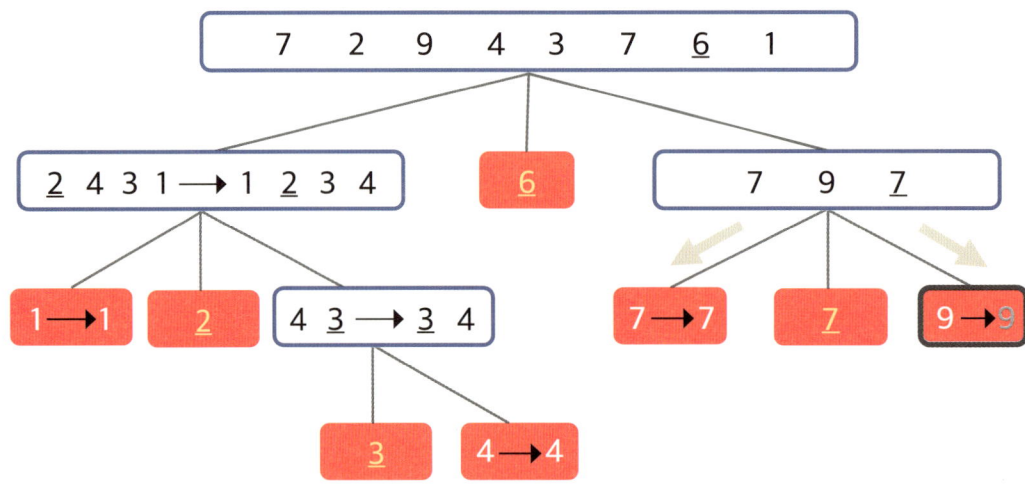

**❼ 정렬된 값을 통합**

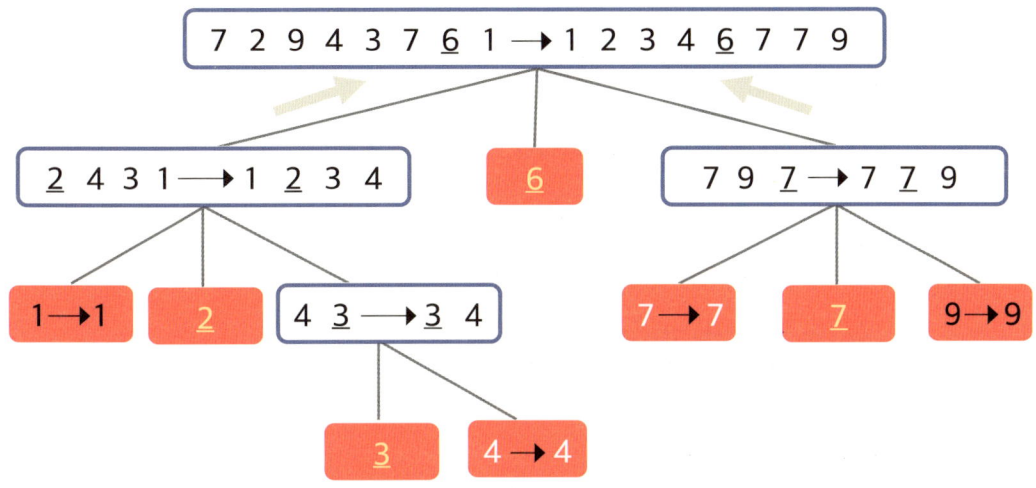

빠른 정렬을 위한 파이선 프로그램은 다음과 같으며, 피봇의 선택 방법은 분할된 데이터 값의 첫 번째 값으로 정하여 프로그램을 실행하였다.

❤ 코드 9-2 빠른 정렬

```python
1   def quickSort(data_list):
2       quickSortHlp(data_list,0,len(data_list)-1)
3
4   def quickSortHlp(data_list,first,last):
5       if first < last:
6
7           pivot, splitpoint = partition(data_list,first,last)
8           less=[x for x in data_list if x < pivot]
9           print("피봇 보다 작은 데이터 값은 ", less)
10          great=[x for x in data_list if x > pivot]
11          print("피봇 보다 큰 데이터 값은 ", great)
12
13          quickSortHlp(data_list,first,splitpoint-1)
14          quickSortHlp(data_list,splitpoint+1,last)
15
16  def partition(data_list,first,last):
17      pivotvalue = data_list[first]
18      print("\n선택 된 피봇 값은 ", pivotvalue)
19
20      leftmark = first+1
21      rightmark = last
22
23      done = False
24      while not done:
25
26          while leftmark <= rightmark and data_list[leftmark] <= pivotvalue:
27              leftmark = leftmark + 1
28
29          while data_list[rightmark] >= pivotvalue and rightmark >= leftmark:
30              rightmark = rightmark -1
31
32          if rightmark < leftmark:
33              done = True
34          else:
35              temp = data_list[leftmark]
36              data_list[leftmark] = data_list[rightmark]
37              data_list[rightmark] = temp
38
39      temp = data_list[first]
40      data_list[first] = data_list[rightmark]
41      data_list[rightmark] = temp
42
43      return pivotvalue, rightmark
44
45  data_list = [7, 2, 9, 4, 3, 7, 6, 1]
46
47  quickSort(data_list)
48  print("\n빠른 정렬의 결과는 ", data_list)
```

프로그램 수행 결과는 아래와 같다.

```
선택 된 피봇 값은  7
피봇 보다 작은 데이터 값은  [6, 2, 1, 4, 3]
피봇 보다 큰 데이터 값은  [9]

선택 된 피봇 값은  6
피봇 보다 작은 데이터 값은  [3, 2, 1, 4]
피봇 보다 큰 데이터 값은  [7, 7, 9]

선택 된 피봇 값은  3
피봇 보다 작은 데이터 값은  [1, 2]
피봇 보다 큰 데이터 값은  [4, 6, 7, 7, 9]

선택 된 피봇 값은  1
피봇 보다 작은 데이터 값은  []
피봇 보다 큰 데이터 값은  [2, 3, 4, 6, 7, 7, 9]

빠른 정렬의 결과는  [1, 2, 3, 4, 6, 7, 7, 9]
```

# 요약

---

**1** 분할 정복이란 문제를 더 이상 나눌 수 없을 때까지 작은 단위로 나누고, 나누어진 문제들을 해결하여 결국 전체 문제의 답을 얻는 알고리즘이다.

**2** 분할 정복은 나폴레옹의 아우스터리츠 전투에서 유래되었으며, 작은 단위로 분할하면 쉽게 정복 가능한 것을 상징한다.

**3** 분할 정복 알고리즘은 분할(divide) ⟹ 정복(conquer) ⟹ 통합(combine)의 3단계로 구성된다.

**4** 분할의 규칙은 정해져 있지 않지만 일반적으로 $\frac{1}{2}$로 반복하여 최소단위 문제를 구성한다.

**5** 실생활에서의 다양한 문제해결을 위하여 여러 가지 알고리즘이 적용 가능하며, 8장의 '단순하게 문제 풀기'에 해당하는 Brute Force 방식보다 분할 정복 알고리즘이 효율적 문제해결 방안에 속한다.

**6** 대표적인 분할 정복 문제는 이진 탐색(binary search)이 있다. 이미 정렬된 자료를 대상으로 특정 값을 찾고자 할 때 중간 값과 찾고자 하는 값을 우선 비교한다. 중간 값보다 찾고자 하는 특정 값이 작은 경우는 중간 값보다 뒤쪽에 위치한 모든 자료를 검토 대상에서 제외하고 중간 값보다 앞쪽에 위치한 자료를 대상으로 탐색한다. 반복하여 중간 값과 비교하며 탐색 범위를 줄여간다.

**7** 이진 탐색을 실시할 때는 가장 작은 값, 중간 값, 가장 큰 값을 갖는 인덱스(index) 번호를 사용한다.

**8** 이진 탐색에서 탐색이 실패한 경우 일반적으로 인덱스 번호로 사용하지 않는 값 −1을 반환하며, 탐색에 성공한 경우에는 해당 인덱스 번호를 반환한다.

⑨ 이진 탐색 알고리즘의 탐색 효율은 8장에서 학습한 순차 탐색보다 뛰어나다.

⑩ 빠른 정렬(quick sort)은 기준 값을 정한 후 기준 값보다 작은 자료들과 기준 값
보다 큰 자료들로 분할하여 나눈 후 분할된 부분 자료(sub-problem set)에 대하
여 반복적 작업을 실행하여 전체를 정렬하는 알고리즘이다.

⑪ 빠른 정렬에서 기준 값은 피봇(pivot)이라고 하며 프로그램 작성자가 임의로
정하여 처리한다.

⑫ 빠른 정렬을 통한 자료 정렬은 8장에서 학습한 버블 정렬보다 효율성이 우수
하다.

# 📝 연습문제

-------------------------------------------------------------------------

**1** 분할 정복 알고리즘으로 어떻게 문제를 해결하는지 설명하시오.

**2** 분할 정복 알고리즘의 3단계 작업을 설명하시오.

**3** 일반적 재귀호출 방식과 분할 정복 알고리즘의 문제 풀이 방식에 대하여 비교 설명하시오.

**4** 이진 탐색을 적용하여 42를 [ 10, 14, 23, 32, 37, 42, 53, 76, 89, 91 ]에서 찾을 때, 첫 번째 비교 값과 두 번째 비교 값은 무엇이며, 몇 번의 비교 후 탐색을 성공하는지 설명하시오.

_____

_____

_____

**5** 빠른 정렬에서 피봇(pivot) 값을 제일 앞의 수로 정하고 [ 37, 53, 23, 76, 14, 91, 89, 32, 42, 10 ]을 정렬할 때 두 번째 피봇으로 정해지는 수는 어느 수이며, 두 번째 피봇으로 정렬한 이후 수열은 어떻게 나타나는지 설명하시오.

_____

_____

_____

_____

_____

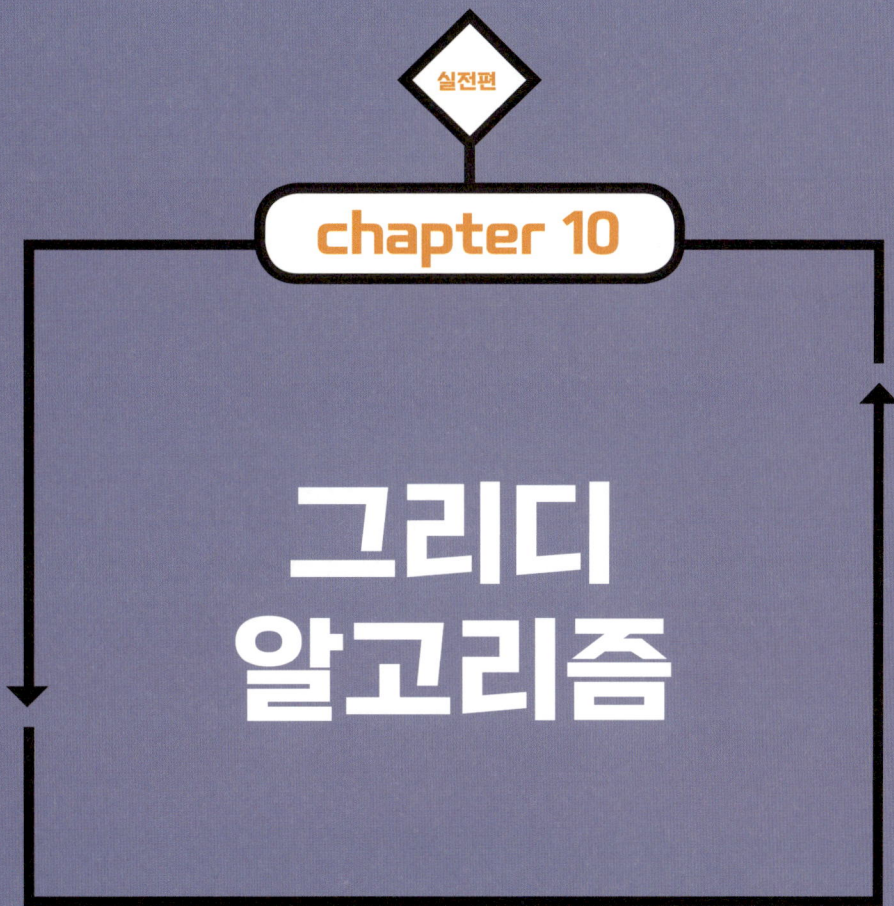

실전편

chapter 10

그리디
알고리즘

## 10.1 그리디 알고리즘이란

그리디(Greedy) 알고리즘은 단어 뜻 그대로 '탐욕적' 문제해결 방법에 해당한다. 문제의 해결을 찾는 단계마다 욕심을 부리며 가장 최고의 답을 선택하는 방법이다. 즉, 주어진 문제 상황에서 최선의 답을 선택하는 방식으로, 선택할 때마다 가장 좋은 방법을 적용하여 최종적인 해답을 찾아가는 알고리즘이다. 가능한 해결 방안 중에서 가장 좋은 해결책을 선택하는 방식으로, 문제를 해결하는 최적화 문제해결에 적합한 알고리즘에 해당한다. 그러나 그리디 알고리즘은 데이터 간의 관계를 고려하지 않고 수행 과정에서 우선적으로 최선인 답을 선택하기 때문에 문제 전체를 보았을 때는 최적의 해결 방안이 아닐 수 있다. 즉, 앞으로 발생할 문제를 고려하지 않고 매 순간마다 최선의 선택을 적용하기 때문에 근시안적으로 의사 결정을 내리는 문제해결 방안이다.

그리디 알고리즘은 전체 문제에 대한 완벽한 최적의 해결책을 보장하지 못하는 특성 때문에 다음과 같은 특정 문제해결에 적용하는 것이 가능하다. 현재 단계의 선택이 다음 선택에 전혀 무관하며, 매 단계 선택된 최적의 해결 방안이 전체 문제해결의 최적화로 이어지는 경우에 적합한 알고리즘이다. 또한, 시간이나 공간적 제약으로 인하여 최적의 문제해결을 찾기 어려운 경우, 최적에 가까운 근삿값을 찾고자 할 때 적용 가능한 알고리즘이다.

그리디 알고리즘이 최선의 해결책이 아닌 경우에 대하여 생각해 보기로 하자.

### 🔍 문제 상황 1

어느 나라에 동전 종류가 다음과 같이 있을 때, 거스름 돈으로 140원을 주려고 한다. 그리디 알고리즘 방식을 적용하여 가장 적은 수의 동전으로 거스름돈을 주는 방법은 무엇일까? 또한 그 결과는 최적의 방법일까?

100원

70원

10원

## 💡 그리디 알고리즘의 해결책

그리디 알고리즘을 적용하면 140원에 가장 가까운 100원을 먼저 선택한다. 그 다음 40원을 만들기 위해서는 100원, 70원, 10원 중에 10원만이 선택 가능하다. 따라서 4개의 10원을 선택하여 총 140원을 거슬러 준다. 결과적으로 총 5개의 동전으로 이 문제를 해결할 수 있다.

: 총 5개

## 💡 최적화 해결책

70원을 2개 주어 140원을 거슬러 준다. 이 경우 단 2개의 동전으로 문제를 해결할 수 있다.

: 총 2개

위의 그리디 알고리즘 해결책과 최적화 해결책을 비교하는 경우, 그리디 알고리즘의 해결책은 5개의 동전이 필요하고, 최적화 해결책은 2개의 동전이 필요하다. 그러므로 동전의 개수를 더 적게 사용한 최적화 해결책이 더 나은 문제해결 전략이다.

또 다른 문제 상황의 예를 검토해 보자.

## 🔍 문제 상황 2

국토 대장정을 위하여 서울에서 출발해 부산까지 가려고 한다. 춘천, 경주, 대전, 목포 등의 4개 도시에 아래와 같은 길이 있고, 적용하는 그리디 조건은 짧은 거리인 경우에 경로를 선택한다면, 어떤 순서로 여행을 하게 될까? 또 그 경로가 최선의 방법일까?

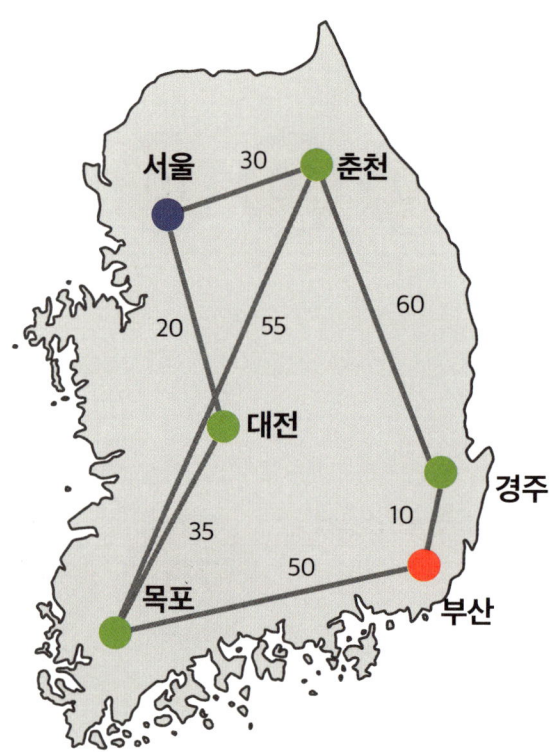

서울 – 춘천: 30
서울 – 대전: 20
춘천 – 경주: 60
춘천 – 목포: 55
경주 – 부산: 10
대전 – 목포: 35
목포 – 부산: 50

## 🔆 그리디 알고리즘의 해결책

서울에서 출발할 때 그리디 알고리즘을 적용하기 때문에 가장 작은 비용이 요구되는 서울-대전을 우선 선택하게 된다. 대전에서는 유일한 길인 대전-목포를 선택하고, 그 다음 목포-부산을 선택하여 총 비용은 20 + 35 + 50으로 105가 소요되며, 방문 경로는 서울-대전-목포-부산이다.

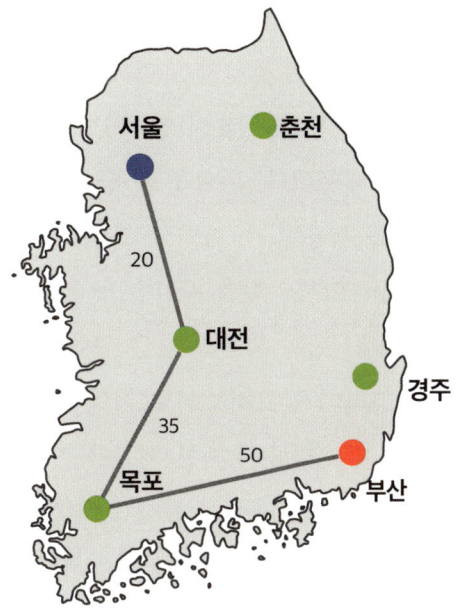

## 🔆 최적화 해결책

만약 서울-춘천을 우선 선택한다 하여도, 춘천의 두 갈래 길에서 그리디 알고리즘은 춘천-목포는 55이고 춘천-경주는 60이므로 더 작은 값이 소요되는 목포를 선택하게 된다. 서울-춘천-목포-부산의 경로로 여행을 한다면, 30 + 55 + 50의 경비가 소요되므로 총 경비는 135에 해당한다. 이것은 그리디 알고리즘에 의한 결과보다 더 많은 비용으로 여행하는 경로에 해당하며, 그리디 알고리즘이 더 효율적 문제해결 방법임을 나타낸다. 그러나 서울-춘천-경주-부산의 경로로 여행한다면, 30 + 60 + 10의 경비가 소요되므로 총 경비는 100에 해당한다. 이는 가장 작은 비용의 경로에 해당하므로 이 문제 상황의 정답이다.

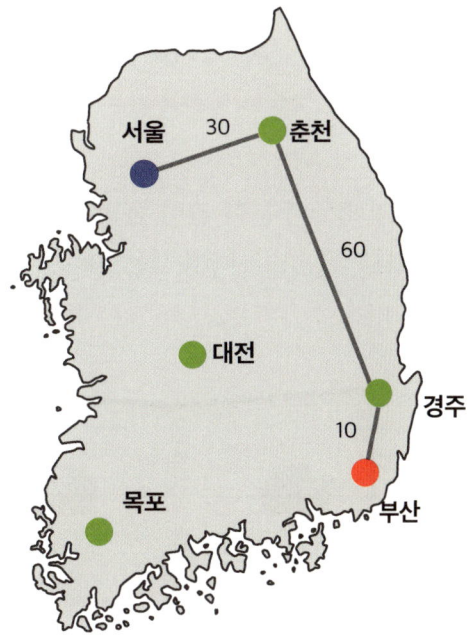

앞의 두 가지 문제 상황을 본다면 비효율적인 결과만을 보여준 그리디 알고리즘의 존재의 이유가 무엇인지 고민해 봐야할 것이다. 최적의 결과를 제시하지 못하는 문제해결 방법이 무슨 소용이 있단 말인가! 그 이유는 그리디 알고리즘은 구현이 비교적 간단하기 때문이다. 문제를 풀 방법이 도저히 떠오르지 않을 때 단순하게 문제 풀기(Brute Force)를 적용할 수 있다고 하였다. 그러나 8장에서 학습하였듯이 단순하게 문제 풀기는 모든 경우의 해결 방안을 전부 검토한 후 그 가운데에서 가장 좋은 답을 구하는 접근법이다. 모든 경우의 답을 구한 후 답들을 비교하는 시간이 너무 오래 걸린다면, 아마도 그리디 알고리즘이 최적의 문제해결 전략이 될 수 있을 것이다.

그리디 알고리즘은 빠른 계산을 장점으로 내세울 수 있지만, 모든 경우에 최적해를 보장하지 못하는 단점이 있다. 단점을 보완하기 위하여 그리디 알고리즘으로 찾아낸 결과가 최적의 해결책인지를 점검하는 절차가 필요하다.

## 10.2 실생활에서 그리디 알고리즘 활용

레스토랑에서 주문이 많이 몰리는 시간, 최대한 빨리 음식을 만들어 손님들에게 서빙하려 한다. 그리디 알고리즘을 활용하여 문제를 해결해보기로 하자.

## 🔍 문제 상황

요리사 수 : 3명

주문 받은 요리와 요리 시간

| 그린 샐러드 | 3분 |
| --- | --- |
| 마늘빵 | 5분 |
| 연어 샐러드 | 6분 |
| 그라탱 | 10분 |
| 리소토 | 11분 |
| 봉골레 파스타 | 14분 |
| 크림스파게티 | 15분 |
| 피자 | 18분 |
| 스테이크 | 20분 |

3명의 요리사가 최대한 빨리 모든 요리를 완성하여 손님에게 제공하는 방법은 무엇일까?

## 💡 해결 방법 1

가장 시간이 오래 걸리는 주문을 먼저 요리하는 그리디 알고리즘 방식으로 해결해 보자. 우선 가장 긴 요리 시간이 소요되는 스테이크를 요리사 1에게 배정한다. 그 다음으로 요리 시간이 긴 피자는 요리사 2에게 배정하고, 그 다음으로 긴 요리 시간이 소요되는 크림스파게티를 요리사 3에게 배정한다. 이 경우 요리사 3의 요리가 가장 먼저 끝나므로 요리사 3은 크림스파게티 요리가 완성되는 대로 바로 뒤이어 4번째로 요리 시간이 길게 소요되는 봉골레 파스타를 요리한다. 그 다음 요리사 2가 피자 요리를 끝내고 리소토를 요리한다. 요리 시작 후 29분이 지나면 요리사 2와 요리사 3은 주어진 작업을 동시에 끝낸 상태가 된다. 이 경우 요리사 2에게 그 다음 요리에 해당하는 연어 샐러드를 배정하고, 요리사 3에게 그 다음 순서인 마늘빵을 배정한다. 이와 같은 방법으로 요리를 하면 다음과 같이 된다.

👨‍🍳 요리사 1 : 스테이크(20분) ⇨ 그라탱(10분) ⇨ 그린 샐러드(3분)
👨‍🍳 요리사 2 : 피자(18분) ⇨ 리소토(11분) ⇨ 연어 샐러드(6분)
👨‍🍳 요리사 3 : 크림스파게티(15분) ⇨ 봉골레 파스타(14분) ⇨ 마늘빵(5분)

모든 요리가 다 끝나는 시간을 계산하면 요리사 1은 33분, 요리사 2는 35분, 요리사 3은 34분이므로 결과적으로 35분이면 주문한 모든 요리가 완성된다. 그렇다면 과연 이것이 최선의 방법일까?

### 💡 해결 방법 2

가장 시간이 적게 걸리는 주문을 먼저 요리하는 그리디 알고리즘 방식으로 문제를 해결하면 결과는 어떻게 될까?

👨‍🍳 요리사 1 : 그린 샐러드(3분) ⇨ 그라탱(10분) ⇨ 크림스파게티(15분)
👨‍🍳 요리사 2 : 마늘빵(5분) ⇨ 리소토(11분) ⇨ 피자(18분)
👨‍🍳 요리사 3 : 연어 샐러드(6분) ⇨ 봉골레 파스타(14분) ⇨ 크림스파케티(20분)

결국 요리시간은 요리사 1이 28분, 요리사 2가 34분, 요리사 3이 40분이 소요되어 최종 완성 시간은 40분이 된다. 40분은 해결 방법 1에서 소요된 35분보다 5분 더 소요되므로 좋은 해결책은 아니다. 해결 방법 1보다 더 좋은 방법은 없을까?

### 💡 해결 방법 3

그리디 알고리즘을 적용하지 않고 해결하고자 한다면 34분 만에 3명의 요리사가 주문받은 9개의 요리를 다음과 같이 끝낼 수 있다.

| 요리사 1: | 20분(스테이크) | | 14분(봉골레 파스타) | |
|---|---|---|---|---|
| 요리사 2: | 18분(피자) | | 11분(리소토) | 5(마늘빵) |
| 요리사 3: | 15분(크림스파게티) | 10분(그라탱) | 6분(연어 샐러드) | 3분(그린 샐러드) |

## 10.3 최단 경로 찾기

최단 경로(shortest path) 찾기 문제는 그리디 알고리즘이 적용되는 대표적 문제로 다익
스트라(Dijkstra) 알고리즘이라고 한다. 가중치(weighted)가 있는 그래프에서 한 특정 정
점(vertex)에서 다른 모든 정점으로까지의 최단 경로를 구하는 문제이다. 즉, 주어진 두
정점 사이의 경로 중에서 최소 비용 또는 최소 시간으로 이동할 수 있는 경로를 뜻한
다. 쉽게 말해서 특정 정점에서부터 각 정점까지의 지름길을 찾는 문제이다.

최단 경로 찾기 문제를 위해서는 그래프가 주어지고 시작점이 정해져야 한다. 도착점
은 시작점을 제외한 그래프에 있는 모든 정점이 포함된다. 다익스트라 알고리즘은 정
점들 사이의 가중치가 양수인 경우에만 적용 가능하다. 음수인 경우에는 적용할 수 없
는 문제해결 방안임을 유의해야 한다.

### 🔍 문제 상황

다음과 같이 그래프가 주어진 상황에서 정점 a를 시작점으로 지정하고 그리디 알고리
즘을 적용하여 최단 경로를 찾아보자.

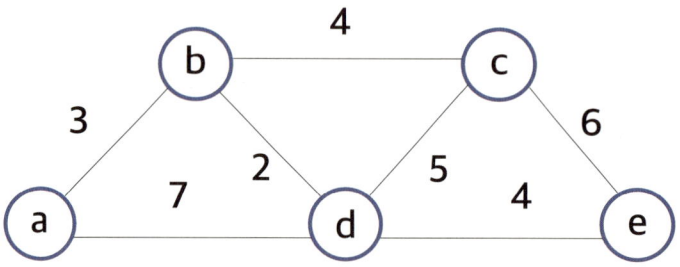

### 💡 해결 방법

시작 정점이 a이므로 첫 단계에서 다음과 같은 거리를 계산할 수 있다.

| 정점 | 연결 정점 | 최소거리 |
|---|---|---|
| a(−,0) | b(a,3) c(−,∞) d(a,7) e(−,∞) | b |

위의 표에서 a(−,0)의 의미는 a는 시작 정점이므로 앞서 연결되는 정점이 없음을 뜻하며, 자기 자신에 해당하므로 거리는 0으로 기록한다. b(a, 3)의 의미는 a에서 출발하여 b까지 가는 거리가 3임을 뜻한다. c(−, ∞ )의 의미는 a에서 c로 직접 연결된 경로가 존재하지 않는 것을 의미한다. d(a, 7)의 의미는 a에서 출발하여 d로 연결되는 거리가 7임을 나타내며, e(−, ∞ )는 a와 e가 직접 연결 되어있지 않음을 뜻한다. 첫 번째 거리 계산을 위해서 정점 a로부터 (b, c, d, e)의 거리에 해당하는 (3, ∞, 7, ∞)에서 최솟값을 선택한다. 최솟값은 3이므로 거리 3에 해당한 정점 b가 시작 정점으로부터 가장 가까운 정점인 것을 알 수 있으며, b를 제외한 나머지 정점에 대한 거리 계산을 다음과 같이 계속한다.

| 정점 | 연결 정점과의 최단 거리 | 최소거리 |
|---|---|---|
| a(−,0) | b(a,3) c(−,∞) d(a,7) e(−,∞) | b |
| b(a,3) | c(b,3+4=7) d(b,3+2=5) e(−,∞) | d |

앞에서와 같이 시작 정점 a에서부터 b까지의 최소 거리가 3이므로, a에서부터 (c, d, e)

까지의 거리를 계산할 때 b를 포함한 경로와 그렇지 않은 경로를 계산하여 더 작은 값을 반영한다. a에서 c까지의 최단 경로를 찾으면, a로부터 직접 연결되지 않았으므로 b를 거쳐 도달하는 거리를 계산한다. a에서 b를 거쳐 c에 도달하는 3+4의 거리인 7이 최단 거리로 계산된다. a에서 d는 7의 값으로 직접 연결되어 있으나, b를 거치는 경우 3+2에 해당하는 5의 거리가 최단 거리로 기록된다. a에서 e는 직접 연결되어 있지 않으며, a에서 b를 거치는 경로도 존재하지 않으므로 $(-, \infty)$로 나타난다. 그리하여 a와 b까지 확장한 경우, a에서 b 다음으로 짧은 경로는 (c, d, e)의 거리에 해당하는 $(7, 5, \infty)$ 중 5의 값을 나타낸 d에 해당된다. 아직 해결되지 않은 c와 e의 최단 경로 계산은 다음과 같다.

| 정점 | 연결 정점과의 최단 거리 | 최소거리 |
| --- | --- | --- |
| a(−,0) | b(a,3) c(−,∞) d(a,7) e(−,∞) | b |
| b(a,3) | c(b,3+4=7) d(b,3+2=5) e(−,∞) | d |
| d(b,5) | c(b,2+5=7)  e(d,5+4=9) | c |

같은 방식으로 a, b, d로 확장된 범위 안에서 c와 e까지의 거리를 계산한다. a에서 c까지의 최단 경로는 b를 거쳐서 가는 a-b-c의 경우 3+4에 해당하는 7이고, a-b-d-c를 거치는 경우 3+2+5에 해당하는 10이므로, 7을 선택한다. a에서 e까지의 최단 경로는 d까지의 최단 경로에 해당하는 a-b-d의 값인 5에 4를 더하여 9이다. 그리하여 (a, c)의 최단 경로는 (7, 9)에 해당한다. 두 개의 값 중에서 7이 더 작으므로 c를 그 다음 정점으로 선택한다. 그리고 마지막 e를 위한 계산을 다음과 같이 한다.

| 정점 | 연결 정점과의 최단 거리 | 최소거리 |
| --- | --- | --- |
| a(−,0) | b(a,3) c(−,∞) d(a,7) e(−,∞) | b |
| b(a,3) | c(b,3+4=7) d(b,3+2=5) e(−,∞) | d |
| d(b,5) | c(b,7)  e(d,5+4=9) | c |
| c(b,7) | e(d,9) | e |

a에서 e로 가는 경로는 a-b-c-e로 가는 경우 3+4+6의 13이고, a-b-d-e로 가는 경우

3+2+4의 9이다. 13과 9 두 개의 값 중에서 9가 더 작은 값이므로 d를 거쳐 가는 9를 선택한다. 결과적으로 다음과 같은 최단 경로 찾기 계산이 완료된다.

| 정점 | 시작 정점과의 최단 거리 | 최소거리 |
|---|---|---|
| a(−,0) | b(a,3) c(−,∞) d(a,7) e(−,∞) | b |
| b(a,3) | c(b,3+4=7) d(b,3+2=5) e(−,∞) | d |
| d(b,5) | c(b,7)  e(d,5+4=9) | c |
| c(b,7) | e(d,9) | e |
| e(d,9) | 완료 | 끝 |

최단 경로를 찾는 다익스트라 알고리즘의 파이선 프로그램은 다음과 같이 세 부분으로 구성된다.

최단 경로를 찾기 위해 주어진 그래프의 정의를 위한 부분 코드는 다음과 같다.

```python
1   from collections import defaultdict
2
3   class Graph:
4     def __init__(self):
5       self.vertexs = set()
6       self.edges = defaultdict(list)
7       self.distances = {}
8
9     def add_vertex(self, value):
10      self.vertexs.add(value)
11
12    def add_edge(self, from_vertex, to_vertex, distance):
13      self.edges[from_vertex].append(to_vertex)
14      self.edges[to_vertex].append(from_vertex)
15      self.distances[(from_vertex, to_vertex)] = distance
16      self.distances[(to_vertex, from_vertex)] = distance
17
```

실제적인 그리디 알고리즘을 적용한 다익스트라 알고리즘을 위한 부분 코드는 다음과
같다.

```python
19  def dijsktra(graph, initial):
20    visited = {initial: 0}
21    path = {}
22
23    vertexs = set(graph.vertexs)
24
25    while vertexs:
26      min_vertex = None
27      for vertex in vertexs:
28        if vertex in visited:
29          if min_vertex is None:
30            min_vertex = vertex
31          elif visited[vertex] < visited[min_vertex]:
32            min_vertex = vertex
33
34      if min_vertex is None:
35        break
36
37      vertexs.remove(min_vertex)
38      current_weight = visited[min_vertex]
39
40      for edge in graph.edges[min_vertex]:
41        weight = current_weight + graph.distances[(min_vertex, edge)]
42        if edge not in visited or weight < visited[edge]:
43          visited[edge] = weight
44          path[edge] = min_vertex
45
46    return visited, path
```

그래프를 제시하고 프로그램을 수행하는 부분의 코드는 다음과 같다.

```python
49      def main():
50          g = Graph()
51          g.add_vertex('a')
52          g.add_vertex('b')
53          g.add_vertex('c')
54          g.add_vertex('d')
55          g.add_vertex('e')
56
57          g.add_edge('a', 'b', 3)
58          g.add_edge('b', 'c', 4)
59          g.add_edge('a', 'd', 7)
60          g.add_edge('b', 'd', 2)
61          g.add_edge('d', 'c', 5)
62          g.add_edge('c', 'e', 6)
63          g.add_edge('d', 'e', 4)
64
65
66          print(dijsktra(g, 'a'))
67
68
69      main()
```

위의 3 부분에 해당 프로그램을 수행한 결과는 아래와 같다.

```
({'a': 0, 'b': 3, 'd': 5, 'c': 7, 'e': 9}, {'b': 'a', 'd': 'b', 'c': 'b', 'e': 'd'})
```

앞의 46번째 줄에서 반환한 visited의 값이 {'a': 0, 'b': 3, 'd': 5, 'c': 7, 'e': 9} 이며, path 의 값은 {'b': 'a', 'd': 'b', 'c': 'b', 'e': 'd'} 이다. path의 값은 b는 a를 거쳐 간다는 의미 이며, d는 b를 거치고, c는 b를 거치고, e는 d를 거쳐서 최단 경로를 이룬다는 의미로, 위의 표에서 나타난 결과와 동일함을 알 수 있다.

## 10.4 배낭 문제

배낭 문제(Knapsack Problem)는 최적화가 요구되는 문제에 해당하며, 정해진 무게만을 담을 수 있는 배낭에 물건 가치의 합이 최대가 되도록 하는 문제이다. 각 물건은 무게와 가치가 주어지며, 정해진 배낭의 무게를 넘지 않는 물건의 조합을 찾는 것이다. 배낭 문제는 물건을 쪼갤 수 있는 분할 가능 배낭 문제(Fractional Knapsack Problem)와 물건을 쪼갤 수 없는 0-1 배낭 문제(0-1 Knapsack Problem)가 있다. 물건을 쪼갤 수 있는 경우는 그리디 알고리즘에 해당하며, 물건을 쪼갤 수 없는 경우는 그리디 알고리즘으로 최적해를 찾지 못할 수 있다.

배낭 문제를 위하여 물건에 대한 정의 S가 선언되어야 하며, 각 물건에 대한 무게 w와 가치 v가 주어지고, 배낭에 넣을 수 있는 총 무게 W가 선언되어야 한다.

$S = \{item_1, item_2, \cdots, item_n\}$

$w_i$ = $item_i$의 무게 (weight)

$v_i$ = $item_i$의 가치 (value)

W = 배낭에 넣을 수 있는 총 무게

배낭 문제는 S의 부분집합을 찾는 문제로, 부분집합에 속한 물건들의 무게 합이 배낭의 총 무게에 해당하는 W를 넘지 말아야 하며, 부분집합에 속한 물건들의 가치는 최대가 되도록 해야 한다.

### 🔍 문제 상황

배낭의 무게는 최대 10kg까지 가능하며 6개 물건의 조건이 다음과 같을 때, 배낭에 10kg을 넘지 않도록 하면서 최대의 가치를 넣을 수 있는 방법을 찾으시오.

| item | 무게 $w$ | 가치 $v$ |
|------|---------|---------|
| 옷 | 4kg | 52 |
| 신발 | 2.5kg | 25 |
| 노트북 | 3kg | 24 |
| 세면도구 | 1kg | 15 |
| 비상식량 | 3.5kg | 70 |
| 안내책자 | 1.5kg | 12 |

W = 10kg

## 💡 해결 방법 1

0-1 배낭 문제로 가장 가치가 높은 물건부터 배낭에 넣는다. 그리디 알고리즘을 적용하면 가장 가치가 큰 비상식량을 우선 넣어 3.5kg을 배낭에 넣고, 아직 여유분이 6.5kg이 있으므로 두 번째로 가치가 큰 옷을 넣는다. 옷의 무게가 4kg이므로 2.5kg의 여유가 있으므로 신발을 배낭에 넣는다. 이 경우, 비상식량, 옷, 신발이 10kg의 무게로 배낭에 넣어졌으므로 더 이상의 물건은 넣을 수 없으며, 총 가치는 70+52+25에 해당하는 147에 해당한다. 과연 이것이 최적의 해결 방법일까? 다른 해결 방법에 대하여 검토해 보기로 하자.

## 💡 해결 방법 2

무게당 가치를 계산하여 0-1 배낭 문제로 문제를 해결할 수 있다.

| item | 무게 $w$ | 가치 $v$ | 무게당 가치 |
|------|---------|---------|-----------|
| 옷 | 4kg | 52 | 13 |
| 신발 | 2.5kg | 25 | 10 |
| 노트북 | 3kg | 24 | 8 |
| 세면도구 | 1kg | 15 | 15 |
| 비상식량 | 3.5kg | 70 | 20 |
| 안내책자 | 1.5kg | 12 | 8 |

무게당 가치는 위와 같으므로 그리디 알고리즘을 적용하여 무게당 가치가 가장 높은 비상식량을 가장 먼저 선택하게 된다. 비상식량의 무게는 3.5kg이므로 6.5kg의 물건을 더 넣을 수 있다. 두 번째로 무게당 가치가 높은 물건은 세면도구이며, 무게는 1kg이다. 배낭에 세면도구를 넣으면 여유분은 5.5kg가 된다. 그 다음 무게당 가치가 높은 물건은 옷이며, 무게는 4kg이므로 옷을 배낭에 넣으면 여유분은 1.5kg이 된다. 1.5kg 무게의 물건은 안내책자에 해당하므로 안내책자를 배낭에 넣는다. 결과적으로 비상식량, 세면도구, 옷, 안내책자를 배낭에 넣어 총 가치는 70+15+52+12에 해당하는 149에 해당한다. 무게당 가치를 반영하는 것이 해결 방법 1보다 더 좋은 답을 제시했음을 확인할 수 있다. 그러면 과연 이 방식이 최적의 해결 방법일까? 또 다른 해결 방법에 대하여 검토해 보기로 하자.

## 💡 해결 방법 3

배낭을 빈틈없이 채울 수 있는 분할 가능 배낭 문제(Fractional Knapsack Problem)로 그리디 알고리즘을 적용하면 우선 무게당 가치가 가장 높은 비상식량을 선택한다. 그리고 두 번째로 무게당 가치가 높은 세면도구를 배낭에 넣고, 계속하여 세 번째로 무게당 가치가 높은 옷을 배낭에 넣는다. 여기까지의 무게를 계산하면 3.5kg+1kg+4kg이므로 배낭은 1.5kg의 여유가 있다. 네 번째로 무게당 가치가 높은 물건은 신발이다. 신발의 무게당 가치는 10이므로 1.5kg에 해당하는 15의 가치만큼만 배낭에 넣는다. 즉, 15/25에 해당하는 60%의 신발만을 배낭에 넣는 것이다. 배낭의 무게는 10kg으로 가능한 무게를 모두 채웠고, 총 가치는 70+15+52+15에 해당하는 152가 된다. 앞의 두 가지 해결 방법과 비교하면 분할 가능 배낭 문제가 최적의 문제해결 결과임을 알 수 있다.

분할 가능 배낭 문제의 해결 방법 3을 적용한 파이선 프로그램은 다음과 같다.

```
1   def select_item(capacity, weights, values):
2       value = 0.
3
4       valuePerWeight = valuePerWeight = sorted([[v / w, w] for v,w in zip(values,weights)], reverse=True)
5       while capacity > 0 and valuePerWeight:
6           maxi = 0
7           idx = None
8           for i,item in enumerate(valuePerWeight):
9               if item [1] > 0 and maxi < item [0]:
10                  maxi = item [0]
11                  idx = i
12
13          if idx is None:
14              return 0.
15
16          v = valuePerWeight[idx][0]
17          w = valuePerWeight[idx][1]
18
19          if w <= capacity:
20              value += v*w
21              capacity -= w
22          else:
23              if w > 0:
24                  value += capacity * v
25                  return value
26          valuePerWeight.pop(idx)
27
28      return value
```

예제에서 사용한 값의 파이선 코드는 다음과 같다.

```
30   if __name__ == "__main__":
31       n = 6
32       capacity = 10
33       values = [52, 25, 24, 15, 70, 12]
34       weights = [4, 2.5, 3, 1, 3.5, 1.5]
35       opt_value = select_item(capacity, weights, values)
36       print("{:.2f}".format(opt_value))
```

프로그램 수행 결과는 다음과 같이 해결 방법 3의 최적화된 결과와 동일하다.

```
152.00
```

# 🔍 요약

--------------------------------------------------------------------------------

**1** 그리디(Greedy) 알고리즘은 탐욕적 문제해결 방법으로 주어진 상황에서 가장 최적인 해결책을 선택하여 전체 문제에 적합한 결과를 찾는 알고리즘 설계 기법이다.

**2** 그리디 알고리즘은 순간에서는 최선을 선택하지만 전체 문제에 대한 최선의 결과를 항상 보장하지는 않는다.

**3** 그리디 알고리즘은 다음 단계를 고려하지 않고 지금 이 순간 최선의 해결책을 선택하여 전체를 위한 최선책이 보장될 때 적용하는 것과 시간이나 공간적 제약으로 인하여 다른 문제해결 방법을 적용하기 힘든 상황에서 근삿값을 찾고자 할 때 적용하는 것이 바람직하다.

**4** 그리디 알고리즘 방식으로 문제를 해결할 때 어떤 기준으로 탐욕적 접근을 하느냐에 따라 다른 결과가 나올 수 있다. 최솟값 또는 최댓값으로 기준을 정할 수 있다.

**5** 그리디 알고리즘의 최단 경로 찾기 문제는 다익스트라 알고리즘에 해당하며, 가중치가 주어진 그래프에서 주어진 정점으로부터 다른 정점까지의 최단 거리를 계산하는 문제이다. 다익스트라 알고리즘은 최솟값으로 접근 가능한 정점을 단계별로 추가하며, 모든 정점에 연결되는 경로 값을 계산하여 최단 경로를 찾는다.

**6** 다익스트라 알고리즘은 항상 최적의 해결책을 제시한다.

**7** 그리디 알고리즘의 배낭 문제는 배낭에 주어진 물건 중에서 최대 가치를 가져갈 수 있도록 물건을 선택하여 넣는 문제이며, 분할 가능 배낭 문제(Fractional Knapsack Problem)와 0-1 배낭 문제(0-1 Knapsack Problem)로 두 가지 해결 방법이 있다.

⑧ 0-1 배낭 문제를 그리디 알고리즘으로 해결하는 경우는 최적의 해를 찾지 못할 수 있다. 반면, 분할 가능 배낭 문제는 최적의 해를 찾을 수 있다.

⑨ 배낭 문제를 해결하기 위해서는 무게당 가치를 계산하여 문제해결에 반영해야 한다.

⑩ 그리디 알고리즘은 최적의 해를 제공하지 못할 수 있지만 문제해결 방법이 간단하여 근삿값으로 결과를 만족하는 경우에는 매우 유용한 문제해결 방법이다.

# 📝 연습문제

**1** 그리디(greedy) 알고리즘으로 문제를 어떻게 해결하는지 설명하시오.

**3** 그리디 알고리즘이 최적해를 보장하는가에 대하여 설명하시오.

**3** 아래의 그래프에서 A를 시작점으로 갖는 최단 경로를 찾을 때 2번째로 추가되는 정점은 무엇이며 최단 경로 값은 무엇인지 설명하시오.

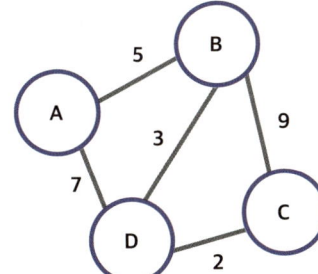

**4** 아래와 같은 상황에서 0-1 배낭 문제해결을 무게당 가치를 적용하여 해결할 때 두 번째로 선택되는 물건은 무엇인지 설명하시오.

| item | 무게 $w$ | 가치 $v$ |
|---|---|---|
| $item_1$ | 6kg | 48 |
| $item_2$ | 5kg | 50 |
| $item_3$ | 7kg | 49 |
| $item_4$ | 5kg | 45 |

W = 12kg

실전편

chapter 11

# 다양한
# 알고리즘 기법

## 11.1 동적 프로그래밍

동적 프로그래밍(dynamic programming)은 컴퓨터에서 의미하는 프로그래밍이 아닌 '다음 단계로 진행하기 위하여 계획한다'는 의미로 '동적 계획법'이라고도 한다. 동적 프로그래밍이란 주어진 문제를 해결하기 위한 과정을 여러 단계로 나눈 후 하나의 단계에서 다음 단계로 진행하면서 나타나는 정보를 이용하여 전체 문제를 해결하는 알고리즘이다. 즉, 이전 단계에서 습득된 정보를 이용하여 다음 단계의 문제를 해결함으로써 전체 문제를 해결하는 알고리즘이다. 동적 프로그래밍은 최적화를 위한 문제해결 기법 중 하나이다. 문제해결을 위하여 다음 단계로 넘어갈 때마다 최적의 해결 방안을 적용하는 방법이다.

예를 들어 다음의 식을 계산할 때는 단순히 왼쪽에서 오른쪽으로 진행되므로 동적 프로그래밍 기법은 적용되지 않는다.

$$35 + 42 + 143 + 524 - 214 - 92 + 51$$

그러나 다음의 식을 계산할 때는 괄호 안에 묶인 식을 먼저 계산하여야만 전체 식의 답을 구할 수 있기 때문에 동적 프로그래밍 기법이 적용되어야 한다.

$$(34 + 241) \times (512 - 342) / (28 - 16)$$

동적 프로그래밍과 분할 정복 알고리즘은 문제를 작은 단위로 분할하는 측면에서는 같으나 다음과 같은 차이점이 있다.

| 분할 정복 알고리즘 | 동적 프로그래밍 |
|---|---|
| ▷ 분할되는 작은 문제가 서로 독립적<br>▷ 하위 문제를 순환적으로 해결한 후 결과를 통합하여 전체 문제를 해결 | ▷ 나누어진 문제가 서로 독립적이지 않음<br>▷ 분할된 하위 문제 간에 중복된 부분이 존재 가능 |

최적화 측면에서는 그리디 알고리즘과 동적 프로그래밍이 다음과 같이 비교 검토될 수 있다.

| 그리디 알고리즘 | 동적 프로그래밍 |
|---|---|
| ▷ 부분 문제별 최적의 해들이 모여서 전체 해결 방안을 제시<br>▷ 부분 문제에 대한 최적의 해만을 고려<br>▷ 부분 문제의 최적의 해들이 전체 최적의 해를 보장하지 못함 | ▷ 부분 문제별 최적의 해를 통해 다음 단계의 최적의 해가 결정<br>▷ 주어진 문제에 대한 최적의 해가 이전 단계의 부분 문제에 대한 최적의 해로 구성됨 |

동적 프로그래밍으로 문제를 해결할 때는 다음의 3단계 작업이 요구된다.

**1단계** 문제를 부분 문제로 나누기

**2단계** 최소 단위의 문제부터 해결하여 답을 구한 뒤 값을 저장하기

**3단계** 저장된 부분 문제의 답을 이용하여 점차적으로 상위 문제의 답을 구하여 전체 문제를 해결하기

동적 프로그래밍의 활용은 '동전 바꾸기 문제'에 적용 가능하다. 동적 프로그래밍의 효율성을 검토하기 위하여 같은 문제를 재귀함수로 먼저 수행해 보기로 한다. 재귀함수를 활용하여 663원을 최소의 동전으로 바꾸는 파이선 프로그램은 다음과 같다.

```
 1    call_count = 0
 2
 3    def recDC(coinValueList,change,knownResults):
 4        global call_count
 5        call_count+=1
 6        minCoins = change
 7        if change in coinValueList:
 8            knownResults[change] = 1
 9            return 1
10        elif knownResults[change] > 0:
11            return knownResults[change]
12        else:
13            for i in [c for c in coinValueList if c <= change]:
14                numCoins = 1 + recDC(coinValueList, change-i,
15                                     knownResults)
16                if numCoins < minCoins:
17                    minCoins = numCoins
18                    knownResults[change] = minCoins
19        return minCoins
20
21    print(recDC([1, 10, 50, 100, 500],663,[0]*664),'개의 동전이 필요함')
22    print(call_count, '번의 반복 작업을 통하여 해결함')
```

재귀함수를 활용하여 실행한 결과는 다음과 같다.

```
7 개의 동전이 필요함
2781 번의 반복 작업을 통하여 해결함
```

238

앞의 재귀함수의 경우와 다르게 동적 프로그래밍은 반복 계산을 막기 위하여 이전에 계산하였던 값들을 리스트 배열에 저장하여 프로그램 수행의 효율성을 높인다. 동적 프로그래밍 기법을 활용하여 663원을 최소의 동전으로 바꾸는 파이선 프로그램은 다음과 같다.

```python
1   def dpMakeChange(coinValueList,change,minCoins,coinsUsed):
2       for cents in range(change+1):
3           coinCount = cents
4           newCoin = 1
5           for j in [c for c in coinValueList if c <= cents]:
6               if minCoins[cents-j] + 1 < coinCount:
7                   coinCount = minCoins[cents-j]+1
8                   newCoin = j
9           minCoins[cents] = coinCount
10          coinsUsed[cents] = newCoin
11      return minCoins[change]
12
13  def printCoins(coinsUsed,change):
14      coin = change
15      while coin > 0:
16          thisCoin = coinsUsed[coin]
17          print(thisCoin)
18          coin = coin - thisCoin
19
20  def main():
21      amnt = 663
22      clist = [1, 10, 50, 100, 500]
23      coinsUsed = [0]*(amnt+1)
24      coinCount = [0]*(amnt+1)
25
26      print(amnt,"원을 동전으로 교환하려면 ")
27      print(dpMakeChange(clist,amnt,coinCount,coinsUsed),"개의 동전이 필요함 ")
28      print("동전의 구성은 :")
29      printCoins(coinsUsed,amnt)
30      print("=====================================================")
31      print("저장된 리스트 배열의 내용은 다음과 같음 :")
32      print(coinsUsed)
33      print("저장된 부분 답의 갯수 : ", len(coinsUsed))
34
35  main()
```

동적 프로그래밍 기법을 적용하여 실행한 결과는 다음과 같다.

```
663 원을 동전으로 교환하려면
7 개의 동전이 필요함
동전의 구성은 :
1
1
1
10
50
100
500
==================================================================
저장된 리스트 배열의 내용은 다음과 같음 :
[1, 1, 1, 1, 1, 1, 1, 1, 1, 10, 1, 1, 1, 1, 1, 1, 1, 1, 1, 10, 1, 1, 1, 1, 1,
 1, 1, 1, 1, 10, 1, 1, 1, 1, 1, 1, 1, 1, 1, 10, 1, 1, 1, 1, 1, 1, 1, 1, 50, 1
, 1, 1, 1, 1, 1, 1, 1, 10, 1, 1, 1, 1, 1, 1, 1, 1, 1, 10, 1, 1, 1, 1, 1, 1, 1
, 1, 1, 10, 1, 1, 1, 1, 1, 1, 1, 1, 1, 10, 1, 1, 1, 1, 1, 1, 1, 1, 100, 1, 1,
 1, 1, 1, 1, 1, 1, 10, 1, 1, 1, 1, 1, 1, 1, 1, 1, 10, 1, 1, 1, 1, 1, 1, 1, 1,
 1, 10, 1, 1, 1, 1, 1, 1, 1, 1, 1, 10, 1, 1, 1, 1, 1, 1, 1, 1, 50, 1, 1, 1, 1
 1, 1, 1, 1, 1, 10, 1, 1, 1, 1, 1, 1, 1, 1, 1, 10, 1, 1, 1, 1, 1, 1, 1, 1, 1
0, 1, 1, 1, 1, 1, 1, 1, 1, 10, 1, 1, 1, 1, 1, 1, 1, 1, 100, 1, 1, 1, 1, 1, 1,
 1, 1, 1, 10, 1, 1, 1, 1, 1, 1, 1, 1, 10, 1, 1, 1, 1, 1, 1, 1, 1, 1, 10, 1, 1,
, 1, 1, 1, 1, 1, 1, 10, 1, 1, 1, 1, 1, 1, 1, 1, 50, 1, 1, 1, 1, 1, 1, 1, 1, 1
, 1, 1, 10, 1, 1, 1, 1, 1, 1, 1, 1, 10, 1, 1, 1, 1, 1, 1, 1, 1, 10, 1, 1, 1,
 1, 1, 1, 1, 1, 1, 10, 1, 1, 1, 1, 1, 1, 100, 1, 1, 1, 1, 1, 1, 1, 1, 1, 1,
, 1, 10, 1, 1, 1, 1, 1, 1, 1, 1, 10, 1, 1, 1, 1, 1, 1, 1, 1, 10, 1, 1, 1, 1,
0, 1, 1, 1, 1, 1, 1, 1, 1, 10, 1, 1, 1, 1, 1, 1, 1, 1, 10, 1, 1, 1, 1, 1, 1,
, 1, 1, 1, 10, 1, 1, 1, 1, 1, 1, 100, 1, 1, 1, 1, 1, 1, 1, 1, 1, 1, 10, 1, 1,
, 1, 1, 1, 1, 1, 10, 1, 1, 1, 1, 1, 1, 1, 1, 10, 1, 1, 1, 1, 1, 1, 1, 1, 1,
 1, 1, 10, 1, 1, 1, 1, 1, 1, 50, 1, 1, 1, 1, 1, 1, 1, 1, 1, 1, 10, 1, 1, 1,
 1, 1, 1, 1, 1, 10, 1, 1, 1, 1, 1, 1, 1, 1, 10, 1, 1, 1, 1, 1, 1, 1, 1, 1,
 1, 10, 1, 1, 1, 1, 1, 1, 1, 1, 500, 1, 1, 1, 1, 1, 1, 1, 1, 1, 10, 1, 1, 1,
 1, 1, 1, 1, 1, 10, 1, 1, 1, 1, 1, 1, 1, 1, 10, 1, 1, 1, 1, 1, 1, 1, 1, 1, 1,
0, 1, 1, 1, 1, 1, 1, 1, 1, 50, 1, 1, 1, 1, 1, 1, 1, 1, 1, 1, 10, 1, 1, 1, 1,
 1, 1, 1, 1, 1, 1, 1, 1, 100, 1, 1, 1, 1, 1, 1, 1, 1, 1, 10, 1, 1, 1, 1, 1,
 1, 1, 10, 1, 1, 1, 1, 1, 1, 1, 1, 10, 1, 1, 1, 1, 1, 1, 1, 1, 10, 1, 1, 1,
 1, 1, 1, 1, 1, 1, 50, 1, 1, 1, 1, 1, 1, 1, 1, 1, 1, 10, 1, 1, 1]]
저장된 부분 답의 갯수 :  664
```

두 개의 수행 결과가 보여주듯이 재귀함수는 2781번의 수행을 통하여 문제를 해결하였으나 동적 프로그래밍 기법은 664번의 수행 단계를 통하여 전체 문제를 해결하였다. 수행 단계를 검토해보면, 저장된 리스트 배열의 뒤에서부터 3개의 1원짜리가 사용되었고 1개의 10원짜리가 사용되었음을 알 수 있는데, 10원 앞에는 10개의 1원짜리가 나열되어 1원이 10개 모여서 10원으로 대체되었음을 나타낸다. 50의 앞에는 10개의 1원과 4개의 10원이 나타남으로 결과적으로 50이 구성되었음을 의미한다. 50에 포함되는 1 이전에 나타난 500은 1이 모여 10을 만들고, 4개의 10과 10개의 1이 모여 50을 만들고, 50 이후 100이 만들어 지는 것이 5번 이루어져 500을 표시하였다. 이와 같이 동적 프로그래밍은 최적의 해를 찾기 위해 단계별로 최적의 해를 구하여 전체 문제를 위한 최적의 해를 구하는 효율적 문제해결 방법이다.

## 11.2 되추적 기법

되추적(backtracking) 기법은 문제를 해결하는 과정에서 막히면 되돌아가서 다시 답을 찾는 문제해결 기법이다. 문제의 해결 과정에서 다양한 선택이 주어지는 경우, 일단 하나를 선택하여 문제해결에 접근해 간다. 그러나 상황에 따라 더 이상의 진행이 불가능할 경우 전 단계로 되돌아가 다른 선택을 통하여 문제를 해결하는 것이 되추적 기법이다. 되추적 기법이 적용 가능한 경우는 아래와 같다.

- 문제해결 상황에서 어떠한 선택을 해야 하는지 충분한 정보를 갖고 있지 못할 때
- 각 단계마다 새로운 선택이 요구될 때
- 한 개 이상의 복수 개의 방식이 문제해결의 답으로 적용 가능할 때

되추적 기법은 적절한 해결안을 찾을 때까지 다양한 선택을 통하여 문제를 해결한다. 가장 쉽게 접할 수 있는 되추적 기법은 '미로 찾기'이다.

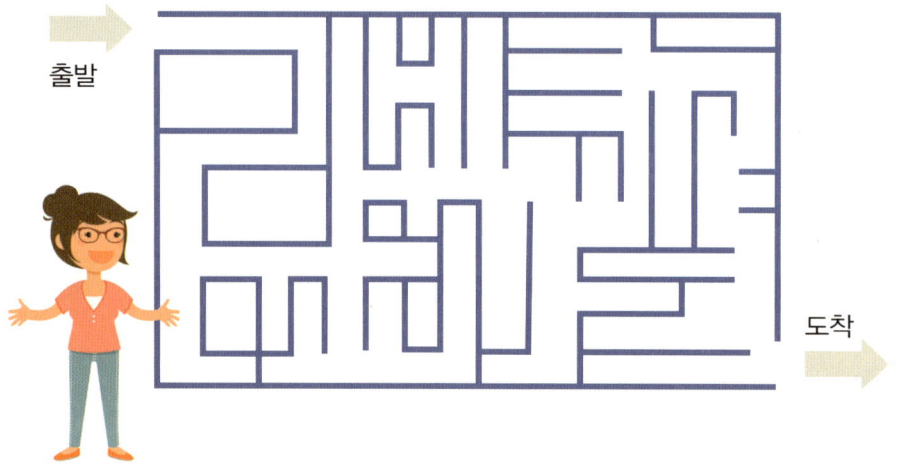

출발한 후 길이 막힌 경우 한 갈래 길만 뚫려 있으면 그 길을 가면 된다. 그러나 갈림길
이 나온 경우 그 다음 상황을 미리 예측할 수 없기 때문에 선택을 해야 한다.

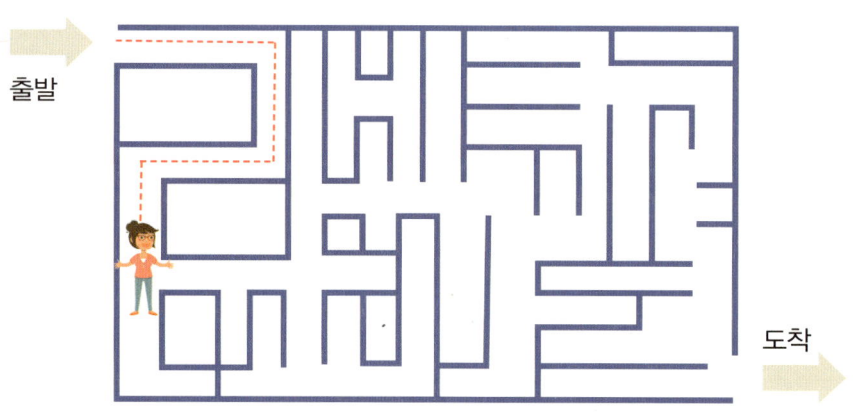

만일 왼쪽 길을 택하지 않고 아래로 직진한다면 막다른 벽을 만나게 되고, 여기에서 되
추적을 적용하여 바로 전에 선택한 장소로 돌아와야 한다.

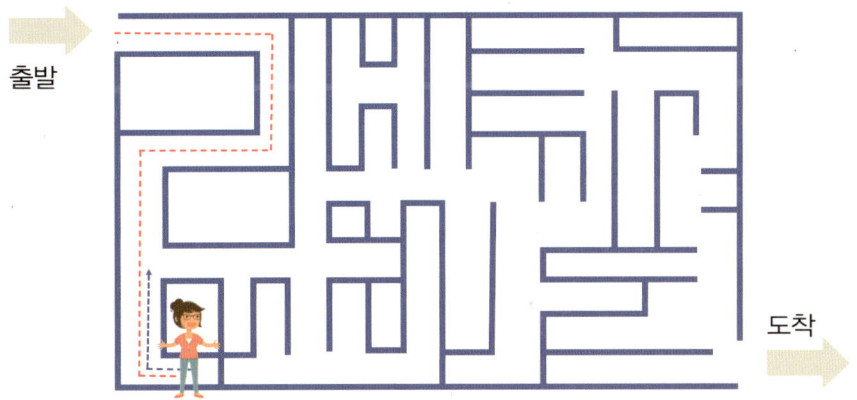

만약 되돌아간 직전 단계에서 가능한 모든 경우를 시도하였으나 답을 찾지 못한 경우에는 한 단계 더 되돌아가 되추적하며 답을 찾는 과정을 진행해야 한다. 예제에서 선택의 상황을 만나게 되는 지점은 아래 그림의 표시된 것과 같다. 만약 파란 화살표의 길을 선택하였다면 되추적 기법이 적용되어야 도착 지점에 도달할 수 있다.

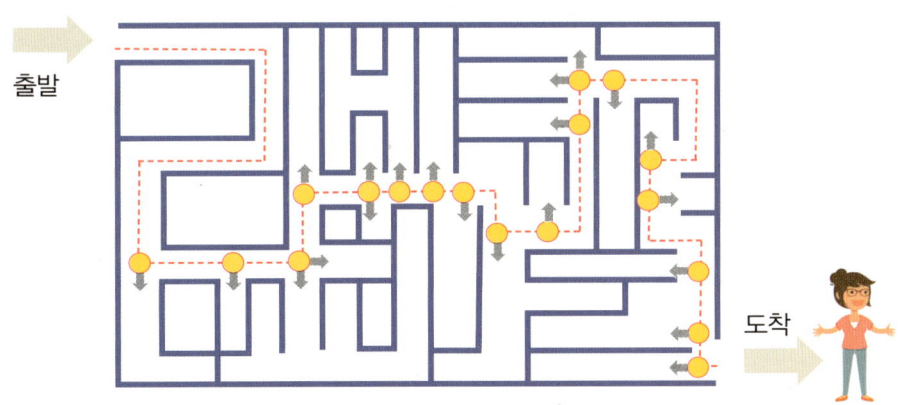

되추적 기법을 적용하여 해결할 수 있는 문제는 N-Queens 문제가 있다. N×N의 체스 판에 N의 여왕을 위치시키는 문제로, 여왕의 위치를 서로 방해하지 않는 곳에 배치하여야 한다. 즉, N-Queens의 조건은 다음과 같다.

- 대각선상에 오직 하나의 여왕
- 한 열에 오직 하나의 여왕
- 한 줄에 오직 하나의 여왕

N-Queens의 문제는 N이 4 이상인 경우에만 가능한 문제이다. 만약 N이 3인 경우는 답이 존재하지 않기 때문이다. 아래와 같이 두 개의 여왕을 위치시킨 경우 3번째 열의 어느 칸에도 N-Queens의 조건을 만족시킬 수 없다.

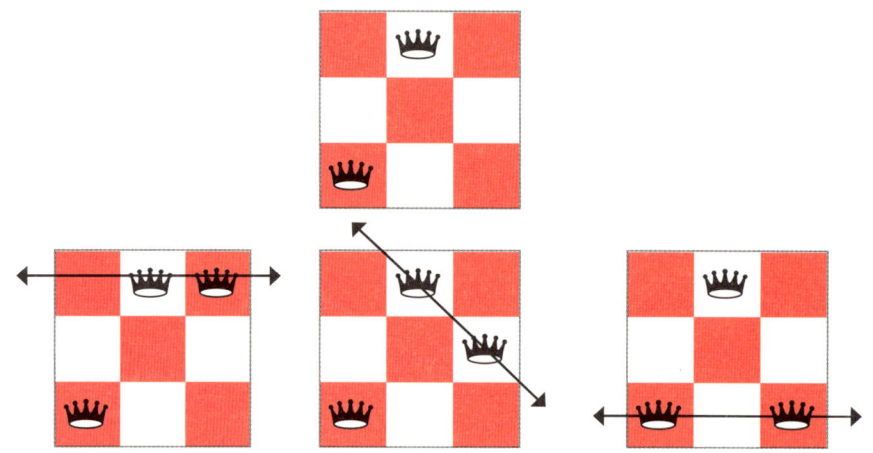

예를 들어 4-Queens인 경우는 아래와 같이 배치 가능하다.

만약에 여왕을 아래와 같이 배치한다면 제일 윗줄에 두 개의 여왕이 존재하므로 잘못된 배치에 해당한다.

4-Queens의 문제를 단계별로 검토해보기로 하자. 만약 첫 번째 여왕을 다음과 같이 위치시키는 경우 두 번째 열에 올 수 있는 여왕의 위치는 다음과 같이 두 개의 선택이 가능하다. 두 개의 가능한 선택 중에 3번째 줄의 빈칸을 선택하여 문제해결을 진행해 보기로 하자.

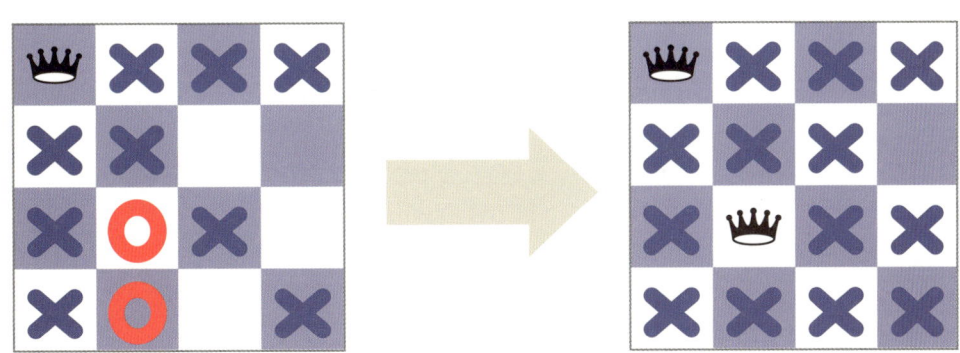

2번째 열에서 3번째 줄의 빈칸을 선택한 경우 3번째 열에 여왕을 위치시킬 수 없게 된다. 이 경우 직전 선택이었던 2번째 열의 여왕 위치를 되추적하여 3번째 줄의 빈칸 대신 4번째 줄의 빈칸으로 선택을 변경한다. 4번째 줄의 빈칸을 선택한 경우는 다음과 같이 3번째 열은 2번째 줄에 여왕을 위치시킬 수 있으나 4번째 열에 여왕을 위치할 곳이 없다. 이 경우 되추적 단계를 한 단계 더 적용하여 처음 여왕의 위치를 변경해야 한다.

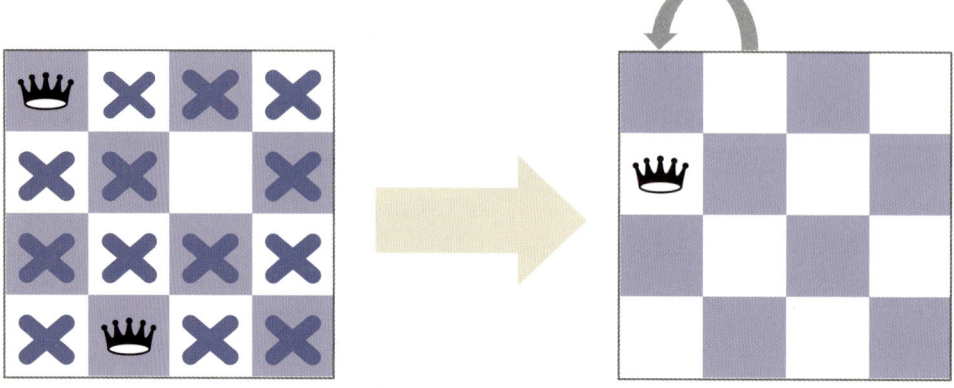

이러한 되추적 기법을 반복적으로 적용하여 N-Queens 조건에 만족하는 결과를 얻을
수 있다.

N-Queens의 파이선 프로그램 코드는 다음과 같다.

```
1   def nqueen(sol, N):
2       global count
3       if len(sol) == N:
4           count += 1
5           print('%3d 번째 해결 : '%(count), sol)
6           return 0
7       candidate = list(range(N))
8       for i in range(len(sol)):
9           if sol[i] in candidate:
10              candidate.remove(sol[i])
11          distance = len(sol) - i
12          if sol[i] + distance in candidate:
13              candidate.remove(sol[i] + distance)
14          if sol[i] - distance in candidate:
15              candidate.remove(sol[i] - distance)
16      if candidate != []:
17          for i in candidate:
18              sol.append(i)
19              nqueen(sol, N)
20              sol.pop()
21      else:
22          return 0
23
24
25  count=0
26  num = int(input("N-Queens의 크기를 입력하세요 : "))
27  for i in range(num):
28      nqueen([i], num)
29  if count == 0:
30      print("해답 없음")
```

N-Queens의 파이선 프로그램을 수행한 결과는 다음과 같다.

N이 3인 경우:

```
N-Queens의 크기를 입력하세요 : 3
해답 없음
```

N이 4인 경우:

```
N-Queens의 크기를 입력하세요 : 4
  1 번째 해결 :  [1, 3, 0, 2]
  2 번째 해결 :  [2, 0, 3, 1]
```

N이 5인 경우:

```
N-Queens의 크기를 입력하세요 : 5
  1 번째 해결 :  [0, 2, 4, 1, 3]
  2 번째 해결 :  [0, 3, 1, 4, 2]
  3 번째 해결 :  [1, 3, 0, 2, 4]
  4 번째 해결 :  [1, 4, 2, 0, 3]
  5 번째 해결 :  [2, 0, 3, 1, 4]
  6 번째 해결 :  [2, 4, 1, 3, 0]
  7 번째 해결 :  [3, 0, 2, 4, 1]
  8 번째 해결 :  [3, 1, 4, 2, 0]
  9 번째 해결 :  [4, 1, 3, 0, 2]
 10 번째 해결 :  [4, 2, 0, 3, 1]
```

N이 6인 경우:

```
N-Queens의 크기를 입력하세요 : 6
  1 번째 해결 :  [1, 3, 5, 0, 2, 4]
  2 번째 해결 :  [2, 5, 1, 4, 0, 3]
  3 번째 해결 :  [3, 0, 4, 1, 5, 2]
  4 번째 해결 :  [4, 2, 0, 5, 3, 1]
```

## 11.3 분기 한정 기법

분기 한정(branch and bound) 기법은 최적의 해를 구하는 알고리즘으로 되추적 기법과 구별되는 문제해결 방법이다. 되추적 기법을 적용하여 문제를 해결할 때 선택할 수 있는 경우의 수가 너무 많아 모든 경우를 다 시도해 보기 힘든 경우에는 분기 한정 기법을 사용한다. 분기 한정 기법은 선택의 단계에서 한계치(bound)를 적용하여 선택할 것인지 아닌지를 결정한다. 만약 한계치가 지금까지 찾은 최적의 결과보다 좋지 않은 경우 더 이상의 분기를 시도하지 않는 것이다. 즉, 분기(branch)의 기준이 되는 값이 한계치(bound)에 해당하므로 branch and bound 기법이라 한다.

0-1 배낭 문제를 적용하여 분기 한정 기법을 검토해 보자.

| item | 무게 $w$ | 가치 $v$ | 무게당 가치 |
|---|---|---|---|
| $item_1$ | 12kg | 120 | 10 |
| $item_2$ | 8kg | 68 | 8.5 |
| $item_3$ | 6kg | 57 | 9.5 |

W = 15kg

분기 한정 기법을 위하여 상태공간 트리(state space tree)를 생성하며 문제를 해결한다. 트리는 7장의 학습 내용과 같이 깊이 우선과 너비 우선으로 검색 가능하다. 상태공간 트리를 구축하여 깊이 우선 검색을 적용하면 되추적 기법과 같은 개념이 된다. 깊이 우선 검색으로 상태공간 트리를 생성하는 과정은 다음과 같다.

1. 루트 노드(트리의 레벨 0)에서 왼쪽으로 가면 첫 번째 아이템을 배낭에 넣는 경우이고, 오른쪽으로 가면 첫 번째 아이템을 배낭에 넣지 않는 경우

2. 동일한 방법으로 트리의 레벨(루트의 아래 단계에 해당함) 1에서 왼쪽으로 가면 두 번째 아이템을 배낭에 넣는 경우이고, 오른쪽으로 가면 그렇지 않는 경우

3. 이런 식으로 계속하여 상태공간 트리를 구축하면, 루트 노드로부터 단말 노드까지의 모든 경로는 해답 후보가 됨

 해를 찾는 문제(optimization problem)이므로 검색이 완전히 끝나기 전에는 해답을 알 수가 없다. 따라서 검색을 하는 과정 동안 항상 그 때까지 찾은 최적의 해를 기억해 두어야 한다.

상태공간 트리를 작성하기 위하여 루트 노드의 가치, 무게, 최대 이익의 초기 값을 0으로 하고 노드의 한정(bound) 값을 계산한다.

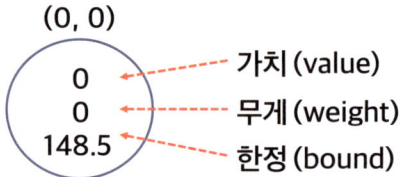

한정(bound) 값의 계산은 무게당 가치가 가장 높은 $item_1$을 배낭에 넣으면 $item_1$의 가치인 120만큼을 우선 획득한다. 배낭의 무게인 15kg을 만들기 위하여 3kg을 더 넣을 수 있으며, 무게당 가치가 두 번째로 높은 $item_3$를 3kg만큼 계산하면 무게당 가치가 9.5 이므로 $9.5 \times 3$을 하여 28.5를 기존의 가치에 해당하는 120에 더하여 148.5를 구한다.

깊이 우선 검색의 순위에 따라 하위 레벨의 트리를 생성한다. 최대 이익은 지금까지 찾은 최선의 해답이 주는 값을 뜻한다.

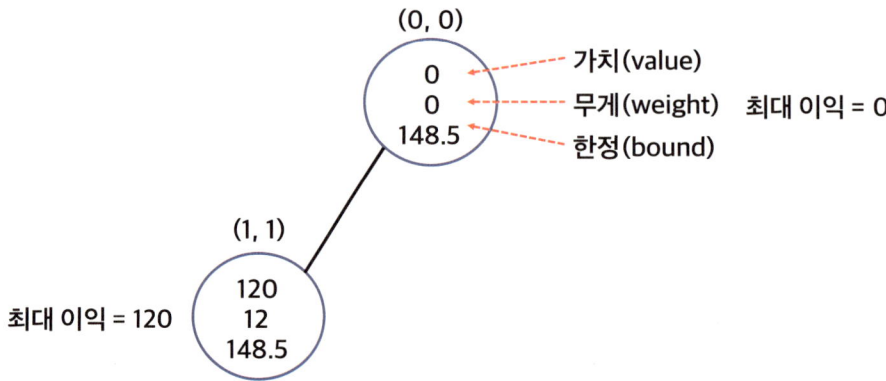

최대 이익보다 큰 한정 값을 가지고 있으므로 다음 단계로 계속 분기(branch) 작업을 진행한다.

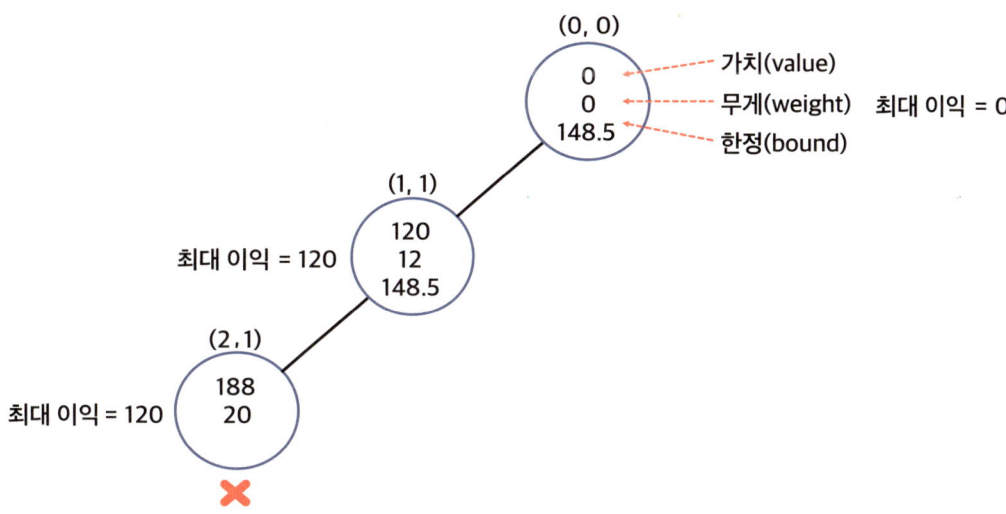

$item_1$과 $item_2$를 선택하면 무게가 20kg이 되어서 배낭의 최대 무게인 15kg을 초과하게 된다. 그러므로 해당 노드는 최적의 해에서 제거되고 해당 노드의 하위 단계로의 분기는 불필요하게 된다. 이 상황에서 더 이상 전진할 수 없으므로 되추적(backtracking) 기법이 적용되며 그 전 노드에 해당하는 (1, 1)의 오른쪽 하위 방향으로 분기를 진행한다.

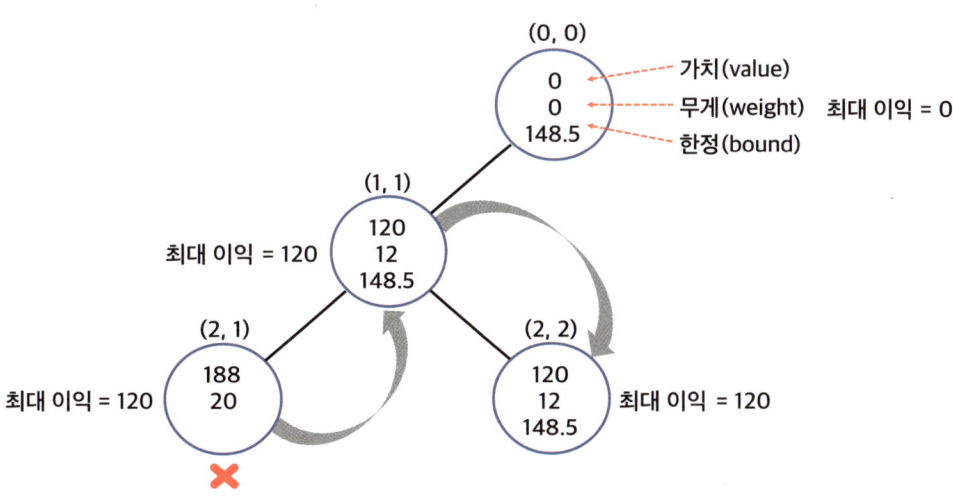

$item_1$을 선택하고 $item_2$는 선택하지 않는 상황이므로 한계(bound) 값 148.5가 최대 이익 값에 해당하는 120보다 큰 값을 가지고 있으므로 하위 방향으로 분기(branch)를 계속한다.

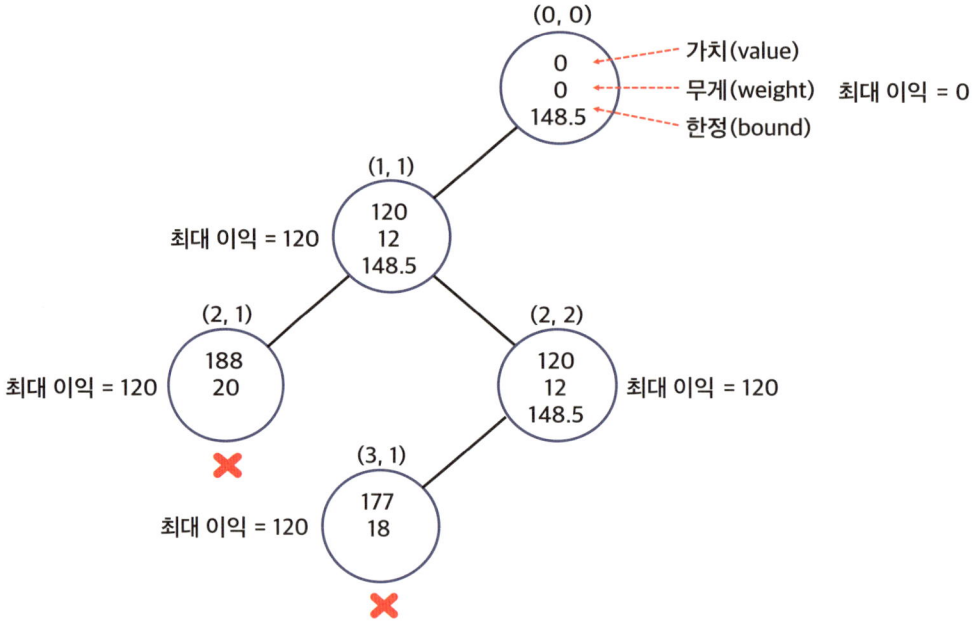

$item_1$과 $item_3$을 선택하면 결과가 무게 12kg + 6kg이 되므로 배낭의 최대 무게인 15kg을 초과하게 되므로 (3, 1)에서 더 이상 분기할 수 없게 된다. 진행 방향으로의 분기가 더 이상 불가능하므로 되추적 기법을 적용하여 (2, 2)로 돌아간다. (2, 2)에서 계속하여 오른쪽으로 분기하며 상태공간 트리를 생성해 간다.

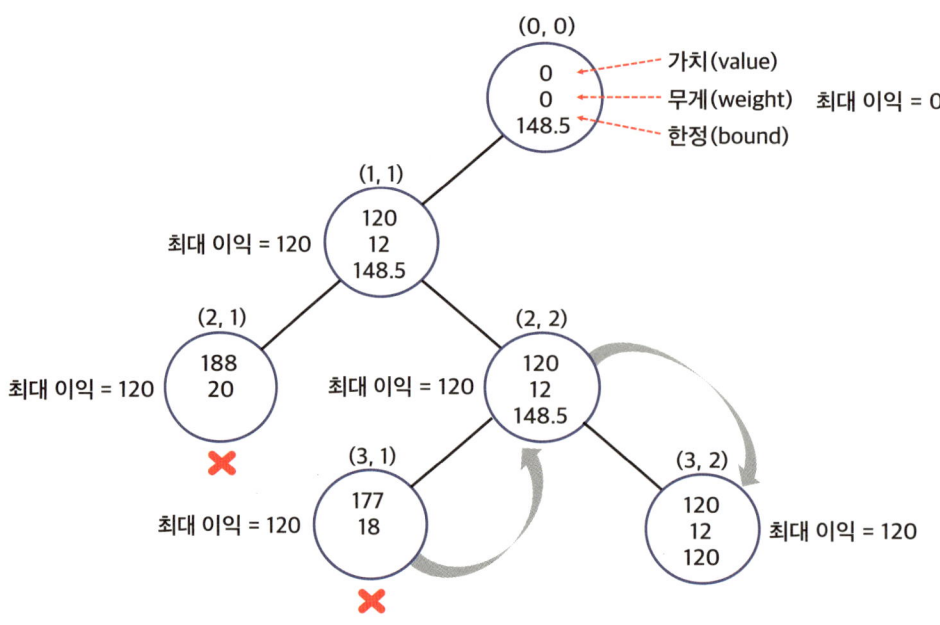

보유한 아이템 3개를 모두 적용하기 때문에 (3, 2)에서 더 이상의 분기(branch)는 일어나지 않는다. 루트 노드로부터 왼쪽 방향을 선택하여 내려갈 수 있는 깊이를 모두 검색하였으므로, 되추적으로 루트에 해당하는 (0, 0)으로 돌아가서 (1, 2)의 방향으로 상태공간 트리를 확장해 나간다.

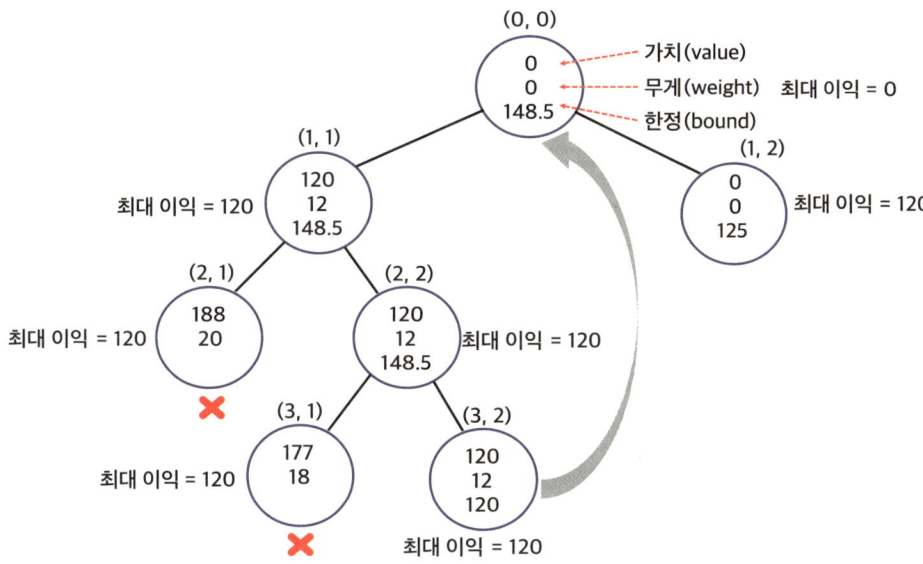

최대 이익보다 한정 값이 작지 않으므로 계속하여 깊이 우선 방식으로 상태공간 트리를 생성해 나간다.

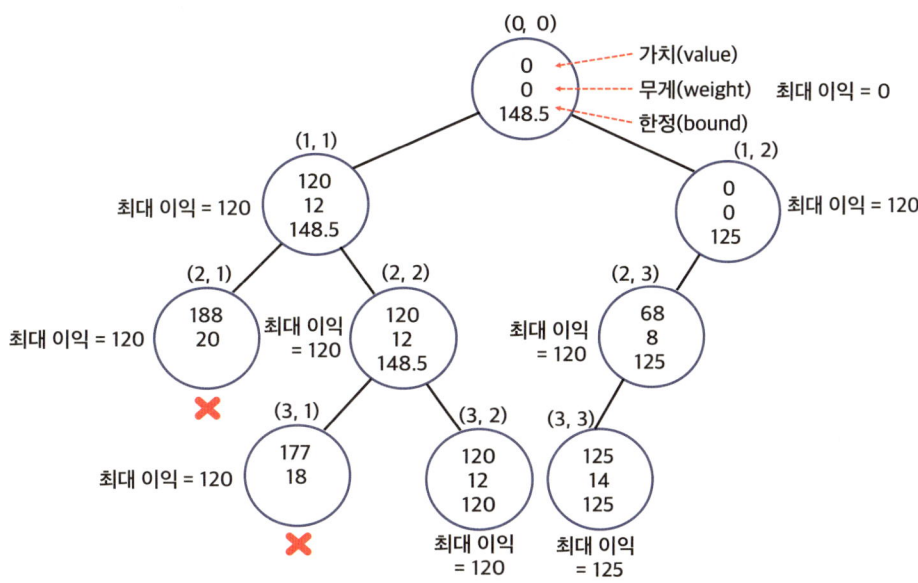

배낭에 넣을 수 있는 가치가 125로 지금까지의 값 중에 가장 큰 값이 확인되었으나, 나머지 부분에 대한 상태공간 트리 생성을 계속한다. 상태공간 트리의 최종 결과는 다음과 같다.

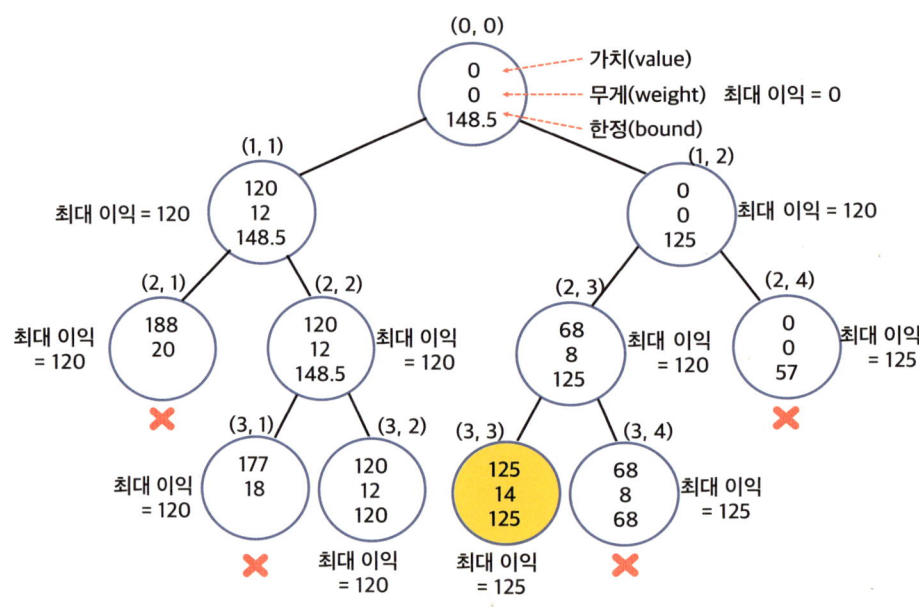

최대 이익은 지금까지 찾은 최선의 값에 해당하므로 해답이 주는 값을 뜻하므로 (3, 4)의 최대 이익은 125이다. 반면 (3, 4)의 한계(bound) 값은 68이므로 최대 이익인 125보다 작은 값이기 때문에 포함 시킬 수 없으며, (2, 4) 또한 한계(bound) 값이 최대 이익인 125보다 작기 때문에 분기(branch) 작업이 발생할 수 없다. 그리하여 0-1 배낭 문제를 분기 한정 기법으로 해결하면, $item_2$와 $item_3$을 선택하여 125의 가치를 획득하는 결과가 나오며, 이는 그리디 알고리즘으로 해결한 0-1 배낭 문제의 결과인 120보다 최적화된 답이다. 즉, 그리디 알고리즘이 찾지 못한 최적해를 분기 한정 기법이 찾은 것이다. 분기 한정 기법의 0-1 배낭 문제해결을 위한 파이선 코드 중 데이터의 정의는 다음과 같이 무게당 가치가 높은 순서대로 정렬할 수 있다.

```
1   data_item = ['item1', 'item2','item3']
2   data_weight = [12, 8, 6]
3   data_value = [120, 68, 57]
4   max_weight = 15
5
6   data_eff=[]
7   for i in range(len(data_item)):
8       data_eff.append(data_value[i] / data_weight[1])
9   order = [i[0] for i in sorted(enumerate(data_eff), key=lambda x:x[1], reverse=True)]
10  #무게 당 가치가 높은 순으로 정렬
11  data_eff = [data_eff[i] for i in order]
12  data_weight = [data_weight[i] for i in order]
13  data_value = [data_value[i] for i in order]
14  data_item = [data_item[i] for i in order]
15
```

실질적 상태공간 트리 작업을 진행할 파이선 코드는 다음과 같다.

```python
18  class State(object):
19      def __init__(self, level, benefit, weight, token):
20          self.level = level
21          self.benefit = benefit
22          self.weight = weight
23          self.token = token
24          self.available = self.token[:self.level]+[1]*(len(data_value)-level)
25          self.ub = self.upperbound()
26
27
28      def upperbound(self):
29          upperbound = 0
30          weight_accumulate = 0
31          for i in range(len(data_weight)):
32              if data_weight[i] * self.available[i] <= max_weight - weight_accumulate:
33                  weight_accumulate += data_weight[i] * self.available[i]
34                  upperbound += data_value[i] * self.available[i]
35              else:
36                  upperbound += data_value[i] * (max_weight - weight_accumulate) \
37                              / data_weight[i] * self.available[i]
38                  break
39          return upperbound
40
41      def develop(self):
42          level = self.level + 1
43          if self.weight + data_weight[self.level] <= max_weight:
44              left_weight = self.weight + data_weight[self.level]
45              left_benefit = self.benefit + data_value[self.level]
46              left_token = self.token[:self.level]+[1]+self.token[self.level+1:]
47              left_child = State(level, left_benefit, left_weight, left_token)
48          else: left_child = None
49          right_child = State(level, self.benefit, self.weight, self.token)
50          if left_child != None:
51              return [left_child, right_child]
52          else: return [right_child]
```

마지막으로 초기화하고, 처리하여 결과를 출력하는 파이선 코드의 내용이다.

```python
54    Root = State(0, 0, 0, [0]*len(data_value)) #최기화
55    waiting_States = []
56    current_state = Root
57    while current_state.level < len(data_value):
58        waiting_States.extend(current_state.develop())
59        waiting_States.sort(key=lambda x: x.ub)
60        current_state = waiting_States.pop()
61    best_solution = current_state
62    best_item = []
63    for i in range(len(best_solution.token)):
64        if (best_solution.token[i] == 1):
65            best_item.append(data_item[i])
66
67    print ("배낭 안 물건의 총 무게 : ", best_solution.weight)
68    print ("선택된 물건 가치의 합 : ", best_solution.benefit)
69    print ("선택된 물건 :", best_item)
```

위의 3 부분을 통합하여 수행한 결과는 아래와 같다.

```
배낭 안 물건의 총 무게 :  14
선택된 물건 가치의 합 :  125
선택된 물건 : ['item2', 'item3']
```

## 11.4 통 채우기 문제

통 채우기(Bin Packing) 문제는 가장 적은 수의 통(bin)을 사용하여 정해진 용량의 통 안에 주어진 n개의 물건을 채우는 것이다. 이때 각 물건의 크기는 통의 용량보다 작아야하며, 통 안에 물건이 들어갈 여유가 있을 때만 물건을 넣을 수 있다. 즉, 통의 크기를 넘는 물건은 통 안에 넣을 수 없다. 예를 들어 통의 크기가 10인 3개의 통에 각각 6, 5, 8씩 차 있고, 크기가 6인 물건을 다음에 넣어야 한다면 기존에 사용하던 3개의 통에 넣을 수 없고 새로운 통에 넣어야 한다. 따라서 통의 수가 4로 증가하게 된다.

만약 다음 물건의 크기가 2라면, 어느 통에 새 물건을 넣어야 할까?

이와 같은 경우에는 크기 2의 물건은 통의 수를 증가 시키지 않고 기존의 어느 통에나 들어갈 수 있다. 새로운 물건을 통에 넣을 때 다음의 4가지 방법이 적용될 수 있다.

1. **최초 적합**(first fit): 첫 번째 통부터 차례로 살펴보며, 가장 먼저 여유가 있는 통에 새 물건을 넣는다.
2. **다음 적합**(next fit): 직전에 물건을 넣은 통에 여유가 있으면 그 통에 새 물건을 넣고, 여유가 없는 경우 새로운 통에 넣는다.
3. **최선 적합**(best fit): 기존의 통 중에서 새 물건이 들어가면 남는 부분이 가장 작은 통에 새 물건을 넣는다.

**4. 최악 적합**(worst fit): 기존의 통 중에서 새 물건이 들어가면 남는 부분이 가장 큰 통에 새 물건을 넣는다.

만일 최초 적합 방법을 적용한다면, 1번째 통을 살펴보고 새로운 물건 2가 들어갈 공간이 있으므로 1번 통에 넣는다.

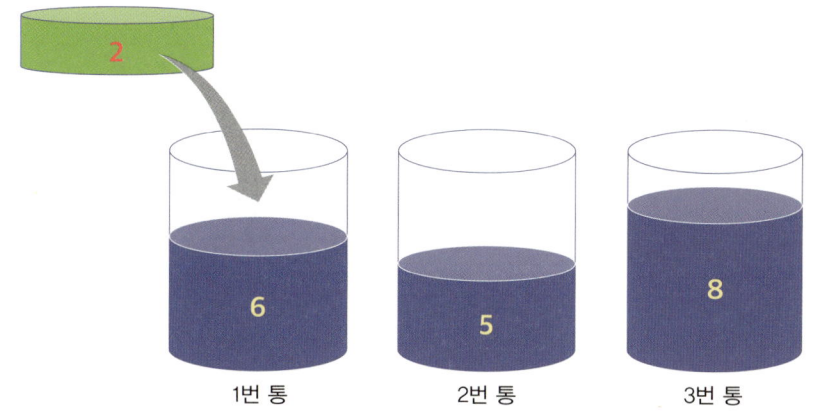

만일 다음 적합 방법을 적용한다면, 직전에 물건을 넣은 통은 3번 통이고, 통의 사용량은 8에 해당하므로 새로운 물건 2를 3번 통에 넣는다. 통의 용량은 10이므로 새로운 물건 2를 마지막 통에 넣는 것이다.

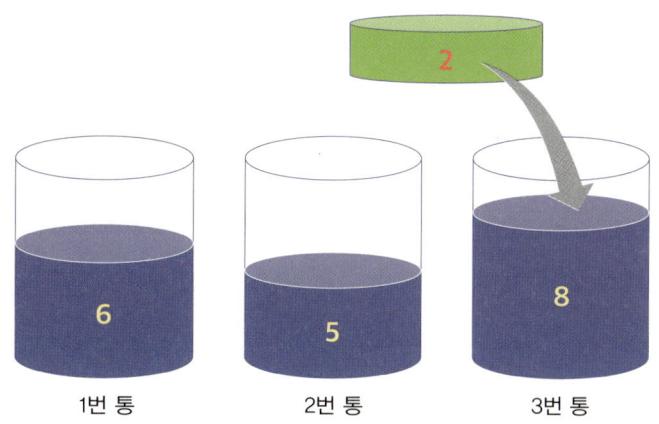

최선 적합 방법의 경우, 기존 통 중에서 새로운 물건 2를 넣은 후 나머지 부분이 가장 작은 통을 찾는 것이므로 다음 적합 방법과 동일하게 마지막 통인 3번 통에 넣으면 된다.

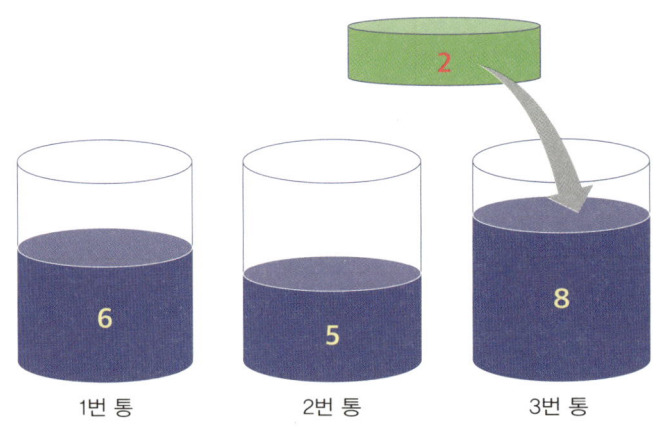

최악 적합 방법은 기존의 통 중에서 새 물건 2를 넣은 후 남는 부분이 가장 큰 통에 해당하므로 5가 들어 있는 2번 통에 새로운 물건 2를 넣으면 된다.

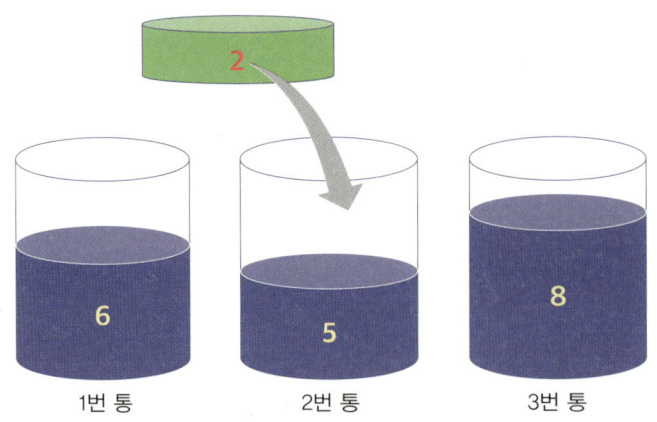

통 채우기의 문제해결 방법을 적용하여 다음의 문제를 풀어보기로 하자.

##  문제 상황

통의 용량이 10이고, 물건의 크기가 각각 [7, 5, 6, 4, 2, 3, 7, 5]일 때 통 채우기 문제를 해결하시오. 물건은 순서대로 통에 채워나가야 한다.

## 해결 방법 1: 최초 적합

7은 가장 처음 물건이므로 1번 통에 넣는다. 그다음 넣어야 할 5는 1번 통인 7이 들어 있는 것에 충분한 공간이 없으므로 2번 통에 넣는다. 그다음 넣는 6도 마찬가지로 7이 나 5가 들어 있는 통에 들어갈 여유가 없으므로 3번 통을 사용하여 넣는다. 그다음 넣어야 할 4는 1번 통에는 여유가 없으므로 넣을 수 없으나 2번 통에는 5만 사용하였기 때문에 여유 공간이 있다. 따라서 2번 통에 넣는다. 그다음 2는 다시 1번 통부터 여유 양을 검사하면 들어갈 공간이 충분하므로 1번 통에 넣는다. 이런 식으로 통 안에 넣어야 할 물건들을 최초 적합 방식으로 넣으면 다음과 같은 결과가 나온다.

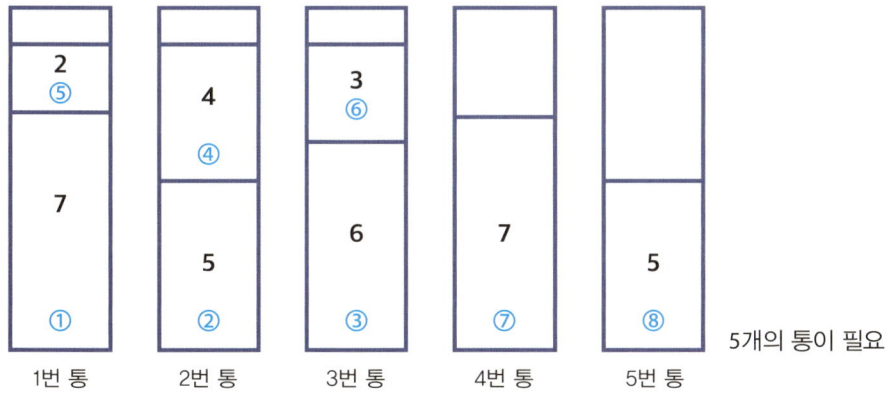

5개의 통이 필요

## 해결 방법 2: 다음 적합

1번 통부터 물건을 넣을 수 있는 여유 공간을 검사하는 최초 적합과 다르게 다음 적합은 마지막 물건을 넣은 위치에서만 여유 공간을 검사할 수 있다. 마지막 위치에서 들어 갈 여유 공간이 있으며 같은 통에 넣어주고, 아니면 새로운 통을 사용하여 물건을 넣어 야 한다. 이러한 원칙의 다음 적합 방법으로 물건을 넣게 되면 가장 많은 통을 사용하 게 된다. 그러나 매번 1번 통부터 여유 공간을 확인하는 작업은 필요하지 않기 때문에 빠르게 통에 물건을 넣을 수 있다. 즉, 통의 개수가 많아지더라도 빠르게 통에 넣는 것 을 우선시할 때 적합한 통 채우기 방법이다. 다음 적합 방법을 적용하여 주어진 물건을 통에 넣으면 다음과 같다.

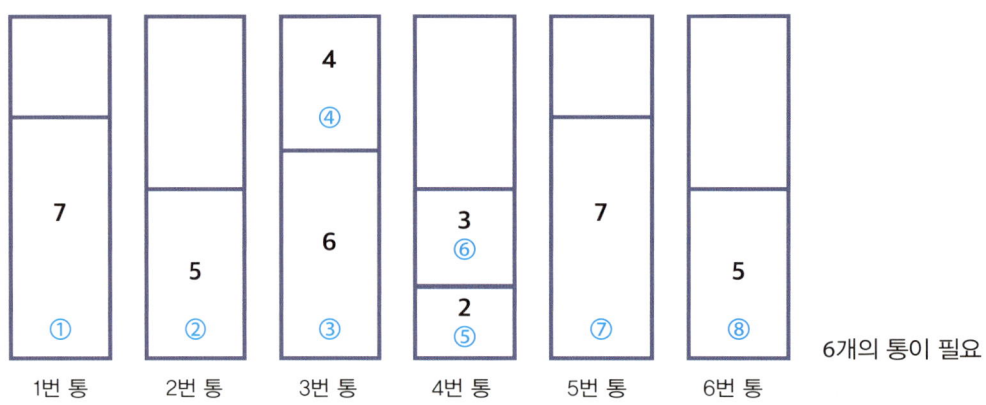

6개의 통이 필요

## 해결 방법 3: 최선 적합

최선 적합은 기존의 통을 모두 검사하여 새로운 물건이 들어갈 여유분이 있는 통 중에 서 새로운 물건이 들어간 후 나머지 공간이 가장 작은 통을 선택하는 방법으로, 통에 남는 공간을 가장 적게 하여 최선으로 공간을 절약하는 방식에 해당한다. 7, 5, 6까지 는 선택의 여지없이 새로운 통을 사용하여 넣어주고, 그 다음 4를 넣을 때는 남는 공간 3, 5, 4 중에서 1번 통은 공간이 3이므로 4가 들어가기에 부족하므로 넣을 수 없고, 5와 4 중에서 5가 남는 2번 통에 넣는 경우 나머지가 1이며 4가 남는 3번 통에 넣으면 나 머지가 0이므로, 남는 부분이 가장 작은 3번 통에 4를 넣는다. 이러한 방법으로 나머지 물건들을 통에 채우면 다음과 같은 결과를 얻게 된다.

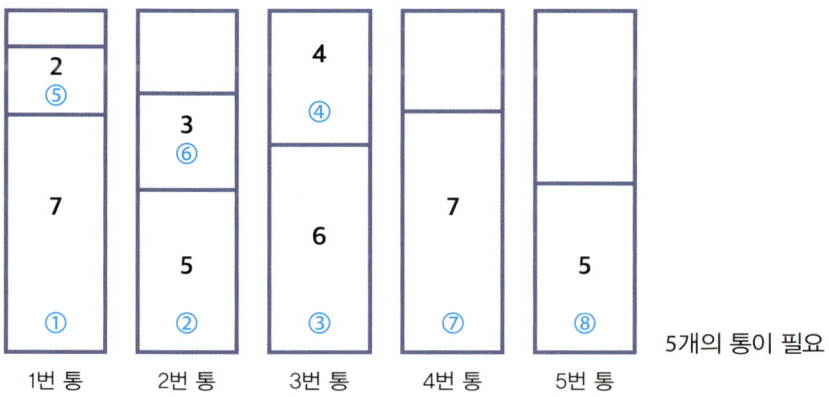

5개의 통이 필요

## 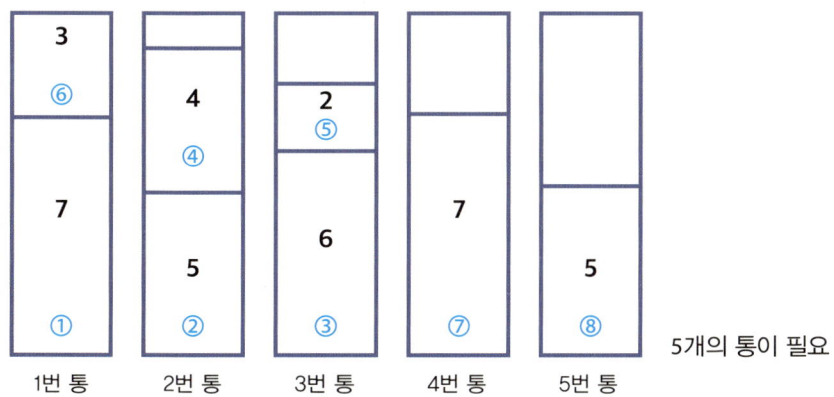 해결 방법 4 : **최악 적합**

최악 적합은 통에 새로운 물건을 넣은 후 나머지가 가장 큰 경우에 해당하는 통을 선택하여 물건을 넣는 방식이다. 최악의 경우를 선택하는 이유는 나머지 공간을 최대한 확보하여 다음에 넣을 물건의 공간을 만들려는 의도이다. 4번째 물건에 해당하는 크기 4는 여유분이 있는 2번 통과 3번 통 중에서 남는 공간이 더 큰 2번 통을 선택하는 것이다. 이러한 방식으로 모든 물건을 통에 채우면 다음과 같은 결과를 얻게 된다.

5개의 통이 필요

결과적으로 다음 적합의 경우에만 6개의 통이 필요하고 나머지 3가지 방식에서는 모두 5개의 통이 필요하다.

## 💡 해결 방법 5 : 최초 적합 감소순

앞에서 언급된 4가지 해결 방법은 물건이 입력된 순서대로만 통에 넣을 수 있기 때문에 통 채우기를 위한 최선의 해결책은 아니다. 입력 받은 물건을 우선 정렬한 후 정렬된 순서대로 통에 넣는다면 최적의 해를 찾을 수 있다. 이러한 방법을 최초 적합 감소순(First Fit Decreasing: FFD)이라 한다. 물건의 크기를 큰 순서로 정렬한 후 최초 적합을 적용하는 방식이다. FFD 방식으로 문제를 해결하면, 일단 입력된 물건의 크기가 [7, 7, 6, 5, 5, 4, 3, 2]로 정렬된다. 그 다음 정렬된 물건을 최초 적합에 적용하여 통에 넣는다. 그 결과는 다음과 같다.

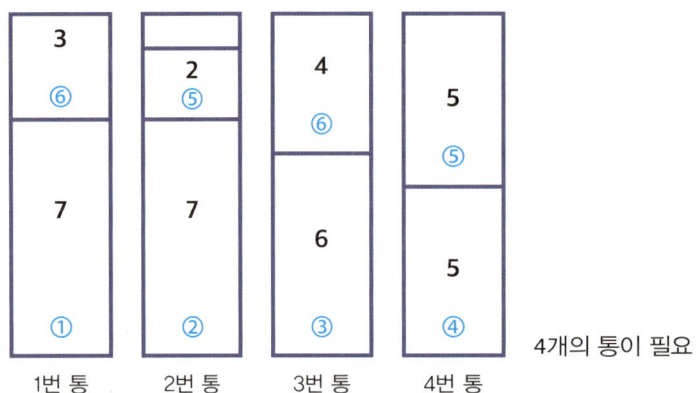

모든 해결 방법을 검토한 결과 최초 적합 감소순이 가장 최적의 해를 제공하였다. 최초 적합 감소순으로 해결한 통 채우기 문제의 파이선 프로그램은 다음과 같다.

```python
1   class Bin(object):
2       def __init__(self):
3           self.items = []
4           self.sum = 0
5
6       def append(self, item):
7           self.items.append(item)
8           self.sum += item
9
10      def __str__(self):
11          return 'Bin(sum=%d, items=%s)' % (self.sum, str(self.items))
12
13
14  def pack(values, maxValue):
15      values = sorted(values, reverse=True)
16      bins = []
17
18      for item in values:
19          for bin in bins:
20              if bin.sum + item <= maxValue:
21                  print ( bin.sum, '들어 있는 기존 통에 ', item, '추가' )
22                  bin.append(item)
23                  break
24          else:
25              print (item, '을 위하여 새로운 통 생성 ')
26              bin = Bin()
27              bin.append(item)
28              bins.append(bin)
29
30      return bins
31
32
33  if __name__ == '__main__':
34      import random
35
36      def packAndShow(aList, maxValue):
37          bins = pack(aList, maxValue)
38
39          print ('\n최초 적합 감소순 방식은 ', len(bins), '통을 아래와 같이 사용함: ')
40          for bin in bins:
41              print (bin)
42
43
44  aList = [7, 5, 6, 4, 2, 3, 7, 5]
45  packAndShow(aList, 10)
```

최초 적합 감소순(FFD)의 파이선 프로그램 수행 결과는 다음과 같다.

```
7 을 위하여 새로운 통 생성
7 을 위하여 새로운 통 생성
6 을 위하여 새로운 통 생성
5 을 위하여 새로운 통 생성
5 들어 있는 기존 통에 5 추가
6 들어 있는 기존 통에 4 추가
7 들어 있는 기존 통에 3 추가
7 들어 있는 기존 통에 2 추가

최초 적합 감소순 방식은  4 통을 아래와 같이 사용함:
Bin(sum=10, items=[7, 3])
Bin(sum=9, items=[7, 2])
Bin(sum=10, items=[6, 4])
Bin(sum=10, items=[5, 5])
```

# 요약

① 동적 프로그래밍(ynamic programming)은 최적화를 위한 문제해결 기법에 해당하며, 주어진 문제를 해결하기 위하여 문제를 여러 단계로 나눈 후 나누어진 작은 문제를 해결하여 저장한 후 전체 문제를 해결하는 기법이다.

② 동적 프로그래밍은 문제를 나누는 개념적 특성에서 분할 정복 알고리즘과 비교할 수 있으며, 최적해를 찾는 개념적 특성은 그리디 알고리즘과 비교할 수 있다.

③ 동적 프로그래밍은 재귀함수를 적용할 때 발생되는 반복 계산을 개선하는 기법으로 사용될 수 있다.

④ 되추적 기법(backtracking)은 문제해결 과정에서 단계별로 발생되는 선택 중에 하나를 선택하여 문제를 해결하다가 더 이상 진행이 되지 않는 경우 그 전 단계로 되돌아가 다른 선택을 적용하는 방식으로 문제를 해결하는 기법이다.

⑤ 되추적 기법에는 미로 찾기와 N-Queens 문제 등이 있다.

⑥ 분기 한정(branch and bound) 기법은 최적해를 구하는 알고리즘으로 선택의 단계에서 한계치를 검토하여 분기에 해당하는 가지치기 여부를 적용하여 문제를 해결하는 기법이다. 되추적 기법을 적용할 때 경우의 수가 너무 많은 문제점을 해결하고자 할 때는 분기 한정 기법을 적용한다.

⑦ 분기 한정 기법을 적용하여 해결할 수 있는 문제는 0-1 배낭 문제가 있다.

⑧ 0-1 배낭 문제는 깊이 우선과 너비 우선의 두 가지 방법으로 해결 가능하다.

⑨ 통 채우기(bin packing) 문제는 다양한 방법으로 문제를 해결할 수 있다. 맨 앞에서부터 여유 공간을 확인하는 최초 적합(first fit), 현재의 위치에서부터 여유

공간을 확인하는 다음 적합(next fit), 기존의 통에 물건을 넣은 후 가장 작은 여유 공간만이 발생하도록 유지하는 최선 적합(best fit), 최선 적합의 반대 개념으로 가장 큰 여유 공간이 발생하도록 하는 최악 적합(worst fit), 그리고 넣어야 할 물건들을 크기가 큰 것부터 정렬한 후 최초 적합을 적용하는 최초 적합 감소순(first fit decreasing) 등이 있다.

**⑩** 하나의 문제는 다양한 방법으로 해결될 수 있으며, 문제해결 기법 전략을 폭넓게 이해하면 문제해결을 더욱 효율적으로 할 수 있다.

**⑪** 문제를 해결하는 과정에서 최소한의 저장 공간을 사용할 수 있도록 노력해야 하고, 또한 프로그램 수행 시간이 짧도록 프로그램을 구성해야 한다.

# 연습문제

**1** 동적 프로그래밍(dynamic algorithm)은 어떤 방식으로 문제를 해결하는지 설명하시오.

**2** 되추적(backtracking) 기법은 어떻게 문제를 해결하는지 설명하시오.

**3** 분기 한정(branch and bound) 기법의 개념에 대하여 설명하시오.

❹ '11.3 분기 한정 기법'에 있는 0-1 배낭 문제를 너비 우선 검색을 적용하여 상
태공간 트리를 작성하시오.

**5** 통 채우기(bin packing) 문제의 5가지 해결 방법에 대하여 설명하시오.

**6** 문제해결을 위한 적절한 알고리즘 선택의 중요성에 대하여 설명하시오.

# 저자 소개

**김재현(金載玹)**

2016~(현) 성균SW교육원 원장

2002~(현) 성균관대학교 컴퓨터교육과 교수

2001~2002 KB국민은행 CTO

학력: 일리노이공과대학교 컴퓨터과학 박사

저서:『고등학교 컴퓨터 일반』(2014), 중학교 소프트웨어 동아리 활동『프로그래밍과 나』(2015), 중학교 소프트웨어 자율·진로 활동『컴퓨팅과 직업세계』(2015),『고등학교 정보』(2017),『중학교 정보』(2017)


**권정인(權貞仁)**

2015~(현) 성균관대학교 소프트웨어학과 초빙교수

2014~2015 경희대학교 연구교수

학력: 성균관대학교 교육학 박사(컴퓨터교육전공)

저서:『플레이 봇과 놀자』집필(2016),『인터넷 윤리』집필(2017)


**한옥영(韓沃玲)**

2000~(현) 성균관대학교 컴퓨터교육과 겸임교수

1992~1999 덕성여자대학교 전산실 과장 및 연구교수

1989~1992 삼성전자 컴퓨터부문 응용개발실 연구원

1985~1989 California State University, Assistant to System Analyst

학력: 성균관대학교 교육학 박사(컴퓨터교육전공)